广西壮族自治区“十四五”职业教育规划教材

医药市场营销实务

（第 4 版）

YIYAO SHICHANG YINGXIAO SHIWU

梁春贤　张　平　主编

河南科学技术出版社
·郑州·

内容提要

本教材为河南科学技术出版社“十四五”高职高专药学类融媒体教材之一，直接针对医药营销日常工作业务，为培养药品经营一线高技能型人才而编写。

全书共分为四篇。第一篇是认识医药市场营销，以行业发展为背景，适度整合了市场学和经济学的一些基本原理，为刚入行的学生打开一扇窗。第二篇是分析医药市场，以进行市场营销所必须面对的人和物为对象，整合了营销学、心理学和经济学的原理与方法。第三篇是策划与实施医药市场营销，以产品、价格、渠道、促销为重点，紧密结合医药市场实践，着重研究市场营销方法的实际应用，满足培养目标和业务岗位对人才的基本要求。第四篇是经济核算，着重培养学生的经营意识和成本意识。

本教材不仅适合全国高职高专院校药学类与食品药品类各相关专业教学使用，也可供医药行业从业人员继续教育和培训使用。

图书在版编目（CIP）数据

医药市场营销实务 / 梁春贤，张平主编．—4 版．—郑州：河南科学技术出版社，2024.2

ISBN 978-7-5725-1452-4

Ⅰ．①医… Ⅱ．①梁… ②张… Ⅲ．①药品－市场营销学－高等职业教育－教材 Ⅳ．① F724.73

中国国家版本馆 CIP 数据核字（2024）第 029690 号

出版发行：河南科学技术出版社
地址：郑州市郑东新区祥盛街27号 邮编：450016
电话：（0371）65788613 65788628
网址：www.hnstp.cn

策划编辑：范广红 王婷婷
责任编辑：王婷婷
责任校对：张萌萌
封面设计：张 伟
责任印制：徐海东
印 刷：河南新华印刷集团有限公司
经 销：全国新华书店
开 本：787 mm × 1 092 mm 1/16 印张：16.5 字数：371千字
版 次：2024年2月第4版 2024年2月第1次印刷
定 价：49.00元

编写人员名单

主　　编　梁春贤　张　平

副 主 编　周丹丹　马翠兰　张　琳　郑　丽

编　　者　（按姓氏笔画排序）

马翠兰（南阳医学高等专科学校）

刘　徽（辽宁医药职业学院）

张　平（湖南中医药高等专科学校）

张　琳（南阳医学高等专科学校）

周丹丹（广西卫生职业技术学院）

郑　丽（邢台医学高等专科学校）

黄平权（广西白云山盈康药业有限公司）

梁春贤（广西卫生职业技术学院）

前言

党的二十大报告提出“教育是国之大计、党之大计”“育人的根本在于立德”，同时也要求“深化教育领域综合改革，加强教材建设和管理”。《国家职业教育改革实施方案》（国发〔2019〕4号）也明确提出“每3年修订1次教材，其中专业教材随信息技术发展和产业升级情况及时动态更新”。

医药市场营销是建立在医药商品学、经济学、行为学和现代管理理论基础上的一门应用型学科。编者根据高等职业教育的理念和对培养目标的定位，进一步明确了本教材的基本需求和方向。在编写结构上突出作为高职教材的特点，坚持“以必需为准、够用为度、实用为限”的原则，力求体现基础性、实用性和发展性三方面的和谐统一。本教材对医药市场营销理论的介绍以合理、够用为原则，突出理论与实践的结合，强调理论的实际应用，重视案例分析教学，以例释理。基本技能的培养贯穿本教材的始终，针对各岗位所需知识与能力，各章节都进行了恰当的设计和安排，使学生在具备必需的市场营销理论的基础上，重点掌握从事营销实践所需要的基本技能与职业素养。

本教材共分为四篇。第一篇是认识医药市场营销，以行业发展为背景，适度整合了市场学和经济学的一些基本原理，为刚入行的学生打开一扇窗。第二篇是分析医药市场，以进行市场营销所必须面对的人和物为对象，整合了营销学、心理学和经济学的原理与方法。第三篇是策划与实施医药市场营销，以产品、价格、渠道、促销为重点，紧密结合医药市场实践，着重研究市场营销方法的实际应用，满足培养目标和业务岗位对人才的基本要求。第四篇是经济核算，着重培养学生的成本意识和经营意识。

为加强思政教育，增强学习的目的性、自觉性和趣味性，激发学生的主观能动性，突出培养学生分析问题、解决问题的能力，提高其学习质量，本教材中设立了“学习目标”“拓展阅读”“案例讨论”“寄语青年”“目标检测”和“实训”等项目，并提供了大量的案例素材。

本教材的编写得到了广西白云山盈康药业有限公司和相关院校的大力支持，在此一并表示感谢。

由于各种因素的限制，本教材的编写可能存在不足。如果读者有建议或批评，请及时和我们联系，以便使之不断完善。

编者

2024 年 1 月

目录

第一篇　认识医药市场营销

第二篇　分析医药市场

第三篇　策划与实施医药市场营销

第四篇 经济核算

医药市场营销实务

（第4版）

第一篇

认识医药市场营销

第一章

医药市场营销概论

学习目标

知识目标

1. 掌握市场营销、医药市场营销、需要、需求、欲望、顾客让渡价值等概念。

2. 熟悉企业经营观念中的传统企业经营观念、现代企业经营观念和优势市场营销观念。

3. 了解物品、产品、商品、价值、效用、满意、交换、交易等概念。

能力目标

1. 能区分不同的企业经营观念（核心技能）。

2. 学会分析医药市场营销的内涵。

素养目标

1. 弘扬社会主义核心价值观，增强国家自豪感，激发爱国热情。

2. 培养遵纪守法的职业态度。

第一节　概　述

案例导入

一、什么是市场

对于市场，可以从马克思主义政治经济学和市场营销学两个层面来理解。

（一）政治经济学的市场内涵

从政治经济学层面来看，市场有广义和狭义之分。广义的市场是指在一定时间、地点和条件下商品交换关系的总和，即商品生产者、市场中介和消费者之间交换关系的总和。交换关系体现在现代社会的各个方面，如金融、信息、技术、银行信贷等。狭义的市场指买与卖集合的场所，即买卖双方聚集在一起交换产品、劳务和服务的场所。

医药市场作为市场的分支之一，是指医药产品买与卖集合的场所，如中药材批发市场、药店等。

（二）市场营销学的市场内涵

营销之父、美国营销学家菲利普·科特勒认为“市场是某类产品现实和潜在需求的集合”。这里的市场专指买方及其需求，不包括卖方，即买方构成市场、卖方构成行业。市场营销学层面下的医药市场是指个人或组织对医药产品的现实或潜在需求的集合。

市场构成的三个要素是人口、购买力和购买欲望，市场可表示为：

市场 = 人口 + 购买力 + 购买欲望

人口是产品需求的基础，购买力是消费者的实际支付能力，购买欲望是消费者购买产品的愿望。三个因素中某个因素的多少会影响市场总体规模。

二、什么是市场营销

医药市场营销是在市场营销内涵的基础上，结合医药产品的特质产生的。要理解医药市场营销，应首先理解市场营销。

市场与市场营销是两个完全不同的概念，二者的区分要从它们的英文名称入手。市场的英文是“market”，只是单纯的名词；市场营销的英文是“marketing”，是动词，即“对市场进行营销”的意思。市场营销专业也叫“marketing”。

许多消费者把市场营销看成一种力量，认为它是广告和推销的泛滥，是促使无购买意愿的消费者购买他们不需要的产品的一种手段。学习完本课程后，你就会认识到，这与市场营销的内涵相差甚远！对于市场营销的理解应从它“不是什么”和它“是什么”两个视角展开。

（一）市场营销不是什么

市场营销不是市场，不是销售，不是推销，不是促销，不是经营，等等。市场营销曾经被描述为“推销产品的艺术”，可是市场营销最重要的内容并非推销，推销只是市场营销冰山上的一个点。现代管理学之父彼得·德鲁克曾说过：“可以设想，某些推销工作总是需要的。然而，市场营销的目的在于使企业深刻地认识和了解顾客，从而使产品或服务完全适应顾客的需求而形成产品的自我销售。理想的营销会产生一个已经准备来购买的顾客，剩下的事就是企业如何便于顾客得到这种产品或服务。”

（二）市场营销是什么

彼得·德鲁克先生还说过：“营销的真正内涵是使销售成为多余。”“marketing”即“市场营销”，又称为“营销”，是以消费者需求为基础，以市场为导向，对市场进行分析，从而实现进入市场、占领市场、引导市场等一系列市场行为，在个人或组织间进行交换来满足交换各方的需求。在我国台湾，“marketing”也被翻译成“行销学”；在我国香港，“marketing”也曾被翻译成“市务学”，此翻译与“市场营销学”较相似。

“对市场营销最简短的解释是，发现还没有被满足的需求并满足它。”这是菲利普·科特勒曾说过的一句话。许多人常问：“发明一项新技术时，这项技术在市场上会不会有需求？”其实，他们把这个问题问颠倒了。现代的市场是需求决定产品，而不是产品决定需求。

（三）市场营销的含义

市场营销（管理）是计划和执行关于创意、商品和服务的产品、定价、分销和促销，以创造符合个人和组织目标交换的过程。

市场营销，属于管理学范畴，又称为市场营销学、营销学、市场营销管理、营销管理等。营销学主要是辨别、满足和引导人类社会的消费需求，其定义为“有利益地满足需求”。市场营销的真正意义不仅仅局限于满足消费者的需求，而且要引导消费者的需求，促进社会的进步和繁荣。医药市场营销的目的是紧密贴近医药产品消费者，针对消费者的需求提供令其满意的解决方案。

三、什么是医药市场营销

（一）医药市场营销的内涵

对市场营销有了深刻的理解，认识和理解医药市场营销就十分容易了。医药市场营销是将市场营销的知识、技术和技巧运用到医药市场的过程。

医药市场营销是指个人或医药组织通过创造医药产品并与其他个人或医药组织进行交换以满足其医药需求的一切活动。

由于医药产品不同于普通消费品，它关系到人民生命安全问题，国家对医药产品的市场行为实行严格的管制，国家相关的法律法规对医药产品的市场流通制定了严格的规定，医药市场营销必须在医药产品流通、销售等的法规框架下开展。医药市场营销活动不包含个人与个人间的交换，仅限于个人与医药组织间、医药组织与医药组织间的交换。

（二）医药市场营销的相关概念

理解医药市场营销必须要理解其相关概念，医药市场营销的相关概念主要有需要、欲望、需求、物品、产品、商品、价值、效用、满意、交换、交易等。

1. 需要、欲望和需求

（1）需要：是指没有得到某些基本需要的感受状态。需要是客观的，是不以人的意志为转移的。需要可以被营销人员识别，但不能被改变和创造。需要包括人类为了生存而产生的吃、穿、住、用、行、安全、情感、归属、受人尊重等基本需要。它是人们生理上、精神上等产生的一种无明确指向性的满足欲，即人的需要没有对某个产品做出确定的指向。例如，人饥饿了需要“食物”，并没有指向具体是“米饭”还是“蛋糕”；人生病了需要“药品和治疗”，并没有指向具体是“中药”还是“西药”，是“处方药”还是“非处方药”，更没有指向具体某个品牌的药品，同时也没有指向是需要“大型医院”“社区诊所”治疗还是“自我购药”治疗。

（2）欲望：是指个体想得到满足其基本需要的具体满足物的愿望。“需要”和“欲望”的区别是，当需要具有指向性时，即“需要”希望通过具体某类（或某个品牌）产品来满足时，“需要”就变成了“欲望”。

（3）需求：是指有能力购买并且愿意购买某个具体产品的欲望。需求具备三个要素，即“有能力购买”“愿意购买”和“欲望”。有购买能力的“欲望”才是有意义的

“欲望”，没有购买能力的“欲望”，其在短期内是不能实现的，只能是心中的一个想法而已。而当消费者有购买能力却不愿意购买时，即对产品没有“欲望”，也就构不成“需求”。

综上，医药消费者的需求构成了医药市场，对于医药企业而言，其企业营销活动的中心既不是需要，也不是欲望，而是医药需求。

2. 物品、产品与商品 医药市场营销是通过医药产品满足消费者的需求来实现的，对于产品的理解需要区别于物品和商品。

（1）物品：是指世间万物的具有物质属性的事物，如空气、树木、信息、技术等。

（2）产品：是指能满足人类需要或欲望的东西，它凝结了人类的劳动，但并没有进行交换，准确地说是“准备交换的商品”，是待售品。例如，制药厂库房里的药品，属于产品范畴，因为没有用于交换，所以不属于商品范畴。

（3）商品：是指为交换而生产的对他人或社会有用的产品。产品只有在进行交换时才能成为商品，否则只能是待售产品或使用物品。

3. 价值、效用与满意

（1）价值：菲利普·科特勒认为价值是顾客所得到和所付出之比，其概念核心是顾客在“得到”和“付出”之间进行权衡和比较，从顾客角度理解的“物有所值”就是得到与付出之比相对较大。

（2）效用：是消费者对产品满足其需求的整体能力的评价，具备一定的主观性。换言之，同样的商品被以同样的方式、同样的价格出售给不同的消费者时，消费者的使用评价是不同的。而同一个商品被同一个消费者使用时，其效用也受消费者使用时的需求状态、未被满足程度等因素影响。例如，同样一块面包，对于非常饥饿的人来说效用较大，对于低程度饥饿的人来说效用较小；同一个人在饥饿时面对两个完全一样的面包，第一块面包对他的效用要比第二块面包的大，因为当他在消费第二块面包时饥饿感相对较小。

（3）满意：是消费者在消费产品时其意愿得到满足的感受状态。这是一个难以精确衡量的消费者心理感受，具有一定“模糊性”。满意与三个因素相关，即感知的效用、付出的代价和消费预期。消费者在以适当的代价获得适当效用的情况下，当这种感知的效用状态与他们消费前的预期相一致或者较高时，他们就会满意；当这种感知的效用状态比他们消费前的预期低时，他们就会不满意。

4. 交换与交易

（1）交换：是指通过提供某种东西作为回报，从他人处取得所需之物的行为。在一个人想要获取他需要的东西时，可以通过自行生产、抢夺、乞讨、交换四种方式来实现。交换作为从他人处取得物品的方式之一，是最能够体现经济行为的。交换的完成需要具备以下几个条件：①交换的完成至少需要两方，也可以是多方之间进行交换；②交换各方都拥有对方认为有价值的东西；③交换各方都可以沟通信息和递送物品；④交换各方有权利自由决定接受或拒绝对方的物品；⑤交换各方都认为交易是适当的或称心如意的；⑥交易是由交换各方间的交换价值所构成的。

每一次交换结束后，参与交换的各方都会因为交换行为而获得某种交换价值，各方获取的交换价值共同构成交易。

（2）交易：是指发生在双方之间的买卖，涉及两种或两种以上有价值的事物，以及协商一致的条件、时间、地点等。交易是一个事件而非过程，是交换活动的基本单元；交易是结果，交换是过程。

交换与交易的本质区别是，交换是过程，交易是交换的结果；交换是动作，交易是事物。交易通常包括货币交易、物物交易和以服务易服务等形式。

第二节　企业营销观念的产生与发展

从企业这一组织形态存在于人类社会时，企业决策者们就持有一种思想和理念来经营企业。随着企业的发展，企业营销观在 21 世纪初逐步进入人们的视野。

一、企业营销观念的概念

企业营销观念是指企业进行经营决策、组织和开展经营活动的基本指导思想，即在处理企业、顾客和社会三者利益方面所持的态度、思想，是营销工作的灵魂。企业营销观念是企业进行一切活动的一贯性思维，反映出企业经营决策者们对待事物的思考和态度。各种企业无一不是在某种观念的指导下从事其经营活动的。

企业营销观念根据企业营销活动的基本指导思想的属性特征分为传统企业营销观念和现代企业营销观念。

二、不同营销观念的特点及适用范围

（一）传统企业营销观念

传统企业营销观念是企业在经营过程中以卖方意向为企业经营的指导思想。

传统企业营销观念产生的经济背景是卖方市场。卖方市场是指在买卖双方的每次交易过程中，交易能否成功取决于卖方。这种情况下，企业考虑的更多是自己（卖方）的想法，而不是交易对方（买方）的想法。

传统企业营销观念包括生产观念、产品观念和推销观念。

1. 生产观念　生产观念是指企业致力于提高生产效率和分销效率，认为消费者主要对产品可以买到和价格低廉感兴趣。这种观念产生于 20 世纪 20 年代，在现今社会某些领域的产品经营中仍旧存在。生产导向型企业将经营重心放在如何更方便地让消费者以低价购买到产品。生产观念主要是企业认为“我生产什么，就卖什么”。企业经营的主要任务是改进生产技术、提高生产效率、快速分销产品、降低成本、快速销售。这种观念产生的背景是消费者消费什么、消费多少、如何消费等，都由企业决定。

2. 产品观念　产品观念认为消费者喜欢高质量、多功能和具有某些创新特色的产品。这种观念产生于 20 世纪 30 年代。企业的经营者通过不断的科研创新，研发出

品质更趋完美的产品。而实际上，消费者可能只是欣赏和喜欢这种产品，而并不愿意花高价购买该种产品，或者花较少的钱就可以满足自己的需求，或者不需要高品质的产品。例如，企业通过研发和创新，发明一个可以从10楼或更高楼层扔下去也完好无损的椅子，但试问，有谁会有从高楼上往下扔椅子的需求呢？这并不是消费者想要的椅子。他们只会说："这个椅子做得真是无可挑剔，可惜我并不需要。"产品观念无视顾客的需求，完全按照自己的想法经营，没有考虑消费者的感受。

3. 推销观念 推销观念认为，顾客自行选择时，他们不会足量购买某一企业的产品。因此，企业必须主动推销和积极促销。这种观念产生于20世纪20年代末至50年代，卖方市场逐渐转变为买方市场的过程中。推销观念主要用于推销那些非渴求商品，如保险、墓地等。企业的经营重心是致力于寻找潜在顾客，通过强有力的劝说和推销说服消费者接受其产品。这种观念的本质是企业没有倾听消费者的想法，只是想促使其购买而已。而真正优秀的、被消费者认可的营销活动是，只将产品出售给那些需要的消费者，而不劝说那些不需要或不适当的消费者购买。

（二）现代企业营销观念

现代企业营销观念是企业在经营过程中以市场为导向，企业的一切活动围绕消费者开展。现代企业营销观念产生的经济背景是买方市场。现代企业营销观念包括市场营销观念、社会市场营销观念、优势市场营销观念。

1. 市场营销观念 市场营销观念认为，企业实现目标的关键在于正确确定目标消费群体的需求和欲望，比竞争对手更有效、更快捷地将产品传送给消费者。它的核心原则在20世纪50年代中期已基本定型。

市场营销观念的三个要素是"以顾客为导向""整合营销"和"注重效果"。

（1）以顾客为导向：是指企业的一切经营活动受消费者需求的引导，从市场出发，协调所有影响消费需求的企业活动，包括企业的研发、生产等。市场营销用响应营销、预知营销与创造营销将企业市场营销的经营思路进一步细分。响应营销是寻找已经存在的需求并通过各种技术方式满足它；预知营销是走在顾客需求前，对顾客的需求进行预判；创造营销是发现和满足顾客并没有提出的但未来会反映强烈的需求，企业将消费者还没有询问甚至没有想到的产品推向市场，而这种产品正好是消费者真正想要拥有的。

（2）整合营销：是指各个部门，包括企业内部和企业外部，协同完成企业营销任务，完成企业生产经营活动。

拓展阅读

当一家医疗机构希望吸引更多的患者来就医时，从整合营销的角度分析需要从以下方面展开协同工作。

医院的人事部门聘请优秀的、有经验的执业医师为患者提供医疗服务，并同时制定配套的人才培养机制以提高医生的积极性和医术水平。

医院的采购部门要采购先进的医疗设备以提高检测能力，采购性价比高的医疗耗材设备和药品以降低患者的治疗成本。

医院的物业聘请管理水平高的管理者和负责人，为医生和患者提供舒适的环境。

医院与政府部门协调提供更好的医疗政策，如将更多的药品品种纳入医疗保险范围内。

医院的科研机构全力支持和协调医务工作者的科研工作，为其提供信息咨询和技术支持。

医院营销部门的广告策划和品牌塑造科学、合理、适用。

（3）注重效果：注重效果是指市场营销应使参与买卖过程的双方都能够满意，即注重企业效益（卖方满意）与顾客满意（买方满意）协调发展。卖方（企业）的满意通过利润或利益体现；买方的满意从营销学角度用顾客让渡价值来衡量。

顾客让渡价值理论是由菲利普·科特勒创新提出的，是市场营销的标志性理论。

顾客让渡价值是用来衡量顾客满意度的，顾客让渡价值越大，顾客越满意。顾客让渡价值是由顾客总价值（又称总顾客价值）和顾客总成本（又称总顾客成本）间的差额形成的。顾客总价值是指顾客从在企业方购买的产品中得到的全部利益，包括产品价值、服务价值、售货人员价值和形象价值；顾客总成本是指顾客在获得产品时付出的全部利益，包括货币、时间、体力和精力。顾客让渡价值可以用下面的公式表示：

顾客让渡价值 = 顾客总价值 – 顾客总成本

=（产品 + 服务 + 售货人员 + 形象）–（货币 + 时间 + 体力 + 精力）

顾客总价值中，产品是消费者从企业处获得的物品，包括实物、信息和技术等；服务是消费者在消费产品时企业提供的技术指导、消费咨询等；售货人员是指消费者在购买产品时，企业方面表现出的企业员工的知识水平、业务能力、工作效率等综合素质和能力；形象是指产品在社会公众中的总体形象产生的价值，如品牌形象、品牌价值、市场地位等。

案例讨论

某医药公司通过联合华西医院、北京中日友好医院在内的多家药品零售终端，提出了数字化中药，以传统中医辨证施治为指导，采用现代计算机技术及植物化学、药理学等学科的理论和方法，对中药的种植、提取、制剂和检测等全过程进行数字化管理，使其质量稳定可控，临床使用安全可靠，并提供 24 小时服务，同时开展相关的学术研讨会和交流。

讨论：（1）该公司的顾客让渡价值主要体现在哪些方面？请具体表述。

（2）该公司是否运用了整合营销的思想？若是，请分析是如何运用的。

顾客总成本中，货币成本是消费者购买产品所付出的货币；时间成本是消费者购买企业产品，处于等待状态时付出的代价；体力成本是消费者购买产品所耗费的体力；精力成本是消费者在购买、使用产品，以及享有企业提供的售后服务时耗费的精力。

2. 社会市场营销观念 社会市场营销观念是指企业在进行市场营销活动中，要正确处理消费者需求、企业利润和社会整体利益之间的矛盾，统筹兼顾，求得三者之间的平衡与协调。从本质上说，企业利润是短期的，社会利益是长期的，损害了社会利益，迟早是要被社会所淘汰的，不利于企业长远发展；保证了社会利益，正是企业为自己谋得了长远发展的基础，赢得了公众的信任。

3. 优势市场营销观念 优势市场营销观念又叫生态市场营销观念，认为企业的生产经营活动应在企业的资源限度内满足顾客需求，强调企业内部资源与外部环境的协调和配合。优势市场营销观念是对市场营销观念的进一步发展，其基本的观点就是企业要根据市场需求，结合自身的优势，确定营销策略。

格言名句

《孙膑兵法·月战》曰："天时、地利、人和，三者不得，虽胜有殃。"

在医药市场营销中这句话的现实意义：一是天时，主要是国家政策、行业情况等；二是地利，主要是企业自身产品的特色等；三是人和，包括企业内部的各种组织架构及产品顾客群的实际需求。具体意思是，要想成功，国家政策大环境、企业产品优势、团队齐心协力及时机等，各种因素都很重要，如果缺少了一个，即使暂时成功了，也会有问题，可能会成为后期的隐患。

重点小结

本章要求学生对医药市场营销有整体的认识，主要介绍了医药市场营销、需要、需求、欲望、顾客让渡价值等概念；介绍了企业营销观念的分类，即分为传统企业营销观念和现代企业营销观念，其中传统企业营销观念包括生产观念、产品观念和推销观念，现代企业营销观念包括市场营销观念、社会市场营销观念和优势市场营销观念。

寄语青年

我国广大青年要坚定理想信念，培育高尚品格，练就过硬本领，勇于创新创造，矢志艰苦奋斗，同亿万人民一道，在奋斗中谱写新时代的青春之歌。

目标检测

一、选择题

（一）单项选择题

1. 市场营销学的研究中心是（　　）。

A. 消费者需要　　B. 消费者欲望　　C. 消费者需求　　D. 顾客需要

2. 同样的商品当以同样的方式、同样的价格出售给不同的消费者时，消费者对其评价是不同的，这属于（　　）。

A. 价值　　B. 效用　　C. 交换　　D. 满意

3. 企业致力于提高生产效率和分销效率，认为消费者对产品价格低廉感兴趣，这属于（　　）。

A. 生产观念　　B. 产品观念

C. 推销观念　　D. 社会市场营销观念

4. 整合营销是在（　　）下提出的。

A. 优势市场营销观念　　B. 产品观念

C. 推销观念　　D. 市场营销观念

5. 顾客让渡价值越大，顾客越（　　）。

A. 满意　　B. 不满意

C. 无法确定　　D. 上述三项都不对

（二）多项选择题

1. 市场营销学涉及的概念主要有（　　）。

A. 需要　　B. 需求　　C. 商品　　D. 交易　　E. 交换

2. 顾客让渡价值理论中，顾客总价值包括（　　）。

A. 产品　　B. 服务　　C. 售货人员　　D. 体力　　E. 形象

3. 市场营销观念的三个要素是（　　）。

A. 以顾客为导向　　B. 整合营销　　C. 注重效果

D. 以产品为导向　　E. 兼顾消费者、企业、社会三者利益

二、简答题

1. 请用200字左右阐述一下你对医药市场营销的理解。

2. 企业经营观念包括哪些？

三、案例分析

W品牌凉茶通过对消费者需求信息的调研和对竞争者同类产品的分析，认为其“凉茶始祖”身份、神秘中草药配方、一百多年历史等因素，是有能力占据“预防上火的饮料”地位的。“上火”是一个普遍性的中医概念，所以W品牌凉茶的定位是“清火”而不是“凉茶”，这样就避免了产品局限于两广地区的弊端。

思考：

1. 消费者购买W品牌凉茶的需求是什么？

2. 该案例中的企业持有哪种企业经营观念？

参考答案

实训一　企业网络营销方案设计

【实训目的】

互联网作为医药企业和药品信息传播的重要途径，在营销中举足轻重，学生应掌握在企业营销观念下进行网络营销设计的方法和技巧。

【考核标准】

（1）查找医药企业网站，了解的企业信息应准确。

（2）能够搜集网站信息，并准确分析营销理念信息。

（3）能根据企业营销观念，设计合理的网络营销方案。

【实训内容】

在医药企业营销观念下，设计网络营销方案。

【实训过程与方法】

（1）学生以实训小组为单位，查找医药公司网站，了解不同企业网站信息的特点，选择其中一家医药企业的某个药品为策划对象。

（2）通过对该网站信息的搜集，分析该医药企业现有的企业经营理念。

（3）提出医药企业的网络营销设计方案。

【考核内容】

企业网络营销设计方案。

（刘　徽）

第二篇

分析医药市场

第二章

药品市场分析

学习目标

知识目标

1. 掌握处方药与非处方药市场的特点、影响因素及区别。

2. 熟悉处方药和非处方药市场的概念、含义及分类。

3. 了解药品市场的组成。

能力目标

1. 能正确辨别各种处方药和非处方药。

2. 能运用不同市场运作方法对相应的药品市场进行市场策划及运作（核心技能）。

素养目标

1. 激发爱国热情。

2. 培养严谨的学术作风和良好的职业道德。

市场是社会分工和商品生产的产物。哪里有商品生产，哪里就有市场。由于医药商品的特殊性，这里所讲的药品市场按市场营销学的观点，就是医药商品现实购买者和潜在购买者需求的总和。因此，根据国家药品分类管理办法，可以将药品市场基本分为两个大类：处方药市场和非处方药市场。

案例导入

第一节　处方药市场

一、处方药的含义与分类

（一）处方药的含义

所谓处方药，就是必须凭执业医师或执业助理医师处方才可调配、购买和使用的药品。处方药英文为 prescription drug，一般简写为 Rx。根据规定，药品制造商和销售者可以将处方药提供给合法经营的批发或零售经营单位，零售单位只能凭处方销售给消费者。

（二）处方药的分类

处方药与非处方药的分类准则因各国具体情况不同而有所差异，但总的要求是一致的。处方药一般包括以下几类：

1. 国家规定的特殊管制药品 麻醉药、精神药品、医疗用毒性药品、放射性药品均列入处方药的管理范畴。如可产生依赖性的吗啡类镇痛药及某些催眠安定药物等。

2. 新药 刚上市的，活性、毒副作用还有待进一步观察和考证的药品。

3. 毒副作用大的药物 药物本身毒副作用较大，如抗癌药物等。

4. 用于治疗某些疾病所需的特殊药品 某些疾病必须由医生确诊，使用药物需医生处方，并在医生指导下使用，如治疗心血管疾病的药物、抗生素类药物等。

二、处方药市场的特点

（1）处方药的销售渠道主要是医院。处方药是解除疾病用药的主体，必须依法进行严格监督管理。患者只有就诊后凭医生开具的处方才可以获得处方药，药品选择权在医生。处方药主要通过医院、零售药店处方药品专柜等渠道进入消费者手中。

（2）处方药的广告有严格限制。各国对处方药都有严格的监督管理制度，绝大多数国家规定处方药不得对公众做广告宣传，但允许其产品信息在医药类学术期刊上传播。在我国，处方药只准在已经批准的专业性的医药报刊和媒体上进行广告宣传。

（3）处方药需要医生的处方。处方药一般不作为家庭常备药，必须凭执业医师或执业助理医师处方，由执业药师或药师审核后方可调配、购买和使用。

（4）处方药不允许开架销售。

拓展阅读

目前我国正在逐步推广“必须凭处方购买处方药”的规定，专家建议，患者在进药店购买处方药时，应事先咨询医生，或向药店的药师进行用药咨询，尽量避免擅自用药而酿成大祸。

“小病进药店，大病进医院”，在日常生活中许多人都奉行这样的治病原则。有个头疼、嗓子疼的，懒得进医院排队看医生，喜欢就近到药店买止痛片、抗生素之类的药物自行使用。但他们也许没有注意到，有些药品属于处方药，如果没有在医生、药师的指导下而擅自服用，很容易对肝、肾等造成损害。据国家药品不良反应监测中心统计，使用不当时，处方药的不良反应远远高于非处方药。

三、影响处方药市场的因素

遵照国家的相关规定，所有处方药一律不得在大众媒体上发布广告。目前国内大多数制药企业因为历史、企业结构、销售渠道等方面的原因，有相当数量的处方药一直在非处方药的销售渠道销售。在如今这种传统通路被堵塞的情况下，处方药的市场推广急需开辟新的途径。具体可以从以下几个方面入手。

（一）产品卖点

处方药产品的卖点是处方药整体推广策略和手段的基础。这就首先需要销售人员不仅掌握药品的药理和药效、临床疗效及药品的副作用，同时还必须对药品所针对的市场有非常深刻的了解，对整个市场的走势也必须有一个比较清晰的认识。

（1）考虑患者的用药习惯和方法。在考虑药品的卖点时，除了考虑是否与说明书一致外，还必须考虑医生的处方习惯和患者的用药习惯与方法。

（2）卖点越简单、越直接，效果就越好。药品的卖点越简单、越直接，说明效果越好。患者关心的是药品是否能够迅速起作用，而医生需要的是临床应用价值。卖点的切入可以从三个方面入手，即目标消费群体、竞争品牌的卖点及医生的需求。

（二）与患者沟通

在处方药推广中，与患者的直接沟通是一项重要任务。与患者沟通的过程就是对患者进行宣教的过程。通过沟通，可以提高患者对治疗的依从性，增加患者对品牌的忠诚度，扩大潜在使用人群。目前许多医药公司都通过做有关健康的教育及公益广告来塑造产品形象。而更为直接的做法是，调研搜集患者对产品的反映，然后有针对性地对消费者进行说服教育。

（三）使医生认同

在与医生等专业工作者的沟通中，传统的方法是将有关药品的宣传资料发给医生。这种方式虽然能够在一定程度上促进药品的销售，但是不会使医生对药品真正感兴趣，患者的信任程度也会大打折扣。而只有那些真正满足医生需求，使医生在与产品的接触中有参与感，引发医生对产品的认同感，从而产生共鸣的方式才是最有效的。

处方药市场具有特殊性，在处方药的市场推广过程中，企业销售人员必须具备医药产品的专业知识及对医药市场的敏锐洞察力，而专业的市场推广必须与针对患者的推广相结合。此外，在推广过程中要兼顾未来的发展，使各环节能够紧密相连，各项活动产生延续效果，这样更有利于对后续产品的市场开拓。

拓展阅读

治疗糖尿病的药物阿卡波糖刚上市时，它的卖点是通过控制餐后血糖来治疗2型糖尿病。当时，阿卡波糖的治疗方法较新，与以往任何一种治疗糖尿病的药物都不相同。该药品生产企业足足花了四五年的时间才在专业工作者和患者中建立起这种用药观念。而阿卡波糖的销量也是在这种观念建立起来之后才上升的。

第二节　非处方药市场

进入21世纪以来，随着我国处方药与非处方药分类管理办法的推行，“自我药疗”与“非处方药”的概念已被普遍接受。世界卫生组织（WHO）在其发布的《药师在自我保健和自我药疗中的作用》一文中，将自我保健定义为：自我保健是人们为了获得和维持健康、预防和治疗疾病而采取的措施和行为，它包括多方面的内容与相关的因素，如卫生（一般卫生条件与个人卫生）、营养（饮食种类和质量）、生活方式（体育活动和休息）、环境、社会和经济因素及自我药疗。自我药疗是人们自己选择和使用药品以治疗可自我诊断的疾病或症状。非处方药即是用于自我药疗的药品。

一、非处方药的含义与分类

（一）非处方药的含义

非处方药是指为方便公众用药，在保证用药安全的前提下，经国家卫生行政部门规定或审定后，不需要医师或其他医疗专业人员开具处方即可购买的药品，一般公众凭自我判断，按照药品标签及使用说明就可自行使用。非处方药（over-the-counter drug），简称OTC药。这些药物大都用于多发病、常见病的自行诊治，如感冒、咳嗽、消化不良、头痛、发热等。为了保证人民健康，我国非处方药的包装标签、使用说明书中标注了警示语，明确规定药物的使用时间、疗程，并强调“如症状未缓解或消失，应向医师咨询”。

（二）非处方药的特点

非处方药必须具备的特点是：

（1）使用时不需要专业医务人员的指导和监督。

（2）上市前一般都经过了较长时间的全面考察。

（3）药效一般都比较确定。

（4）说明书文字通俗易懂，消费者按照药品使用说明要求使用相对安全。

（5）毒副作用小，不良反应发生率低。

（6）使用方便，易于储存等。

任何药物都有毒副作用，只是程度不同而已。非处方药物较为安全，也是相对而言的。如果病因不明，病情不清，则以不自行用药为好。若用药后不见效或有病情加重迹象，甚至出现皮疹、瘙痒、高热、哮喘及其他异常现象，应立即停药，去医院诊治。

我国第一批非处方药中，西药为23类165个品种，中成药有160个品种，但每个品种的药物都有不同的剂型。

（三）非处方药的分类及专有标识

（1）非处方药的专有标识为椭圆形背景下的 OTC 英文字母。

（2）非处方药分为甲类非处方药和乙类非处方药，甲类的专有标识为红色椭圆形底 + 英文，乙类为绿色椭圆形底 + 英文。

（3）非处方药专有标识的固定位置是在药品标签或使用说明书印有中文药品通用名称一面的右上角。

（4）甲、乙两类非处方药品虽然都可以在药店购买，但乙类非处方药安全性更高。乙类非处方药除了可以在药店出售外，还可以在超市、宾馆、百货商店等场所销售。服用非处方药一定不能随意，最好提前咨询医生。

OTC 药品的主要类别有解热镇痛药、镇咳药、抗感冒药、消化系统用药、皮肤病用药、滋补药、维生素、微量元素及添加剂等。而下列几类药物可经转换后上市成为 OTC 药品：平喘药、口服避孕药、肌肉松弛药、心血管药（不包括钙拮抗剂）和抗感染药。

二、非处方药市场的特点

由于我国人民生活水平和治疗知识水平的不断提高，自我药疗的现象日益普遍，非处方药市场日益扩大。非处方药市场有如下特点：

（1）OTC 药品的销售是以“消费者为中心”，直接面对消费者。OTC 药品主要通过零售药店、超市、食品店、百货店的 OTC 药品专柜等渠道进入消费者手中，实现药品与消费者直接见面。另外，消费者可以在购药的同时通过店员获得药品功能、适应证、用法用量及注意事项等方面的咨询；而在医院则是以医生为中心，这也是 OTC 药品市场与医院的最大区别。消费者的购买决定至关重要，他们特别关注 OTC 药品的价格、疗效和适应证。

（2）OTC 药品多为治疗一般性疾病的家庭常备药。OTC 药品多为感冒药、解热镇痛药、助消化药、皮肤病用药等，这些药品一般生产历史悠久，生产技术成熟，疗效确切，易被患者接受。

（3）OTC 药品的销售中，药店店员的推荐至关重要。尽管 OTC 药品无须医生开处方，消费者可在药店购买，但是药品毕竟是特殊商品，并且药品知识的专业性较强，所以消费者在购买、使用 OTC 药品时，就会非常关注专业人士如坐堂医师、药剂师、店员等的意见。他们不仅销售药品，还向患者介绍和推荐药品，可以说 OTC 药品的分销渠道大部分被他们所控制。消费者通过店员的介绍及推荐形成购买意向，做出购买决策。

（4）OTC 药品规定实施后并非是一成不变的。OTC 药品每隔 3~5 年还要进行一次再评价，推陈出新，优胜劣汰，确保 OTC 药品的有效性和安全性。随着医药科技的发展，新药大量上市，对每一种 OTC 药品的认识也在不断深入，有的处方药经过改变剂型或减小规格剂量后也可能变成 OTC 药品。

（5）OTC 药品可以开架销售。OTC 药品经审批可以在大众传播媒介进行广告宣传，允许开架销售。

请同学们回忆一下日常生活中在药店销售的各种药品，列举几种常见的非处方药。超市里可以销售非处方药吗？为什么？

三、影响非处方药市场的因素

随着生活水平的提高、医疗知识的不断进步和推广，人们购买非处方药物的机会大大增加，非处方药市场充满机遇，越来越多的制药企业进入零售市场，希望通过广告和促销，建立自己的非处方药品牌，获得经济效益。在这一领域获得成功的关键是企业直接向消费者进行营销的能力，即制定有效的非处方药市场营销策略并付诸实施的能力。

（一）如何选择

消费者对一个产品的把握一般基于三个方面：①有关产品属性和特征的知识；②使用产品的积极结果或收益；③有助于消费者满意或达到目的的产品价值。消费者对 OTC 药品的认识也一样，这三个方面结合形成了他们对 OTC 药品的认识。例如，OTC 药品的属性如包装外观、说明书、药品外观及开启的方便性、服用的方便性、口感等；OTC 药品利益如疗效、起效速度及安全性等；OTC 药品价值如品牌、地位等。

（二）为何购买（购买目的）

消费者购买 OTC 药品的原因有以下几点：治疗小病痛，方便、省时，节约费用。所以服用 OTC 药品是消费者治疗日常小病痛最常用的方法。患者使用 OTC 药品对自

消费者市场需要研究的内容有购买对象、购买目的、购买行为、购买时间和购买地点等。OTC 药品的概念与特点决定了 OTC 药品的购买者具有以下特点：成年人；有一定的疾病判断能力，能较为准确地判断疾病的类别和病情严重程度；有一定的药品使用经验；在经济上有一定的来源，可以自主支配药品费用；文化程度高，医疗保健意识相对较强；工作节奏快。

身一些常见的、轻微的小病痛进行自我药疗，大大节省了他们去医院排队看病、等待治疗的时间。

（三）何时购买

OTC 药品购买方便，无须医生处方就可以在药店购买。OTC 药品质量稳定，保质期长（一般都在 3 年以上），用于治疗常见病、多发病。所以，OTC 药品消费者一般会在生病时购买，或者方便时购买、顺便购买。

对于享受医疗保险的消费者来说，他们必然首先选择医疗保险定点医院或药店购买医疗保险目录中的 OTC 药品。关注价格的消费者或者购买长期用药的消费者更愿去平价药房，注重药品质量的消费者更愿意去大型的连锁药店买药。

拓展阅读

我国城镇人口每年以 2 000 万左右的速度增长，城镇居民对非处方药的需求将促进这个市场的发展；我国人口老龄化趋势加快，这部分人群的医疗消费越来越大；城镇居民收入增加较快，其医药卫生费用也相应快速增加；基本医疗保险制度和医疗体制改革等都大大加快了非处方药品市场的壮大。随着农村“两网建设”、医疗保险和新型农村合作医疗制度的全面推广，农村药品市场逐渐成为新热点。我国的 OTC 药品市场前景十分可观。

重点小结

学习本章，应该在掌握各种处方药及非处方药市场特征基本理论的基础上，结合本章知识，理论联系实际，学会对某药品市场特点进行分析，能针对市场选择合适的营销策略。

寄语青年

党的二十大报告指出要“推进健康中国建设”“把保障人民健康放在优先发展的战略位置，完善人民健康促进政策”“深入开展健康中国行动和爱国卫生运动，倡导文明健康生活方式”。广大青年应把个人发展与社会发展放在一起，不负韶华。

目标检测

一、选择题

（一）单项选择题

1. 不属于处方药特点的是（　　）。

A. 开架销售　　　　B. 持处方购买

C. 只能凭执业医师或执业助理医师处方购买

D. 不允许对公众广告宣传

2. 绿色椭圆形底＋英文的OTC标识属于（　　）。

A. 甲类非处方药　　B. 乙类非处方药　　C. 处方药　　D. 外用药

3. 以下几种药品，可能属于非处方药的是（　　）。

A. 化疗药物　　B. 疫苗　　C. 维生素补剂　　D. 抗生素

4. 以下药品属于处方药的是（　　）。

A. 盐酸氨溴索　　B. 对乙酰氨基酚　　C. 硝酸益康唑　　D. 氨氯地平

5. 以下说法正确的是（　　）。

A. 处方药的研发费用比非处方药的要低

B. 处方药的管理要严于非处方药

C. 处方药的销售更容易受到患者意愿的影响

D. 非处方药不享受医疗保险

6. 处方药在销售时主要考虑的是（　　）。

A. 广告效应　　B. 产品外观　　C. 医生认同　　D. 销售地点

7. 可以使用非处方药进行自我药疗的是（　　）。

A. 糖尿病　　B. 风热感冒　　C. 冠心病　　D. 肺炎

（二）多项选择题

1. 以下为非处方药的是（　　）。

A. 风油精　　B. 如意金黄散　　C. 六味地黄丸

D. 盐酸瑞芬太尼　　E. 感冒灵颗粒

2. 以下为处方药的是（　　）。

A. 青霉素　　B. 硝苯地平　　C. 盐酸哌醋甲酯　　D. 阿莫西林

E. 诺氟沙星

二、简答题

1. 处方药市场的特点是什么？结合实例，说明为什么处方药需要严格管理。

2. 处方药和非处方药之间有什么联系？

3. 消费者在选择非处方药时容易受到什么影响？

4. 联系销售实例，举例说明处方药和非处方药在销售上的区别。

参考答案

实训二　模拟药房考察

【实训目的】

使学生能对处方药和非处方药有正确的认识，能正确区分药品的类别。

【考核标准】

（1）能区分出陈列在药房中的处方药和非处方药。

（2）根据任务要求，挑选出符合相关要求的药品。

【实训内容】

通过参观校内模拟药房，区分处方药和非处方药的分类管理与销售。

【实训过程与方法】

（1）将学生分为若干组。

（2）以小组为单位，由实训老师带领在模拟药房参观。

（3）实训老师发布任务，学生按照任务要求在模拟药房中挑选出符合要求的药品。

（4）学生按要求区分处方药、乙类非处方药、甲类非处方药。

【考核内容】

对实训内容进行分析，提出意见或建议，并以报告的形式提交给任课老师。

（郑 丽）

第三章

医药市场营销环境分析

学习目标

知识目标

1. 掌握医药市场营销的微观环境的内容。
2. 熟悉医药市场营销的宏观环境的内容。
3. 了解 SWOT 分析法的应用。

能力目标

1. 能正确看待微观环境和宏观环境对医药企业的影响。
2. 能利用 SWOT 相关知识分析宏观环境带给医药企业的机会和威胁（核心技能）。

素养目标

1. 培养适者生存的意识、诚实守信的品质、认真严谨的学习态度。
2. 培养敏锐的市场观察能力。

案例导入

现代市场营销学认为，市场是企业生产和经营的出发点与归宿，企业的一切活动都应该围绕市场展开。对于一个医药企业来说，能不能对市场营销环境做出正确的分析与判断，与医药企业生产和经营决策的成败关系重大。在市场经济的竞争格局下，盲目地靠运气或靠个人经验去经营，企业是难以生存和发展的。市场竞争无处不在，并日趋激烈，医药企业必须首先对医药市场和营销环境做出科学的分析与判断，然后根据消费者的需求和欲望，决定企业的营销策略或战术。

第一节　概　述

一、医药市场营销环境的概念与特点

（一）医药市场营销环境的概念

医药市场营销环境是指直接或者间接影响药品企业营销活动的内、外部客观要素

的总和。

（二）医药市场营销环境的特点

1. 医药市场营销环境的客观性 营销环境不以某个营销组织或个人的意志为转移，它有自己的运行规律和发展特点。企业的营销活动只能主动地适应和利用客观环境，而不能改变或违背它。客观地检测环境因素才能减少营销决策的盲目和失误，赢得营销活动的成功。

2. 医药市场营销环境的动态性 主要包括三个方面：一是某一环境因素的变化会引起另一环境随之变化；二是每个环境内部的子因素变化会导致环境因素的变化；三是各因素在不同的形势下，对企业活动影响大小不一样。随着网络化、全球化、信息化的出现，尤其是电子商务的产生和发展，营销的内、外部环境发生了深刻的变化。

3. 医药市场营销环境的不可控性与企业的能动性 药品市场营销环境作为一个复杂多变的整体，单个企业不能控制它，只能适应它。然而企业通过发挥主观能动性，如调整营销策略、进行科学预测或联合多个企业等，可以冲破环境的制约或改变某些环境因素，取得成功。

4. 医药市场营销环境的差异性 不同的国家和地区，营销环境存在着广泛的、较大的差异性。比如西方发达国家和发展中国家在政治、法律、经济和文化上就存在着巨大差异；有时候同一时期不同企业所处的微观环境也存在差异，大型医药企业与小型药品公司拥有的销售网络也不一样；同一个环境因素的变化对不同企业产生的影响大小也不一样；医疗体制改革对大型药品企业的影响和对小型药品企业的影响就不一样。

二、医药市场营销环境的分类

医药市场营销环境可分为微观环境和宏观环境两大类。微观环境因素包括企业、供应商、营销中间商、顾客、竞争者和公众。宏观环境因素包括人口环境、经济环境、自然环境、技术环境、政治环境和文化环境。所有的微观环境因素都要受到宏观环境因素的影响和制约。

三、医药市场营销环境的分析方法

（一）专家分析法

专家分析法是依靠市场营销专家的知识和经验，采用专家咨询、座谈会等方法进行。开展专家分析的前提是选择营销专家，营销专家要对所需要研究的环境有全面和深入的了解，拥有对市场变化的敏感性和完整的市场信息。常见的具体方法有个别专家访谈法、专家会议或论坛法、类推法和德尔菲法等。

（二）SWOT 分析法

1. SWOT 分析法简介 SWOT 的含义是 strengths（优势）、weaknesses（劣势）、opportunities（机会）、threats（威胁）。

SWOT 是一种战略分析方法，通过对被分析对象的优势、劣势、机会和威胁等加以综合评估与分析得出结论，通过内部资源、外部环境有机结合来清晰地确定被分析对象的资源优势和缺陷，了解所面临的机会和挑战，从而在战略与战术两个层面来调整方法、资源，以保障被分析对象达到所要实现的目标。

SWOT 分析法又称为态势分析法，它是由旧金山大学的管理学教授海因茨·韦里克于 20 世纪 80 年代初提出来的，是一种能够较客观而准确地分析和研究一个单位现实情况的方法。

SWOT 分析法从某种意义上来说隶属于医药企业内部分析方法，即根据医药企业自身的既定内在条件进行分析。SWOT 分析有其形成的基础。按照医药企业竞争战略的完整概念，战略应是一个企业“能够做的”（即企业的强项和弱项）和“可能做的”（即环境的机会和威胁）之间的有机组合。著名的“竞争战略之父”迈克尔·波特提出的竞争理论从产业结构入手，对一个企业“可能做的”方面进行了透彻的分析和说明；而能力学派管理学家则运用价值链解构企业的价值创造过程，注重对企业的资源和能力的分析。SWOT 分析，就是在综合了这两者的基础上，以资源学派学者为代表，将企业的内部分析（即 20 世纪 80 年代中期管理学界权威们所关注的研究取向，以能力学派为代表）与企业竞争环境的外部分析（即更早期战略研究所关注的中心主题，以安德鲁斯与迈克尔·波特为代表）结合起来，形成了自己结构化的平衡系统分析体系。与其他的分析方法相比较，SWOT 分析从一开始就具有显著的结构化和系统性的特征。就结构化而言，首先在形式上，SWOT 分析法表现为构造 SWOT 结构矩阵，并对矩阵的不同区域赋予了不同分析意义；其次在内容上，SWOT 分析法的主要理论基础也强调从结构分析入手对企业的外部环境和内部资源进行分析。另外，早在 SWOT 分析法诞生之前的 20 世纪 60 年代，就已经有人提出过 SWOT 分析中涉及的内部优势、劣势及外部机会、威胁这些变化因素，但只是孤立地对它们加以分析。SWOT 分析法的重要贡献就在于用系统的思想将这些似乎独立的因素相互匹配起来进行综合分析，使得企业战略计划的制订更加科学全面。

SWOT 分析法自形成以来，广泛应用于战略研究与竞争分析，成为战略管理和竞争情报的重要分析工具。分析直观、使用简单是它的重要优点。即使没有精确的数据支持和更专业化的分析工具，也可以得出有说服力的结论。但是，正是这种直观和简单，使得 SWOT 不可避免地带有精度不够的缺陷。例如，SWOT 分析采用定性方法，通过罗列 S、W、O、T 的各种表现，形成一种模糊的企业竞争地位描述。以此为依据做出的判断，不免带有一定程度的主观臆断。所以，在使用 SWOT 分析法时要注意方法的局限性，在罗列作为判断依据的事实时，要尽量真实、客观、精确，并提供一定的定量数据弥补 SWOT 定性分析的不足，构造高层定性分析的基础。

2. 运用 SWOT 分析法的基本规则

（1）进行 SWOT 分析的时候必须对公司的优势与劣势有客观的认识。

（2）进行 SWOT 分析的时候必须区分公司的现状与前景。

（3）进行 SWOT 分析的时候必须考虑全面。

（4）进行 SWOT 分析的时候必须与竞争对手进行比较，比如是优于还是劣于竞争对手。

（5）保持 SWOT 分析法的简捷化，避免复杂化与过度分析。

（6）SWOT 分析法因人而异。

3. SWOT 分析的主要步骤

（1）分析环境因素：运用各种调查研究方法，分析出医药企业所处的各种环境因素，即外部环境因素和内部环境因素。外部环境因素包括机会因素和威胁因素，它们是外部环境对企业的发展有直接影响的有利和不利因素，属于客观因素；内部环境因素包括优势因素和劣势因素，它们是医药企业在发展中自身存在的积极和消极因素，属于主观因素。在调查分析这些因素时，不仅要考虑到历史与现状，而且更要考虑未来的发展问题。

（2）构造 SWOT 分析矩阵：将调查得出的各种因素根据轻重缓急或影响程度等排序方式，构造 SWOT 分析矩阵（图 3-1）。在此过程中，将那些对企业发展有直接的、重要的、大量的、迫切的、久远的影响因素优先排列出来，而将那些间接的、次要的、少许的、不急的、短暂的影响因素排列在后面。

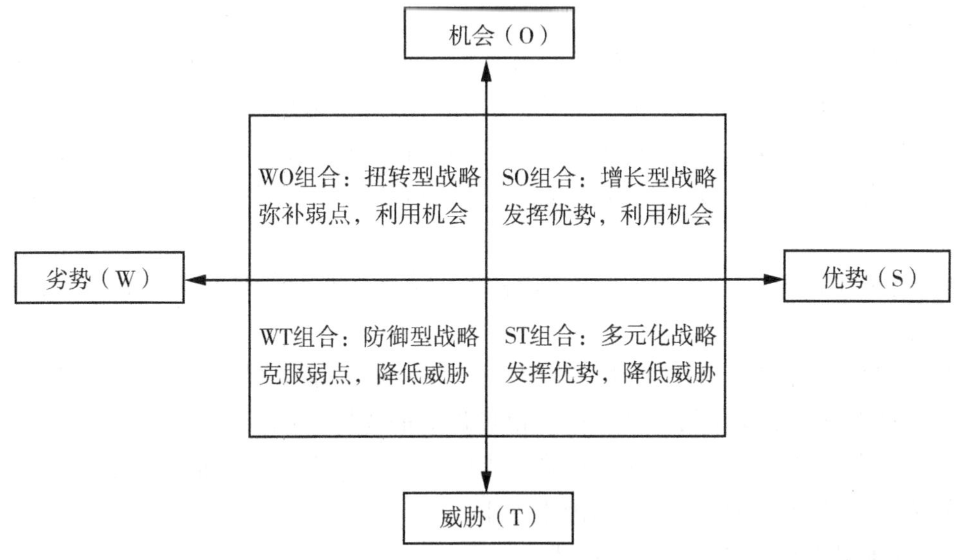

图 3-1 SWOT 分析矩阵

（3）制订行动计划：在完成环境因素分析和 SWOT 分析矩阵的构造后，便可以制订出相应的行动计划。制订计划的基本思路是：发挥优势因素，克服劣势因素，利用机会因素，化解威胁因素；考虑过去，立足当前，着眼未来。运用系统分析的综合分析方法，将排列与考虑的各种环境因素相互匹配起来加以组合，得出一系列企业未来发展的可选择对策。

4. SWOT 分析矩阵 SWOT 分析包括组合分析和综合分析两步。

（1）组合分析：是对优势－机会组合、优势－威胁组合、劣势－机会组合、劣势－威胁组合这 4 个组合进行分析，或者是利用内部资源优势去赢得外部发展机会，或者是利用内部资源优势去应对外部环境威胁，或者是创造条件抓住机会降低劣势。而劣势－威胁组合是最不利的，任何企业都要尽量避免。

（2）综合分析：是应对实际复杂情况的权衡方法。由于实际工作中，机会、威胁、优势、劣势往往交织在一起，所以需要权衡利弊，结合具体情况，寻找最优解决。例如，S、W 与 O 结合，即面对机会时要综合考虑优势和劣势。

5. 运用 SWOT 分析时的分析要点

（1）竞争优势（S）：是指一个企业超越其竞争对手的能力，或者指公司所特有的能提高公司竞争力的东西。例如，当两个企业处在同一市场，或者说它们都有能力向同一顾客群体提供产品和服务时，如果其中一个企业有更高的盈利率或盈利潜力，那么，我们就认为这个企业比另外一个企业更具有竞争优势。竞争优势包括以下几个方面。

1）技术技能优势：如独特的生产技术、低成本生产方法、领先的革新能力、雄厚的技术实力、完善的质量控制体系、丰富的营销经验、上乘的客户服务、卓越的大规模采购技能。

2）有形资产优势：如先进的生产流水线、现代化车间和设备、丰富的自然资源储存、吸引人的不动产地点、充足的资金、完备的资料信息。

3）无形资产优势：如优秀的品牌形象、良好的商业信用、积极进取的公司文化。

4）人力资源优势：如关键领域拥有专长的职员、积极上进的职员、很强的组织学习能力、丰富的经验。

5）组织体系优势：如高质量的控制体系、完善的信息管理系统、忠诚的客户群、强大的融资能力。

6）竞争能力优势：如产品开发周期短、强大的经销商网络、与供应商良好的伙伴关系、对市场环境变化的灵敏反应、市场份额的领导地位。

（2）竞争劣势（W）：是指企业缺少或做得不好的方面，或指某种会使企业处于劣势的条件。可能导致内部弱势的因素如下：

1）缺乏具有竞争意义的技能技术。

2）缺乏有竞争力的有形资产、无形资产、人力资源、组织资产。

3）关键领域里的竞争能力正在丧失。

（3）企业面临的潜在机会（O）：市场机会是影响企业战略的重大因素。企业管理者应当确认每一个机会，评价每一个机会的成长和利润前景，选取那些可与企业财务和组织资源匹配、使企业获得竞争优势潜力最大的最佳机会。潜在的发展机会可能是：

1）客户群的扩大趋势或产品细分市场。

2）技能、技术向新产品或新业务转移，为更大客户群服务。

3）前向或后向整合。

4）市场进入壁垒降低。

5）获得并购竞争对手的能力。

6）市场需求增长强劲，可快速扩张。

7）出现向其他地理区域扩张，扩大市场份额的机会。

（4）危及公司的外部威胁（T）：在企业的外部环境中，总是存在某些对公司的盈利能力和市场地位构成威胁的因素。企业管理者应当及时确认危及企业未来利益的威胁，做出评价并采取相应的战略行动来抵消或减轻它们所产生的影响。企业的外部威胁可能是：

1）出现将进入市场的强大的新竞争对手。

2）替代品抢占公司销售额。

3）主要产品市场增长率下降。

4）汇率和外贸政策的不利变动。

5）人口特征、社会消费方式的不利变动。

6）客户或供应商的谈判能力提高。

7）市场需求减少。

8）容易受到经济萧条和业务周期的冲击。

由于企业的整体性和竞争优势来源的广泛性，在做优、劣势分析时，必须从整个价值链的每个环节上，将企业与竞争对手做详细的对比。如产品是否新颖、制造工艺是否复杂、销售渠道是否畅通、价格是否具有竞争性等。

第二节 医药市场宏观环境分析

一、人口环境

企业市场营销活动的最终对象是商品的购买者，而市场是由具有购买欲望与购买能力的人所组成的。人口作为市场的基本构成因素对市场与企业具有整体性和长远性的影响，这种影响主要表现在人口的规模与增长速度和人口的自然构成、社会构成、地区构成等，人口统计因素制约着市场规模与需求结构的变化。

（一）人口规模与增长速度

一般来说，人口规模越大，市场规模也就越大，需求结构也就越复杂。但是，在考察人口规模对市场规模及市场需求结构的具体影响时，通常都要考虑到社会经济的发展状况。从需求数量的角度看，社会经济的发展水平越高，人口规模越大，则社会购买力也就越大；反之，社会购买力就比较小。从需求结构的角度看，在社会经济发展水平较低的情况下，社会购买力主要集中在维持人们生存所必需的生存资料方面，而且人口规模越大，这方面的市场压力就越大；在社会经济发展水平较高的情况下，人们对发展资料和享受资料的购买需求就会大大增加，而且表现为对包括生存资料在内的生活资料的品质要求与品种要求会明显增强和拓宽。

（二）人口的自然构成

人口的自然构成，包括人口的性别构成和年龄构成等方面的内容。随着人们生活水平的提高、卫生保健条件的改善、残疾率的下降、人均寿命的增加及人口的较快增长，在人口年龄结构方面，一个值得注意的现象是包括我国在内的不少国家和地区出现了人口老龄化问题；另一个值得注意的现象是我国婴幼儿及少年儿童的绝对数较高。由于男性与女性、老年人与儿童等在消费需求、消费方式及购买行为等方面往往存在着较大的差异，因此上述情况将给医药企业的营销活动带来很大的影响。

（三）人口的社会构成

人口的社会构成，包括人口的职业构成、文化构成、家庭构成、民族构成、宗教构成等内容。目前我国人口的基本特点是：随着工业化和城市化的发展，城镇人口增加，农村人口减少；随着产业结构的调整，第一、二产业的就业人口相对减少，第三、四产业的就业人口相对增加；随着文化教育事业的发展，我国公民的文化素质正在不断提高；随着生育率的降低及人们观念的变化，我国家庭规模小型化的趋向明显；我国有56个民族，各自具有明显的文化特征；等等。所有这些都影响着市场需求的发展变化，这是值得医药企业注意的问题。

（四）人口的地区分布与地区间流动

人口的地区分布，指的是人口在地理空间上的分布状态。一个地区的人口规模状况，会对该地区的市场规模产生直接的影响。此外，人们往往会因其所处地区的地理条件、气候条件、文化习俗、社会经济发展水平等的不同，而在生活方式、消费需求、购买习惯、购买力等方面呈现出明显的差异性。

二、经济环境

市场营销的经济环境是指医药企业所面临的外部社会经济条件，包括经济发展阶段、地区发展状况、产业结构、货币流通状况、收入因素及消费结构。其中收入因素和消费结构的影响比较直接。

1. 消费者收入的变化 市场容量的大小，归根到底取决于消费者购买力的大小，消费者的需要能否得到满足，主要取决于其收入的多少。其中实际收入和名义收入并不是完全一致的。收入分配不仅会影响消费者的支出能力，而且会影响收入的区域或社会阶层分布，从而影响区域市场或各社会阶层的潜在消费规模。世界各国之间收入水平和分配差距很大，某些国家内部各地区之间的收入水平和分配也存在明显差距。

2. 消费结构 消费结构是指消费者在各种消费支出中的比例和相互关系。现在最常用的就是德国统计学家恩格尔提出的“恩格尔定律”。

3. 居民储蓄及消费信贷 储蓄和信贷状况是影响消费者现时购买力和潜在购买力的重要因素。一般情况下，消费者个人储蓄的增加，会相对减少现时的购买力，但又预示着潜在购买力的增加。而消费信贷的增加，则会刺激消费者的现时购买力。

4. 经济发展阶段 经济发展水平较高的国家和地区，在市场营销方面，强调产品款式、性能和特色，注重资本密集型产业的发展。经济发展水平较低的国家和地区，侧重产品的功能和实用性，以发展劳动密集型产业为主。

5. 地区发展状况 地区经济的不平衡发展，对企业的投资方向、目标市场及营销战略的制定都会带来巨大影响。

6. 产业结构 产业结构是指各产业部门在国民经济中所处的地位和所占的比重及相互之间的关系。一个国家的产业结构反映该国的经济发展水平。

三、自然环境

自然环境是影响企业营销活动的基本因素。一般而言，自然环境由自然资源、气候和土地面积三个基本成分组成。企业的运营和市场营销活动的开展都必须考虑自然环境的承受能力，实现可持续发展。

我国是一个幅员辽阔的国家，从总体看资源比较丰富，然而由于人口众多，因此从人均水平来说，不论是不可再生资源还是可再生资源都是短缺的，绝大多数资源的人均占有量很低。又由于法制不健全，人们的环保意识差、缺乏全面效益观念等，资源的破坏现象较为严重；同时，资源浪费问题也非常突出，高投入低产出、好原料次产品等现象较为普遍。这种情况要求政府部门必须进一步加强对资源的管理，运用法律、经济、行政等手段对破坏资源、消费资源的现象进行干预和控制。资源短缺，尤其是不可再生资源越开采储量越少，资源成本趋于提高，政府对资源的管理不断加强，这对许多企业的发展来说无疑是一种威胁，然而反过来又迫使人们研究如何合理开发资源、有效利用资源及寻找代用品等问题，这又给许多企业带来了发展机会。

在工业化和城市化的发展进程中，我国的环境污染日趋严重，在许多地区已经严重影响到人民的身体健康、生态平衡和社会经济的长远发展，成为我国最重要的社会经济问题之一。随着治理环境污染呼声的高涨和政府干预的加强，医药企业必须采取措施控制污染、治理污染，这对许多企业又是一种压力和约束，但其中也蕴含着许多新的市场机会。

格言名句

伟大人格的素质，重要的是一个诚字。——鲁迅

这句话的现实意义：一是诚信有助于建立和谐的人际关系；二是人贵在诚信，诚信是为人做事的基本准则；三是诚信通天下。

四、科学技术环境

科学技术环境是影响企业生产经营活动的外部因素。对科学技术环境的考察，主要涉及科学技术的发展现状、新的科学技术成果、科学技术发展的动向、科技环境的变化对社会经济生活的影响等方面。当前，在世界范围内科学技术迅猛发展，生命科学研究发展迅速，生物工程等应用技术的发展速度加快，这给社会经济生活及医药企业的市场营销带来了一系列的影响。

（1）改变了人们的消费习惯，创造了新的需求。

（2）大部分产品的生命周期有明显缩短的趋势。

（3）新兴产业相继出现，传统产业面临着改造的巨大压力，落后产业被淘汰的可能性加大。

（4）市场竞争日益激烈，技术因素的竞争更加突出。

（5）技术贸易的比重不断提高。

（6）发展中国家劳动力费用低廉的优势在国际经济联系中将受到进一步削弱。

（7）传统的流通结构、流通方式和手段面临着巨大的冲击。

（8）对企业的综合素质、经营管理工作等方面提出了更高的要求，甚至是观念的全面更新。

由此可以看到，随着科学技术的发展，企业将受到全面挑战，不能适应和引导这一过程的企业将面临被淘汰的威胁。

五、社会文化环境

社会文化环境是影响企业营销活动的最复杂的因素。所以无论是国际市场营销还是国内市场营销，企业都应重视对社会文化环境的分析。

1. 文化 文化不但影响人们的思维，而且会影响企业的营销组合。文化是一个广泛而丰富的概念，可以从不同的角度划分为广义文化和狭义文化、精神文化和物质文化、核心文化和亚文化。任何一个企业在营销活动中，都需要特别注意文化的差异性、稳定性和变革性。

2. 社会结构和社会群体

（1）社会结构：社会结构实质上就是一个社会中人与人的关系，它反映在组成这个社会的基本单位的性质、各个社会群体的划分和相互关系、政治制度及其所决定的各个社会群体的社会作用等，是社会文化的重要组成部分。

（2）社会群体：社会群体是指两个以上的人由于某种共同的观念或利益而形成的行为上具有共同特征或相关性的集体。社会群体对企业营销活动的影响主要体现在：①社会群体的亚文化导致群体消费的共性，是企业选择目标市场的依据。②社会群体作为压力集团，影响企业的营销活动。

3. 价值观念 价值观念是指一个社会里人们对事物的评价标准和崇尚风气。在社会生活中，价值观念主要体现为时间观念、财富观念、创新观念和风险观念等。

4. 风俗习惯 风俗习惯是人们自发形成的习惯性的行为模式，是一定社会中大多数人共同遵守的行为规范。风俗习惯所包含的范围十分广泛，涉及社会生活的方方面面，如消费习俗、节日习俗、商业习俗等。

5. 宗教信仰 宗教信仰直接影响着人们的生活习惯、礼仪、风俗爱好等，从而影响着人们的消费行为。如宗教对需求的影响有四个方面：宗教信仰、社会规范、宗教禁忌、宗教节日。

拓展阅读

颜色也具有象征价值，如白色代表纯洁，红色代表喜庆，黑色代表哀伤或庄重，绿色代表生命、青春与和平。但在不同文化背景下，颜色可能有不同的象征意义，如灰色在美国代表着昂贵、高质量，而在日本则同廉价商品相联系。一家生产饮用水的企业在马来西亚损失惨重，就是因为该公司使用绿色作为主色，而绿色在马来西亚是与丛林和疾病联系在一起的。可口可乐在世界其他地区销售采用红白相间的色彩包装，而在阿拉伯地区，却改为绿色包装，因为那里的人民酷爱绿色，绿色意味着生命和绿洲。

六、政治和法律环境

任何企业的营销活动都会受到政治环境的制约和影响。企业营销的政治环境主要涉及制度环境、体制环境、方针政策环境、行业的法律法规等方面。

制度环境，主要指的是一个国家的基本社会制度，包括政治制度和经济制度。我国的制度环境决定了企业的营销活动必须符合社会主义的基本方向，这是一个根本性问题。

国家的方针政策，是一个时期内政府工作的方向和目标，以及为实现这一目标而由国家行政机关制定的对有关方面加以约束的行为准则。同法律、法规相比，政策具有较强的灵活性、适应性和较大的可变性。我国是一个产业部门比较齐全的国家，但对各产业的发展则根据不同时期的实际情况有所侧重，或重点扶持，或抑制发展。国家的对外开放政策也会直接影响企业参与国际营销活动，影响利用外资和对民族工业的保护。在改革开放初期，国家对于“三资”企业给予许多政策上的优惠，这对于引进外资，提高我国行业的科技、产品及经营管理水平起到了积极作用。随着我国经济与国际市场的接轨，给予“三资”企业与国内企业相同的国民待遇则是方向。

与药品企业市场营销活动有关的法律、法规很多，其中有的是为了维护市场秩序、保护公平竞争；有的是为了维护消费者利益；有的是为了社会利益、保护环境等。

第三节 医药市场微观环境分析

一、供应商

药品供应商是指向药品企业及其竞争者提供生产经营所需资源的企业和个人。例如，药品原材料供应商、药品中间体供应商、药品半成品供应商等。作为药品企业营销环境的供应商，对药品企业营销活动所产生的影响主要表现在保障供应、商品质量和供应价格等几个方面。较少的供应商会形成供应商的单方面垄断，增加企业的供应风险，降低商品供应的质量，或者会以提高商品的供应价格对企业进行要挟。企业在处理与供应商之间的关系时，要注意考虑以下几个方面：产品供应的品种和质量、交货的时间、供应的价格、退货政策、售后服务、相互之间的长期关系等。供应商一旦与企业达成共识就会建立长期的合作关系，利益共享。

二、企业内部环境

药品企业内部环境是由药品企业可以控制的要素构成的。主要包括药品市场营销管理部门、其他职能部门和最高管理层。药品企业的市场营销部门一般由药品市场营销副总裁、药品销售经理、药品推销人员、药品广告经理、药品市场营销研究经理、药品市场营销计划经理、药品定价专家等组成。药品市场营销部门在制定决策时，不仅要考虑企业外部环境力量，还要考虑企业内部环境力量。首先，要考虑其他业务部门（如制造部门、采购部门、研究与开发部门、财务部门等）的情况，并与之密切协作，共同研究制订年度和长期计划。其次，要考虑最高管理层的意图，以最高管理层制定的企业任务、目标、战略和政策等为依据，制订市场营销计划，并报最高管理层批准后执行。这些内部环境条件共同决定着企业综合素质的状况，形成了一个有机的整体，药品企业的发展就取决于这个有机的整体。市场营销工作的成败，最终将取决于企业的综合素质和整体工作状况。

三、营销中介

药品市场营销中介是指直接或间接协助药品企业产品销售的所有公司、组织和个人。药品营销中介渠道企业包括供应商、商人中间商、代理中间商、辅助商。作为企业营销环境的市场营销中介，为药品企业在开展营销活动过程中提供物流、信息流（促销流）、资金流等方面的服务。这些中介组织服务的质量、工作的效率，以及成本与价格会对企业形成竞争压力。由于企业与市场营销中介及供应商之间的关系可以是双胜式的（增益性的），而不是一胜一负式的（分配式的），所以企业与市场营销中介及供应商之间，都应着眼于双方共同的长期利益来处理双方之间的关系，这样将有利于企业建立一个良好的市场营销环境。

1. 中间商 中间商是协助企业寻找顾客或直接与顾客进行交易的商业企业。中间商分两类：代理中间商和商人中间商。中间商对企业产品从生产领域流向消费领域具有极其重要的影响。在与中间商建立合作关系后，要随时了解和掌握其经营活动，并可采取一些激励性合作措施，推动其业务活动的开展，而一旦中间商不能履行其职责或市场环境变化时，企业应及时解除与中间商的关系。

2. 实体分配组织 实体分配组织是指为药品的商品交换和物流提供便利，但不直接经营药品商品的组织和机构。实体分配组织协助企业储存产品和把产品从原产地运往销售目的地。仓储公司是在货物运往下一个目的地前专门储存和保管商品的机构。每个企业都需确定应该有多少仓位自己建造，多少仓位向存储公司租用。运输公司包括从事铁路运输、汽车运输、航空运输、驳船运输及其他搬运货物的公司，它们负责把货物从一地运往另一地。每个企业都需对成本、运送速度、安全性和交货方便性等因素进行综合考虑，确定选用成本最低而效益更高的运输方式。

限制不合格者进入医药物流市场

医药物流不是简单的药品进、销、存或者是药品配送。所谓的医药物流是指依托一定的物流设备、技术和物流管理信息系统，有效整合营销渠道上下游资源，通过优化药品供销配运环节中的验收、存储、分拣、配送等作业过程，提高订单处理能力，降低货物分拣差错率，缩短库存及配送时间，减少物流成本，提高服务水平和资金使用效益，实现物流的自动化、信息化和效益化。

医药物流作为一个复杂的系统工程，绝不是一蹴而就的。首先，它取决于先进的信息、网络系统。在传统企业内，由于信息化管理的要求，还需对之进行企业内流程再造及组织结构创新，因为信息化追求的是整体最优，而非局部最优。其次，它还受到社会公共基础设施、政策法规等宏观因素的制约，也有赖于企业人才、资金、管理等微观因素的支持。因而需要医药行业端正观念，从传统的“运输 + 仓储”思维模式中解放出来，深刻理解物流运作的内涵及面临的潜在问题，实施战略性物流系统。

要发展医药物流，必须首先从宏观上建设与培育医药物流市场，并使这一市场逐步规范化、法制化。为此，应着力于打破地方保护主义，使医药物流市场在竞争环境中形成，同时政府应出台相应的法律进行保护，出台医药物流的发展政策。根据药品管理法制定医药物流各项实施细则，堵塞药品流通过程中的管理漏洞，进一步提高宏观调控能力。医药市场必须是一个有序、有效的市场，而无序的、无效的竞争，都将影响医药市场的规范经营。要加大监控力度，剥离低效的医药物流部门，逐步实现企业物流活动的社会化，为医药物流市场发展培育广泛而坚实的市场需求。建立严格的医药物流市场准入制度，限制不合格者进入医药物流市场，控制恶性竞争。

3. 市场营销服务机构 市场营销服务机构是指市场调研公司、广告公司、各种广告媒介及市场营销咨询公司，它们协助企业选择最恰当的市场，并帮助企业向选定的市场推销产品。有些大公司，如杜邦公司等，它们都有自己的广告代理人和市场调研部门，但大多数公司以合同方式委托专业公司办理这些事务。如果一个企业决定委托专业公司办理这些事务时，就需要谨慎地选择，因为各个专业公司都各有自己的特色，所提供的服务内容不同，服务质量不同，要价也不同。企业还要定期检查它们的工作，倘若发现某个专业公司不能胜任，则须另找其他专业公司来代替。

4. 金融机构 金融机构包括银行、信贷公司、保险公司及其他对货物购销提供融资或保险的各种公司。金融机构不直接参与药品商品的经营活动，只是为企业提供正常运营所需要的资金。

四、竞争对手

市场经济最突出的特征之一就是竞争，优胜劣汰是市场竞争的根本法则。竞争也是社会进步的动力。竞争环境直接影响到药品企业是否能有效地进入目标市场和实现企业营销活动的目标。但竞争也会造成行业平均利润率的下降，降低企业的市场份额，使企业的产品过早地退出市场。药品市场营销观念表明：药品企业要想在市场竞争中获得成功，就必须要比竞争者更有效地满足消费者的需要与欲望。因此，药品企业所要做的并非仅仅是迎合目标顾客的需要，而是要通过有效的产品定位，使企业产品与竞争者产品在顾客心目中形成明显差异，从而取得竞争优势。在现代市场竞争环境中企业要想在竞争中取得胜利，就必须透彻地了解和适应竞争环境，这样才能有效辨别竞争优势和劣势，知彼知己才能制定有效的竞争策略，既可主动出击又可实现最佳防御。

五、顾客与公众

社会公众是指对企业实现其市场营销目标构成实际或潜在影响的任何团体，包括金融公众、媒介公众、政府公众、公民行动公众、地方公众、一般公众、企业内部公众。由于企业的生产经营活动影响着公众的利益，因此政府机构、金融组织、媒介组织、群众团体、地方居民乃至国际上的各种公众必然会关注、监督、影响和制约企业的生产经营活动。这些制约力量的存在，决定了企业必须遵纪守法，善于预见并采取有效措施满足各方面公众的合理要求，处理好与周围各种公众的关系，以便在公众中树立起良好的企业形象，这是企业适应和改善微观环境的一个重要工作。

每个企业的周围都有七类公众：

1. 金融公众 金融公众对企业的融资能力有重要的影响。金融公众主要包括银行、投资公司、证券经纪行、股东。

2. 媒介公众 媒介公众指那些刊载、播送新闻、特写和社论的机构，特别是报纸、杂志、电台、电视台。

3. 政府公众 企业管理当局在制订营销计划时，必须认真研究与考虑政府政策与措施的发展变化。

美国强生公司是如何获得公众和消费者谅解的

在企业发展史上还没有一家企业在危机处理问题上能像美国强生制药公司那样获得社会公众和舆论的广泛同情，该公司由于妥善处理“泰莱诺尔”中毒事件及成功的善后工作而受到人们的称赞。1982 年 9 月 29 日和 30 日，在芝加哥地区发生了有人因服用含氰化物的“泰莱诺尔”药片而中毒死亡的事故。强生公司经过对 800 万片药剂的检验发现，所有这些受污染的药片只源于一批药，总共不超过 75 片。最终的死亡人数有 7 人，且全在芝加哥地区。为向社会负责，该公司还是将预警消息通过媒介发向全国，随后的调查表明，全国 94% 的消费者知道了有关情况。

为维护其信誉，据说强生公司在很短的时间内就回收了数百万瓶这种药，同时花了 50 万美元来向那些有可能与此有关的内科医生、医院和经销商发出警报。在这一事件中，公司针对消费者发起了一场表明自己立场、显示其社会责任心的传播运动。美国政府当时正在制定新的药品安全法，强生公司看到了这个机会，并且果断采取了行动，实施抗污染的包装。它是药品行业对政府要求采取“防污染包装”及美国食品药品监督管理局制定的新规定做出积极反应的第一家企业。

由于强生公司成功处理了这一危机，它获得了美国公共关系协会当年颁发的银钻奖，也由此夺回了市场。事故发生后的 5 个月内，该公司就夺回了该药原所占市场的 70%，而且在价值 12 亿美元的止痛片市场上挤走了它的竞争对手。如果强生公司当时不这么做，企业会因人们对中毒事件的歇斯底里心理而遭受巨大损失，且这种损失是很难弥补的，因为人们对企业失去了信任。

讨论：你认为强生公司成功的关键是什么？

案例解析：“泰莱诺尔”案例成功的关键是有一个“做最坏打算的危机管理方案”。特别有意思的是，这一危机管理方案的原则正是强生制药公司的信条，即“公司首先考虑公众和消费者的利益”。这一信条在危机管理中发挥了很好的作用。可见社会公众和消费者的影响在企业的经营中是很重要的。

4. 公民行动公众 一个企业营销活动可能会受到消费者组织、环境保护组织、少数民族团体等的质询。

5. 地方公众 每个企业都同当地的公众团体，如邻里居民和社区组织，保持联系。

6. 一般公众 企业需要关注一般公众对企业产品及经营活动的态度。虽然一般公众并不是有组织地对企业采取行动，然而一般公众对企业的印象却影响着消费者对该企业及其产品的看法。

7. 企业内部公众 企业内部的公众包括蓝领工人、白领工人、经理和董事会。大企业还会发行业务通信和采用其他信息沟通方法，向企业内部公众通报信息并激励他们，提高他们的积极性。当企业雇员对自己的企业感到满意的时候，他们的态度也就会感染企业以外的公众。

第四节 医药市场营销环境分析报告及汇报

一、如何撰写市场营销环境分析报告

撰写一份有效的报告不仅需要对市场有充分的认识和了解，还需要对报告涉及的各个方面进行全面的描述。这样的报告对企业非常重要，因为大多数企业的决策层对其面对的市场并不一定有全面和真实的了解。

一般情况下，市场营销环境分析报告的典型结构主要包括题目、内容提要、目录、调研报告正文、表格目录、图例目录、参考资料、附录等。

根据具体情况，市场营销环境分析报告正文一般应包含以下几个方面的内容。

（1）产品市场状况，包括规模和趋势、价格和利润。

（2）推广模式，即销售服务。

（3）产品状况，包括产品的规格、种类、包装等。

（4）产品价格，包括出厂价格、批发价格、零售价格等。

（5）市场竞争状况，包括国内厂商概况、国内竞争品牌状况、市场竞争态势等。

（6）销售渠道。

（7）宏观环境。

以上各个方面限于工作的侧重点和信息拥有量，可能某些方面会比较深入，而其他方面比较简略。信息一般通过内部调查和市场走访获得，当自己能写出一份满意的报告时，就意味着开始真正地了解市场了。

二、制作PPT文件的注意事项

1. 内容简单，条理清晰，多运用图表

（1）幻灯片要简单：尽量多用图表、少用文字，条理要清晰，研究方法等最好用图解来显示。幻灯片背景不宜花哨，以深色背景为佳。

（2）幻灯片最好加入报告大纲：能给人比较有条理的感觉。制作一张演讲大纲，加入链接，每讲完一个层次后点击鼠标返回原主题，这是一种让观众紧跟演讲者的行之有效的方式。但制作过程较烦琐，演示时需自行控制，或由非常熟悉演讲顺序的人帮助，对鼠标的控制差错会影响演示效果。

2. 幻灯片总体风格一致

（1）总体风格应以简洁为主。

1）幻灯片风格要简洁：这样可让观看者的注意力集中在内容上；标题和末尾的致谢可以加以创新设计，以求给人留下鲜明的印象（在致谢时使用个人或团队工作照是很恰当的应用）。

2）尽可能让幻灯片的总体风格一致，不要太跳跃：①三维立体效果一致，三维立体效果包括图片的阴影、背景框和文本框的三维效果。图表中的三维图，颜色尽量不要太花哨，厚度适合，光线的来源保持基本一致。②播放效果一致，设置相同或相似的动画播放格式，不要一会儿从左边飞入，一会儿棋盘状出现，一会儿又改用缩放，令人难以适从；慎用那些速度慢的幻灯片效果，如缓慢逐行移入、图表中按元素播放等。

3）幻灯片内容的制作原则：①能用图表或模式图说明的地方尽量少用文字性阐述，以增强渲染力，打破专业演讲的沉闷气氛。②文字排版忌满、花、繁。一页的行数控制在5~6行为宜，应用“3”字原则，即使用的颜色不宜超过3种，层次不宜超过3层，字体不宜超过3种。③讨论部分文字尤其需要字斟句酌，以精练而不走形为原则。

（2）图片的选择与制作。

1）幻灯片插入图片要与主题有关联，而不是随意添加的风景画。

2）照片、图表应精心制作。照片可以用专用软件调整明暗、对比度及裁切、去杂质，制图时要合理选择适宜的图表类型；在不影响数据表达、说明的原则下，可通过立体、加阴影、调整颜色类型，静中求变，丰富表达形式；要特别注意颜色搭配，以及明暗、深浅、冷暖的搭配。

（3）不要使用多种艳丽的颜色：在一个风格统一的幻灯片里偶尔更换颜色可以起到强调和突出的作用，但使用的颜色多了，就无法突出其中任何一种颜色了。

（4）不同标题的内容运用不同的模板分隔：常规演示多采用统一的演示模板，可以将演讲的各分段标题（如背景、方法、结果、讨论）单列一张，调整使用与主模板同图案但不同颜色的背景，有助于突出各层次。

3. 制作完成后调试 幻灯片制作完成后一定要进行放映调试，确保没有问题后再正式使用。

三、如何汇报答辩

1. 演讲人如何汇报、答辩

（1）演讲人应对自己的幻灯片内容非常熟悉，因为只有做到心中有数，才能侃侃而谈，达到预期效果。

（2）演讲人在答辩前夕应该进行演练，因为写起来是一回事，讲起来又是另外一回事。看着一张幻灯片，不能只是照着念，还要加入自己的语言，要注意哪些地方应该发挥，哪些地方可以一句带过，这样才显得自然，不然会给人以朗读的感觉。

（3）演讲人可事先对答辩时的衣着、答辩姿态和表情加以揣摩，这样让自己更有自信。

（4）演讲人在回答问题时，应将各位评委的问题综合一下再进行回答，如果不好回答，也尽量回答与其相关的内容，最好不要生硬地说答不了。

2. 如何提问 在项目教学活动过程中，会有提问、评分等环节。在这些场合，提问者需要注意所提问题的合理性和提问技巧，注意把意思表达清楚且要有礼貌。

一般情况下，所提问题要与汇报内容具有相关性，但不必局限于项目中；针对项目和报告中出现的疑问可以请汇报者给出解释；要避免过激的言行和不理智的争论。

重点小结

学习本章，通过对医药市场营销环境的学习，学会用发展的眼光看待环境对医药企业的影响，认识到医药市场环境是变幻莫测的，而不是一成不变的。医药企业的经营决策和市场营销活动方案要根据医药市场营销的宏观环境和微观环境的具体情况来制订，同时需要随时做好市场调查，监控营销环境的变化来调整方案。

寄语青年

广大青年要怀抱梦想又脚踏实地，敢想敢为又善作善成，立志做有理想、敢担当、能吃苦、肯奋斗的新时代好青年。

目标检测

一、选择题

（一）单项选择题

1. 代理中间商属于市场营销环境的（　　）因素。

A. 内部环境　　B. 竞争

C. 市场营销渠道企业　　D. 公众环境

E. 人口

2. 下列属于有限但可以更新的资源的是（　　）。

A. 水　　B. 森林

C. 石油　　D. 煤

E. 矿产

3. 市场营销环境中（　　）被称为一种创造性的毁灭力量。

A. 新技术　　B. 自然资源

C. 社会文化　　D. 政治法律

E. 人口

4. 理想业务的特点是（　　）。

A. 高机会高威胁　　B. 高机会低威胁

C. 低机会低威胁　　D. 低机会高威胁

E. 不确定

5. 购买商品和服务供自己消费的个人和家庭被称为（　　）。

A. 生产者市场　　B. 消费者市场

C. 转售市场　　D. 组织市场

E. 非营利市场

6. 旅游业、体育运动业、图书出版业及文化娱乐业为争夺消费者一年内的支出而相互竞争，它们彼此之间是（　　）。

A. 愿望竞争者　　B. 属类竞争者

C. 产品形式竞争者　　D. 品牌竞争者

E. 不是竞争

7.（　　）是指人们对社会生活中各种事物的态度和看法。

A. 社会习俗　　B. 消费心理

C. 价值观念　　D. 营销道德

E. 学习

8.（　　）是指企业所在地邻近的居民和社区组织。

A. 社团公众　　B. 社区公众

C. 内部公众　　D. 政府公众

E. 媒体公众

9. 协助厂商储存并把货物运送至目的地的仓储公司是（　　）。

A. 中间商　　B. 财务中介

C. 营销服务机构　　D. 实体分配公司

E. 代理商

10. 身边没有孩子的老年夫妻是家庭生命周期的（　　）。

A. 空巢期　　B. 满巢期

C. 孤独期　　D. 离巢期

E. 单身期

11. 消费习俗属于（　　）因素。

A. 人口环境　　B. 经济环境

C. 文化环境　　D. 地理环境

E. 政治法律环境

12. 消费流行属于（　　）因素。

A. 社会文化环境　　B. 人口环境

C. 地理环境　　D. 顾客环境

E. 政治法律环境

13. 影响消费者需求变化最活跃的因素是（　　）。
A. 人均国内生产总值　　B. 个人收入
C. 个人可支配收入　　D. 个人可任意支配收入
E. 恩格尔系数
14. 与企业紧密相连，直接影响企业营销能力的各种参与者被称为（　　）。
A. 营销环境　　B. 宏观营销环境
C. 微观营销环境　　D. 营销组合
E. 媒体环境

（二）多项选择题

1. 下列属于市场营销微观环境的是（　　）。
A. 辅助商　　B. 政府公众
C. 人口环境　　D. 消费者收入
E. 国际市场
2. 人口环境主要包括（　　）。
A. 人口总量　　B. 人口的年龄结构
C. 地理分布　　D. 家庭组成
E. 人口性别
3. 影响消费者支出模式的因素有（　　）。
A. 经济环境　　B. 消费者收入
C. 社会文化环境　　D. 家庭生命周期
E. 消费者家庭所在地点
4. 以下属于宏观营销环境的有（　　）。
A. 公众　　B. 人口环境
C. 经济环境　　D. 营销渠道企业
E. 政治法律环境
5. 营销中间商包括（　　）。
A. 中间商　　B. 物流公司
C. 营销服务机构　　D. 财务中介机构
E. 供应商
6. 企业面对的市场类型有（　　）。
A. 消费者市场　　B. 生产者市场
C. 中间商市场　　D. 国际市场
E. 政府市场
7. 企业面对的公众有（　　）。
A. 融资公众　　B. 社区公众
C. 中间商公众　　D. 企业内部公众

E. 消费者公众

8. 营销环境包括（　　）。

A. 宏观环境　　B. 间接环境

C. 作业环境　　D. 微观环境

E. 人口环境

9. 研究收入对消费者需求的影响时，常使用的指标有（　　）。

A. 人均国内生产总值　　B. 个人收入

C. 个人可支配收入　　D. 个人可任意支配收入

E. 恩格尔系数

10. 市场营销环境的特征是（　　）。

A. 客观性　　B. 差异性

C. 多变性　　D. 稳定性

E. 相关性

11. 对环境威胁的分析一般着眼于（　　）。

A. 威胁是否存在　　B. 威胁的潜在严重性

C. 威胁的征兆　　D. 预测威胁到来的时间

E. 威胁出现的可能性

二、简答题

1. 怎样理解企业与营销环境的关系？

2. 宏观环境和微观环境包括哪些具体内容？

3. 试分析社会公众对企业营销的影响。

4. 自然环境的变化对企业营销会产生怎样的影响？

三、案例分析

SWOT 分析在个人求职、职业生涯规划中的应用

在求职时，不妨采用这一工具对自己进行一番从里到外的“体检”。

SWOT 分析是检查个人技能、能力、职业、喜好和职业机会的有用工具。如您对自己做个细致的 SWOT 分析，就会很清楚地知道自己的优点和弱点在哪里，并能评估出自己所感兴趣的不同职业道路的机会和威胁所在。

一般来说，求职者在进行 SWOT 分析时，应遵循以下 4 个步骤：

1. 评估自己的长处和短处　我们每个人都有自己独特的技能、天赋和能力。在当今分工非常细的市场经济里，每个人只擅长某一领域，而不是样样精通（当然，除非天才）。举个例子，有些人不喜欢整天坐在办公桌旁，而有些人则一想到不得不与陌生人打交道时，心里就发麻，惴惴不安。请做个表，列出您喜欢做的事情和您的长处所在（如果您觉得界定自己的长处比较困难，您可以找一些测试习题做一做，做完就会发现自己的长处所在）。同样，通过列表，您还可以找出自己不是很喜欢做的事情和您的弱势。找出短处与发现长处同等重要，因为您可以基于自己的长处和短处做两

种选择：一是努力去弥补短处，提高技能；二是放弃那些对您不擅长的技能要求很高的职业。列出您自认为所具备的很重要的强项和对您的职业选择产生影响的弱势，然后再标出那些您认为对您很重要的强势、弱势。

2. 找出职业机会和威胁 我们知道，不同的行业（包括这些行业里不同的公司）都面临不同的外部机会和威胁，所以找出这些外界因素对求职是非常重要的，因为这些机会和威胁会影响您的第一份工作和今后的职业发展。如果公司处于一个常受到外界不利因素影响的行业里，很自然，这家公司能提供的职业机会将是很少的。相反，充满了许多积极的外界因素的行业将为求职者提供广阔的职业前景。请列出自己感兴趣的一两个行业（比如，保健、金融服务或者电信），然后认真地评估这些行业所面临的机会和威胁。

3. 提纲式地列出今后 5 年内您的职业目标 仔细地对自己做一个 SWOT 分析评估，列出从学校毕业后 5 年内最想实现的 4~5 个职业目标。这些目标可以包括想从事哪一种职业，将管理多少人，希望自己拿到的薪水属哪一级别等。请时刻记住：必须竭尽所能地发挥出自己的优势，使之与行业提供的工作机会完美匹配。

4. 提纲式地列出一份今后 5 年的职业行动计划 这一步主要涉及一些具体的东西。请拟出一份实现上述第 3 步列出的每一目标的行动计划，并且详细地说明为了实现每一目标，你要做的每一件事，何时完成这些事。如果觉得需要一些外界帮助，请说明需要何种帮助和如何获取这种帮助。举个例子，您的个人 SWOT 分析可能表明，为了实现理想中的职业目标，您需要进修更多的管理课程，那么，您的职业行动计划应说明何时进修这些课程。拟订详尽的行动计划将有助于您做决策，就像公司事先制订计划为职业经理人提供行动指南一样。

诚然，做此类个人 SWOT 分析会占点时间，而且还需认真对待，但是详尽的个人 SWOT 分析却是值得的，因为当做完详尽的个人 SWOT 分析后，您将有一个连贯的、实际可行的个人职业策略供您参考。在当今竞争白热化的市场经济社会里，拥有一份挑战和乐趣并存、薪酬丰厚的职业是每一个人的梦想，但并不是每一个人都能实现这一梦想。因此，为了使您的求职和个人职业发展更具有竞争性，请花一些时间界定自己的个人优势和弱势，然后制订一份策略性的行动计划，务必保证有效地完成它，那么，您的前景将灿烂而辉煌！

参考答案

思考：

1. 你对自己的 SWOT 了解吗？
2. 你认为在人生的不同阶段分析 SWOT 切实可行吗？请举例说明。

实训三 医药营销环境分析

【实训目的】

（1）能对某个医药的营销环境进行科学分析。

（2）对医药企业营销机会和威胁能提出合理化建议。

【考核标准】

（1）能分析医药企业外部环境及特征。

（2）能分析医药企业内部环境及特征。

（3）明确医药企业的环境机会与环境威胁，以及医药企业营销的优势与劣势。

（4）对医药企业的环境机会提出合理化建议。

（5）对医药企业的环境威胁提出合理化建议。

【实训内容】

背景资料：金嗓子喉宝药品市场营销环境分析。

1. 宏观市场营销环境分析

（1）经济环境：改革开放以来，我国经济总体上保持了快速增长，国内生产总值和国民收入以较高的幅度持续增长，GDP 平均增长保持在 8%，近年来又有加快的趋势。人民生活水平显著提高，全国恩格尔系数也是呈现了平均下降的趋势，医药消费支出比例相应增加。据测算，人均生活水平每提高 1%，药品消费水平将提高 1.37%。我国医药消费水平每年以 16% 的幅度加速提高。

（2）社会文化环境：随着环境污染的加剧，空气质量日益恶化，干燥、粉尘、汽车尾气、沙尘暴等使众多国人饱受咽喉疾病的困扰。人们的健康观念发生了转变，现代人们不仅仅满足于“生存”这种生命状态，而且更关心生命的质量。健康观念的转变体现在人们自身保健意识的增强。

（3）政治和法律环境：由于医药行业关系人民的身体健康和生命安全，国家对其采取有别于一般行业的较为严格的管理制度。1988 年开始实施 GMP 认证，进一步确保了药品质量的安全性和有效性，提高了医药企业的门槛，限制企业数量。1999 年起，我国开始对上市药品实行处方药、非处方药分类管理。

2. 微观市场营销环境分析

（1）企业自身：广西金嗓子集团是全国制药行业的优秀科技型企业。该公司原为柳州市糖果二厂，始建于 1956 年 3 月 6 日。为适应市场的需要，以江佩珍董事长为首的领导班子，自筹资金 780 多万元对企业进行技术改造，筹建制药厂。经广西壮族自治区卫生厅、广西壮族自治区药品监督管理局验收合格，于 1994 年 12 月 12 日成立广西金嗓子制药厂。1998 年 9 月 18 日，制药厂改制为广西金嗓子有限责任公司。2000 年 12 月 8 日，公司荣获国家食品药品监督管理局颁发的药品 GMP 证书。2001 年 9 月 28 日，广西金嗓子集团注册成立。

（2）营销：营销方式主要有直销、人员促销和代理商代理销售。

（3）公众：政府和普通大众消费者。

【实训过程与方法】

（1）将学生分为若干组，每组4~6人，接受任务。

（2）以小组为单位讨论分析背景资料。

（3）在背景资料的基础上结合所学知识对金嗓子喉宝所处环境进行分析。

（4）有理有据地说出金嗓子喉宝所处的宏观环境和微观环境。

（5）对结果进行分析，提出意见或建议，并以报告形式提交给任课老师。

【考核内容】

医药营销环境分析报告。

（马翠兰）

第四章

医药消费者行为分析

学习目标

知识目标

1. 掌握医药消费者需求特征、购买决策过程及对应营销技巧。

2. 熟悉医药消费者购买行为模式、主要类型和影响医药消费者购买行为的因素。

3. 了解医药消费者市场的概念、特点和分析内容。

能力目标

1. 能分析医药消费者的决策过程，应用对应营销技巧（核心技能）。

2. 学会分析医药消费者购买行为类型和影响医药消费者购买行为的因素。

素养目标

1. 培养诚实、守信、吃苦耐劳的品德和一丝不苟的工作作风。

2. 培养对产品负责、对客户负责、对企业负责的态度。

案例导入

现代医药市场营销观念以消费者的需求为中心，顾客需要什么，企业就生产提供什么。医药消费者的需求是医药企业市场营销活动的中心，是营销活动的起点和终点，也是不断发展变化的。对于医药企业来说，只有熟悉医药消费者市场的特点，准确把握医药消费者的购买过程和影响因素，才能做到“知己知彼，百战不殆”，从而在满足医药消费者需求的同时实现企业的营销目标。医药市场消费者的行为分析是后续医药市场营销活动开展的基础。

根据市场主体和购买目的的不同，可以将医药市场分为医药消费者市场和医药组织者市场。其中医药消费者市场是由医药消费者组成的市场，市场中的消费者是以个人消费为目的而产生购买行为。医药组织者市场是由各种组织构成的市场，如医药生产企业、医药批发企业、医药零售企业、医疗机构、政府组织和其他非营利性机构，各组织并不以个人消费为目的，而以生产、转卖或维持机构运转为目的产生各自的购买行为。两个市场的主体不同，购买目的不同，其特点和购买行为、购买决策过程都有很大差异。本章重点分析医药消费者市场，研究医药消费者的需求特征、购买决策过程及对应营销技巧。

知彼知己，胜乃不殆；知天知地，胜乃可全。——《孙子兵法》

现实意义：一是要想占领市场，必须了解市场，了解市场主体消费者，只有对消费者购买行为有深入理解，才能有针对性地设计生产满足消费者需求的产品，并制定合适的价格，在合适的销售渠道以合适的促销方式与消费者沟通；二是企业要注重情报的收集，全面、系统、深入地了解企业自身核心竞争力和短板，认清环境中的机会与威胁，通过制定相应的战略战术，合理调配资源，从而促使企业目标的实现。

第一节　医药消费者市场概述

一、医药消费者市场的概念

医药消费者市场是个人或家庭为了预防疾病、治疗疾病和维护健康等生活需要而购买医药产品或接受相关服务所形成的市场。医药消费者市场的主体是消费者，医药消费者市场是医药企业营销的最终目标市场。医药消费者市场的需求变化牵动着医药企业的营销活动，决定着医药企业营销活动的成败。

随着社会的发展，人口结构、生活方式、环境等因素发生改变，导致疾病谱也相应地发生变化，如心脑血管疾病、癌症等慢性病患病率越来越高。因此医药消费者的需求也在随之发生改变，医药产品的种类、数量、规模、疗效、用药途径、价格也都有不同程度的改变。医药企业要想在市场中获得一席之地，必须对医药消费者的需求有全面的认识，认真了解消费者的需求，分析消费者为了满足需求而产生的各种购买行为和购买决策过程，有针对性地满足消费者需求，从而获利。

医药行业因其与人类生命健康的密切关系而被称为永不衰落的朝阳产业，未来我国医药行业的总体发展趋势非常明确。2040 年我国 60 岁以上老年人口比例预计将达到 28%，恶性肿瘤、心脑血管、糖尿病等慢性病发病率快速上升，对新一代疗效更好、不良反应更小的治疗方案需求十分迫切，驱动产业创新。随着人口总量的增长、社会老龄化程度的提高、民众保健意识的增强及疾病谱的改变，人们对医药产品的需求也发生了改变，对医药产品行业的发展愈加重视。城市化进程的加快，医疗保障体制的不断完善，种种因素推动了我国医药产品需求的不断增长。与此同时，生物科技的发展使得医药企业从技术上能够保证医药创新研发，满足医药产品需求；政府也为医疗卫生领域提供了满足人民医疗需求的资金保障。

二、医药消费者市场的特点

（一）非营利性的购买目的

医药消费者市场中的基本购买单位是消费者，消费者出于个人或家庭防病、治病或维护健康的需要而购买医药产品，购买目的纯属个人的生活需要，并非要从购买中获得一定的经济效益或社会效益，如转卖而获利或将其深加工后出售获利。

（二）非专业性的购买决策

医药产品是专业性较强的产品，医药消费者本人受所掌握的医药知识的限制，对医药产品的了解并不专业，在购买决策过程中表现出明显的非专业性，容易受到专业人士的影响，尤其是购买处方药时需要医生开具处方，听从医生的治疗方案，消费者个人对于处方药的选择没有决策权。

（三）分散性的购买地点

每个消费者都可能作为医药消费者市场的购买者，医药产品的购买涉及每一个人和每个家庭，购买者多而分散。医药消费者市场是一个人数众多的大市场。医药消费者所处的地理位置各不相同，造成了购买地点的分散性。

（四）购买者数量多、购买次数多但购买量少

由于受到消费人数、需要量、储存地点和产品有效期等因素的影响，医药消费者个人不可能大批量购进储存，只能在出于个人或家庭生活需要时产生购买动机，进而产生购买行为。每次购买量仅供短时间内单个人使用，购买量较少，但购买次数较多。每个消费者都是一个购买者，因而购买者数量多。

三、医药消费者市场分析的内容

随着医药市场需求的不断变化、市场规模的持续扩大和竞争的加剧，医药企业要想适应不断发展变化的消费者需求，必须对医药消费者市场进行准确、细致的分析，才能为医药企业的营销战略和战术的制定提供全面可靠的决策依据。

对医药消费者市场的分析主要从六个方面入手，包括：①谁参与购买（who）——购买角色；②购买什么（what）——购买对象；③何时购买（when）——购买时间；④何地购买（where）——购买地点；⑤为何购买（why）——购买动机；⑥如何购买（how）——购买方式。通常也将这六方面统称为“5W1H”。

（一）谁参与购买（who）——购买角色

医药消费者的购买行为并不是简单的购买，消费者购买的医药产品并不一定是自己使用的，消费者自己使用的医药产品也不一定是自己购买的，当然，消费者购买医

药产品的行为也并不一定是由自己决定的，不一定是因为自己需要而产生的。在消费者的购买行为中会出现多个角色参与其中，医药消费过程会因为这多个角色的不同，产生不同的购买决策过程。医药企业必须首先认清在消费过程中出现的购买角色，进而了解各个购买角色的行为，有针对性地开展营销活动。在医药消费者购买过程中可能出现以下5个购买角色。

1. 发起者 引发对某个医药产品的购买行为的人，一般为患者本人。

2. 影响者 对整个购买行为过程产生直接或间接影响的人，如患者的家人和朋友及医生、药师、营业员等。

3. 决策者 对最终购买决策，包括买什么、买多少、何地买、何时买、如何买有决定权的人，如处方药购买过程中拥有处方权的医生。

4. 购买者 实施购买行为的人，如妈妈购买儿童用药，妈妈就是儿童用药的购买者。

5. 使用者 最终使用所购药品的人，通常为患者本人。

在医药产品的购买过程中，一个购买角色可能由多个人担任，如在某患者到药店购买感冒药的过程中，可能有多个人影响最终购买决策，如药师、营业员、患者家人等，这些人都是影响者。也有可能出现一个人担任多个购买角色，如某患者到药店自行选购感冒药，他是发起者，也是购买者，同时也是决策者和使用者。不同医药产品的售卖过程会出现不同的购买人物，但都会出现这5个角色，所不同的是，这5个角色分别由谁担任，或由哪几个人担任。医药企业需要根据不同的医药产品、不同的市场状况，全面了解购买过程中出现的不同购买角色，分析其购买过程，从而有针对性地制定营销策略。

（二）购买什么（what）——购买对象

购买对象是消费者购买决策的核心。作为医药消费者，购买对象即为医药产品及相关服务，通常所指为处方药、非处方药，也包括保健品、医疗器械等相关产品。作为医药企业，在分析消费者的购买对象时，不能只停留在购买对象实物本身，还应该看到除产品的品牌、规格、剂型、价格、质量、包装之外，消费者最终需要的购买对象所能提供的基本效用和利益，以及在购买对象实物之外消费者所能得到的附加服务和利益，即产品整体。医药产品所能提供给消费者的基本效用和利益，如感冒药所能带给消费者的治疗感冒、缓解感冒症状的功效，是消费者最终需要的核心。不同消费

拓展阅读

产品整体概念包括核心产品、形式产品和附加产品三个层次。其中，核心产品是指产品所能为消费者带来的基本效用和利益，形式产品是指为提供基本效用和利益所需要的有形产品支撑，包括产品的品牌、包装、质量、剂型、规格等，附加产品是消费者购买产品后所能获得的免费的附加利益。

者对医药产品的效用、品牌、规格、剂型及附加服务有着不同的偏好。企业不仅要分析购买对象的包装、品牌、质量、规格、剂型，还需要认真探究消费者到底要从中获得什么效用和附加利益，从而针对性地提供医药产品，满足消费者对购买对象的期望。

（三）何时购买（when）——购买时间

购买时间主要从两方面来分析：一是购买时机。消费者的购买时机不仅受到消费者需求紧迫性的影响，也与消费者的作息时间和企业的营业时间有关。二是购买的频率和数量。消费者多久购买一次？一次购买的数量是多少？对消费者购买频率和数量的了解，可以帮助企业更进一步了解消费者的购买行为类型。

医药消费者通常是什么时候生病什么时候吃药，购买时机在产生用药需求后，即需要防病治病、维护健康时，属突发性购买。而消费者个人的患病时间是很难提前预知的，真正患病时又需要尽快用药，因此，医药企业需要满足日常生活中消费者随时可能出现的用药需求，保证药品供应的及时性，只能“药等人”，而不能出现“人等药”的现象。与此同时，从人群患病规律上来说，某些疾病在发病时间上的规律性会引发医药产品购买时间的规律性。如冬春季节交替时是感冒多发时，对感冒药的需求增加；进入夏季，消暑产品如藿香正气水、十滴水、风油精等产品会热销。医药企业需要根据不同产品所具有的不同时间规律，提前在生产和销售上做好准备，应对消费者随时出现的用药需求。

（四）何地购买（where）——购买地点

在我国现有药品监管法律法规体系下，医药消费者可以选择的医药产品购买地点包括医疗机构、零售药店和网络。

从消费者个人意愿上，享受医疗报销的消费者更愿意优先选择医疗保险定点医疗机构或零售药店购买医疗保险目录中可以报销的药品，关注产品质量的消费者更愿意选择大医院或零售连锁药店等有质量保证的购药地点，注重产品价格的消费者或慢性病患者常会选择平价药房。

从药品类别上看，处方药主要经由医疗机构实现从生产企业到消费者的最终转移。医药消费者在医院中主要听从医生的意见，按照医生处方实施购买行为。医生是医疗机构内医药消费者购买行为的决策者。医药企业在医院推广工作中，需要针对医生这一决策者实施有效的宣传工作，达到扩大产品销售的目的。非处方药目前主要在零售药店中出售，消费者自行或在药师指导下购买使用，购买行为中的决策者通常是消费者自己。根据我国相关法律法规，非处方药经审批可以在大众媒体进行广告宣传，故医药企业可以利用媒体进行非处方药的宣传推广，同时配以企业的公共关系活动提升企业的知名度和品牌形象；在产品包装设计上加以创新，以增加产品的吸引力和冲击力；选择适合产品形象的零售药店重点推荐产品，加强对零售药店营业人员相关产品知识的培训，达到有效地吸引消费者、打动消费者、引发消费者购买欲望和兴趣的目的，实现企业盈利目标。

目前大多数消费者都直接选择到药店或医院现场购买医药产品。随着互联网的普及，尤其是 2022 年 12 月 1 日起开始施行《药品网络销售监督管理办法》，为处方药经由网络销售提供了政策依据，网络也成为越来越多医药消费者可选择并愿意选择的购买医药产品的地点。医药消费者开始对医药电商产生购买习惯和依赖性，越来越多的消费者，尤其是京津冀、长三角、珠三角等经济发达及网络和物流基础设施完善地区的消费者开始习惯网络购药，但限于药品的专业性，普通医药消费者对于医生和药师等专业人员的依赖较强，加之医药消费者中的老年人群体对网络购物还不熟练等原因，与线上销售整体渗透率相比，医药产品的线上销售渗透率还有一定差距。目前网络销售的医药产品以普通常用非处方药、保健品和医疗器械为主。从长远来看，互联网未来将成为消费者购买医药产品的重要地点之一，未来数年医药电商将出现翻倍增长。

拓展阅读

2022 年 9 月 15 日，阿里健康研究院联合中康科技发布了《2022 线上用药趋势白皮书》（以下简称《白皮书》）。《白皮书》显示，2021 年，全国药品市场总额为 1.98 万亿元，从各终端渠道看，医药电商药品收入同比增长 25%，是增长最快的渠道，其中 18~27 岁人群和 50~65 岁人群增速较快，下沉市场（指三线以下城市及县镇、农村地区的市场）用户增长也更为明显。购药者行为变化是驱动线上高增长的主要原因。《白皮书》显示，疫情出现后，有近八成消费者习惯于有计划地备药，近九成慢性病患者表示会定期采购家中常备药。从复购情况看，2021 年，医药电商慢性病用药复购用户数增长 187%，其中下沉市场医药电商慢性病用药支付金额同比增长 149%。线上医药在帮助提升药品可及性、改善患者用药依从性的同时，也诞生了很多新赛道，新医药市场在线上全面爆发。

（五）为何购买（why）——购买动机

购买动机是市场三要素之一，当人口总量趋于稳定时，购买动机就成为影响市场总量的关键因素。不同的购买动机下的市场状况也会千差万别，出现不同和不定性。购买动机即消费者购买产品的原因，通常是因人们的理想状态和现实状态产生差距后出现未满足的需求，进而产生的动机，是直接驱使医药消费者实施某项购买行为的内动力，是医药消费者购买行为的直接出发点和前提。一般来说，购买动机可分为生理性动机和心理性动机。

1. 生理性动机 生理性动机由医药消费者的生理本能引起，旨在通过购买产品满足其生理需要的一种状态。如口渴时对于水的需要，肚子饿时对于食物的需要，生病时对于药品的需要，这是最基本的购买动机，主要包括以下三种。

（1）生存动机：消费者为了维持基本生命体征而产生的对食物、服装等产品的购买动机。

（2）安全动机：消费者为了满足基本的安全需要而产生的对住房、药物等产品的购买动机。

（3）繁衍动机：消费者为了生命繁衍，如生育抚养子女、赡养父母等产生的对儿童用药、教育、保健的购买动机。

生理性动机以人类生存的基本生理本能为基础而产生，是消费者的基本动机，当个人可支配收入有限的情况下，人们首先满足的是生理性动机。在这种动机驱使下产生的购买行为个体差异较小，但在实际生活中，医药消费者产生的购买动机往往并不是单纯由生理性动机驱动，心理性动机会同时出现，从而导致每个人的购买动机有所差异。

2. 心理性动机 心理性动机由医药消费者的个性化心理感知过程和结果的不同而引起，主要包括以下三种。

（1）感情动机：由医药消费者的感情需要而产生的购买动机，这种感情引发的动机具体可体现为情感动机和情绪动机。情感动机指因人们的道德感、美感、友谊感、荣誉感等人类高级情感而引发的购买动机，具有稳定性；情绪动机指因喜、怒、哀、乐、爱、恨、恶等情绪变化而引起的购买动机，与情感动机不同，它通常是随机产生的，具有不稳定性和冲动性。

（2）理智动机：医药消费者在充分了解产品知识的基础上对购买相关事宜进行理智思考、抉择后产生的购买动机。持有理智动机的消费者通常掌握了较多的产品知识或是习惯于理性思考，比较坚持个人的看法，不轻易受到外界因素的影响。在购买过程中，理智动机常具体表现为求实心理（产品实用性强）、求廉心理（产品价格低）、求名心理（产品品牌知名度高）、求优心理（产品质量优）等。

（3）信任动机：医药消费者基于对某品牌、某企业的信任和偏好而产生的重复性购买的动机，也称为惠顾动机，具有重复性和习惯性，在购买过程中常表现为嗜好心理。

（六）如何购买（how）——购买方式

消费者的购买方式主要指消费者购买医药产品时获得产品所有权的方式和货币支付方式，如消费者采用现金购买、信用卡购买、医保卡购买、手机支付等。

享有医疗保险的消费者倾向于使用医保卡购买，尤其是老年慢性病患者。其他消费者更多使用支付宝、微信钱包等更为方便快捷的手机支付方式。医药企业需要根据消费者购买方式的不同进行针对性的个性化产品设计、价格决策、渠道设计等。

第二节 医药消费者购买行为

一、医药消费者需求特征及购买行为模式

（一）医药消费者需求特征

1. 规模性和发展性 我国人口基数庞大，购买者数量众多，购买范围广。近几

年随着人们生活水平不断提高，医疗保健意识不断增强，现有的医药消费者需求规模巨大。同时，随着我国慢性病患者不断增加，老年人口数量不断增长，医疗保险覆盖范围不断扩大，我国人均用药水平和市场整体规模大大提高。人们的医药消费需求，不论是数量还是质量，都在不断发展，开始呈现由低级到高级、由潜在需求变成现实需求的状态。医药企业必须正确认识医药消费者需求的规模性和发展性，做好市场预测，不断开发新产品，满足医药消费者不断发展变化的新需求。

2. 急迫性和安全性　医药消费者通常是在患病之后产生对医药产品的需求，而且这种需求是急迫的，他们希望及时、尽快实施购买行为，获得医药产品所有权，以便尽快开展治疗。企业需要保障药品供应的及时性，方便消费者购药。同时，企业还必须保证药品的安全性。医药产品作为特殊商品，与人们的生命安全密切相关，应在保证安全的前提下产生预期疗效。相较于其他商品，消费者更加看重医药产品的安全性。

3. 单一性和多样性　消费者只有在预防疾病、治疗疾病和维护身体健康时才产生对医药产品的购买欲望，这种需求产生的诱因是单一的，不可能单纯因为产品包装漂亮、价格低廉或动人的广告而产生购买欲望。但是，由于每个消费者的文化背景、年龄、性别、职业、个性等的不同，由这个单一诱因引发的需求表现却是多样性的，消费者对医药产品的需求呈现多样性的特征，即使同一消费者在不同时期的消费需求也不同，如有时更看重产品价格，有时更看重品牌；同一消费者在零售药店购买药品时更关注自己以往的用药经验，在医院就诊时更尊重医生的意见。

4. 非专业性和可诱导性　普通的医药消费者对医药产品的了解较少，医生、药师等专业人士和医药企业对产品知识掌握较多，专业产品知识处于明显不对称状态，消费者在购买过程中表现出明显的非专业性，需要专业的医生、药师给予指导意见，尤其是在处方药的购买过程中，更多的是遵从医生的处方。因此，消费者在购买过程中容易受到医生、药师、营业员、病友等和企业广告宣传的影响与诱导。

5. 被动性和消极性　消费者对医药产品的需求是被动产生的。在患病的前提下，人们被迫产生对医药产品的需求，而且这种需求一旦产生，人们就不得不去满足，不像其他需求如服装、旅游等是可以抑制或延期的。这种需求满足的被动性和生命健康受到损害的程度有关，生命受到损害的程度越大，对医药产品需求的被动性就越强。也因此，消费者在产生对医药产品的需求的同时，情绪是低落消极的。老百姓常说“有什么别有病，没什么别没钱”，可明显看出消费者对于患病的消极态度。

6. 季节性　虽然个人患病的时间无法准确预测，但从人类总体发病规律和保健观念上看，医药消费者的需求会因季节的不同而不同。因季节更替，某些疾病会出现发病高峰状态，从而引发医药产品的需求出现高低变化。如冬春之交一般是感冒药的需求旺季，夏季一般是祛暑药的需求旺季。在传统保健观念中，冬季是进补良机，滋补类医药产品在冬季需求旺盛。

（二）医药消费者购买行为模式

医药市场营销学认为，医药消费者购买行为是“黑箱”模式，消费者的购买行为是经济变量、心理变量和社会变量相互作用的结果。消费者的内隐心理是一个“黑箱”，在外界不同的环境因素和营销因素的刺激下，消费者会做出相应的反应，在影响者的影响下确定在何时、何处、以何种方式购买一定数量的某品牌产品，也称为“刺激－反应”模式（图 4-1）。

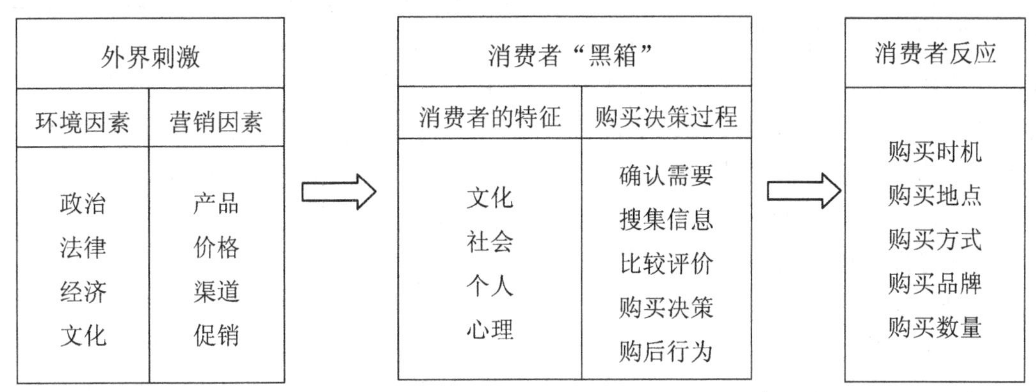

图 4-1 消费者“黑箱”模式

消费者的购买行为总是由其个人的内在需要在外界刺激下反映出来。这里的外界刺激除环境因素带来的，如政治法律环境、经济环境、文化环境、科技环境等的刺激外，还有企业可以有所作为的产品、价格、渠道、促销等有意安排针对消费者的外界刺激，即“营销刺激”。所有这些外界刺激进入消费者的“黑箱”后，不同文化背景、社会背景、心理状态的消费者经过一系列的购买决策过程，就产生了人们看得到的购买反应，具体表现为消费者的购买决策结果，包括对购买时机、购买地点、购买方式、购买品牌和购买数量的选择。

尽管消费者的“黑箱”是复杂的，不同特征消费者的购买行为过程千差万别，但营销人员还是可以从影响消费者行为的诸多因素中找出普遍性的方面，由此进一步探究消费者购买行为的整个过程，在能够预料到消费者反应的情形下，自如运用“营销刺激”。

二、影响医药消费者购买行为的因素

（一）文化因素

文化因素对消费者的行为具有广泛和深远的影响，这种影响主要体现为文化、亚文化和社会阶层三方面。

1. 文化 广义上的文化是指人类在社会发展过程中创造的物质财富和精神财富的总和。狭义上的文化仅包含精神财富，即文化是一个社会精神财富的结晶，它是人类在一定的社会环境中自然地学习，在一定的物质、社会和历史传统基础上形成的特定价值观念、伦理道德、宗教信仰、风俗习惯、语言文字的综合体，是影响人们需求和行为的重要因素。由于人们的行为大部分是在后天学来的，任何人都是在一定的社会文化环境中生活，不同的社会文化环境造成了消费者购买行为的差异。不同文化背景下的生活方式和信念有着诸多差异，如文化习俗、文化价值观、产品需求及使用习惯、产品偏好等。其中文化习俗反映了在特定文化环境下消费者的常规思维与行为模式，文化价值观是影响不同文化背景的消费者购买行为的一个主要因素。

2. 亚文化 亚文化是某一文化群体下属的次级群体成员所共有的价值观、信念、生活习惯等。每一种文化中都包括一定数目的亚文化群，他们以特定的信念和影响力将各成员联系在一起，从而形成生活模式和行为方式相同或相近的群体。亚文化主要包括民族亚文化、宗教亚文化、地理亚文化、种族亚文化。相同亚文化群体内的人们消费方式趋于一致。亚文化对人们的生活习惯如饮食、衣着等有更直接的影响。如我国南北方因气候、风俗习惯和经济发展水平的不同，人们往往表现出不同的生活方式、饮食习惯和用药习惯，这些不同会导致购买行为的差异。

3. 社会阶层 社会阶层是指一个社会中因政治因素、经济因素、生活背景和受教育程度等相似而形成的具有相对同质性和持久性的群体，同一阶层中的成员具有类似的价值观、兴趣爱好和行为方式，甚至对某些药品、品牌、药店、传播媒体等都有共同的偏好。不同的社会阶层在其生活方式、价值观念、消费习惯等方面存在明显的差异。企业有必要了解分析不同社会阶层的受教育程度、收入来源状况、消费习惯等因素，有的放矢地采取最佳的营销策略，开发出适合目标阶层需要的产品，采用不同阶层最易接触的广告媒体，制定出符合不同社会阶层的产品价格，满足目标市场的需求。

（二）社会因素

1. 相关群体 相关群体是指对医药消费者个人的偏好和行为有直接或间接影响的群体。不论他们是否相识或有无组织，只要某一群人在消费行为上对消费者个人存在影响，就构成了一个相关群体。相关群体主要包括直接相关群体和间接相关群体。其中直接相关群体是对消费者有直接影响力的群体，可具体分为基本群体和次要群体。基本群体包括家庭成员、亲朋好友、同学和同事等，对消费者的购买行为产生直接和主要的影响；次要群体是消费者所参加的职业协会、兴趣组织等社会团体，对消费者购买行为产生次要影响。间接相关群体包括崇拜群体和否定群体，消费者虽不属于这一群体，但这一群体成员的态度、行为对消费者有着间接影响。崇拜群体中的意见领袖的建议和行为往往会被消费者接受和模仿，他们一旦使用了某种药品，就会起到有效的宣传推广作用。

医药企业必须充分重视相关群体对消费者购买行为的影响力。在市场营销过程中，选择好目标市场，以传递信息迅速、影响力大的相关群体为中心，如医患间和病友间的相关群体，提高医药企业和产品的知名度，扩大产品销售市场。一些医药企业出资组织、举办“哮喘之家”“肾友会”“糖尿病俱乐部”等活动，宣传有关医学和药学的最新动态，进行相关医药产品的销售，这种人性化的促销方式非常受患者的欢迎，促销效果明显。

2. 家庭 家庭是社会组成的基本单位细胞，是消费者购买行为中最重要的相关群体之一，对个人影响最大。一个人幼年时就开始受到家庭方方面面的不同倾向性的影响，这种影响可能伴其一生。家庭又是一个基本的购买决策单位。不同家庭中，夫妻参与购买决策的程度不同；同一家庭中，夫妻参与购买决策的程度也有很大差异。一般根据家庭决策方式的不同，可以将家庭分为四种类型：共同决定型、自主决定型、妻子主导型、丈夫主导型。药品营销者应了解不同消费者所在家庭对不同医药产品的购买决策类型，谁有较大的影响力，或谁在哪些方面更具影响力。还要注意的是，家庭决策类型会随着环境的变化而变化。许多家庭随着社会观念的改变和女性就业状况的改变，慢慢由丈夫主导型转变为妻子主导型。

（三）个人因素

影响消费者购买行为的个人因素主要包括年龄和性别、经济状况、生活方式、个性等。

1. 年龄和性别 不同年龄、不同性别的消费者，生理、心理状况不同，兴趣、爱好不同，对医药产品和服务的需求与购买方式上也有明显差异。年轻人缺少经验，个性冲动，缺乏充分考虑，容易在各种信息影响下出现冲动性购买；中年人经验丰富，常根据习惯和经验购买，不太重视广告等来源的信息；老年人对慢性病用药、保健类的药品兴趣较高；年轻女性对美容养颜、减肥类产品较为热衷。医药企业可以制订针对性营销计划，满足不同年龄、不同性别消费者的需要。

2. 经济状况 经济状况主要指消费者个人可支配收入水平、储蓄和资产、借贷能力等。经济状况决定了一个人的购买能力，在很大程度上制约着个人的购买行为。消费者一般都在经济状况允许的范围内考虑以最合理的方式安排各项支出，以便更有效地满足自己的需要。经济状况较差的顾客往往比经济状况好的顾客更关心价格的高低，对于那些受经济状况影响较大的医药产品，企业应特别注意消费者个人收入、储蓄率的变化及消费者对未来经济形势、收入水平和医药产品价格变化的预期。

3. 生活方式 生活方式是消费者个体在成长过程中，在社会诸多因素作用下表现出来的兴趣、观念、活动方式等，反映消费者花费时间和金钱的态度及其所做的消费抉择的形式。不同的生活方式会产生不同的需求特征和购买行为。不良的生活方式会导致慢性病等疾病的发生，由生活方式导致的疾病患病率男性普遍高于女性、城市普遍高于农村。生活方式对于医药消费者购买行为的影响主要是通过对疾病谱的影响而表现出来的。

4. 个性 个性是一个人自然流露出来的固定的、经常的、实质性心理特质，如外向或内向、急躁或冷静、勇敢或怯懦、冒险或谨慎、倔强或顺从、独立或依赖、自信或自卑等。不同个性的消费者在同样的外界刺激下会表现出不同的购买行为。例如，外向型性格的患者比较好沟通，容易表露出真实想法和态度，对治疗多持积极向上的态度；内向型性格的患者大多沉默寡言，不轻易表露内心真实想法，情绪容易低落，治疗配合度不如外向型性格患者；喜欢冒险的消费者容易受广告的影响，成为医药产品的早期使用者；急躁的人购买决策过程较短，容易出现冲动购买；缺乏自信的人比较优柔寡断，购买决策过程较长。

（四）心理因素

消费者的心理因素是指消费者在购买行为中的思想意识，医药消费者的购买行为会受其心理因素的支配。影响医药消费者购买行为的心理因素主要有以下几个方面。

1. 需要 心理学认为，人类的行为包括购买行为是由动机支配的，而动机是由个人需要引起的。需要，是人们没有得到满足时的客观感受状态，是因为感到缺少某物而想获得它们的状态。尚未满足的需要，会促使消费者内心产生紧张或不适，当它达到迫切的程度时，便成为一种驱使人行动的强烈的内在驱动力。当这种驱动力被引向某一种可以减弱或消除它的刺激物，如某种商品时，便成为购买动机。因此，需要是推动人们购买行为等活动的内在动力。医药企业需要深入了解消费者的需要，激发那些已经存在于消费者身上的需要并促使他们做出最终的购买决策。

马斯洛需求层次理论

美国著名心理学家亚伯拉罕·马斯洛1943年在《人类激励理论》一文中提出"需求层次理论"，也被称为"马斯洛需求层次理论"（图4-2）。该理论认为人的需求由低到高依次得到满足，按顺序分别为生理的需求、安全的需求、社交的需求、尊重的需求和自我实现的需求。当低一层次的需求得到满足后才会出现高一层次的需求；多种需求没有得到满足时，首先满足迫切的需求，该需求得到满足后，后面的需求才显示出有激励的作用。已经满足的需求不再有激励的作用。

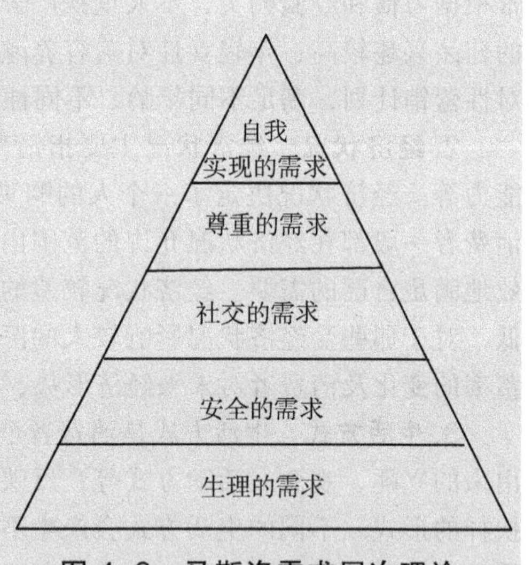

图4-2　马斯洛需求层次理论

2. 感觉和知觉 消费者在需要基础上有了购买动机后，就要采取行动以达到目的。至于怎样采取行动，则受到认知过程的影响。消费者的认知过程，是对医药产品和店面陈列、营业员服务态度等情境的反应过程，它包括感性认知和理性认知两个阶段。感性认知即感觉和知觉，是指消费者的感官在直接接触刺激物或情境后所获得的直观反应。这种认知过程由感觉开始。刺激物或情境，如某种商品的形状、大小、颜色、气味等，通过刺激消费者的视、听、触、嗅等感官，使消费者感觉到它的个别特征。随着感觉的深入，各种感觉到的信息在大脑中被综合起来进行初步的分析整合，使人形成对刺激物或情境的整体反应，即知觉。

感觉和知觉包括三个步骤，分别是选择性注意、选择性理解和选择性记忆。人们每天面对大量的刺激物，如电视广告，但其中大部分都不会引起消费者注意，一般来说，消费者倾向于注意那些与其当时需要有关的、与众不同的或反复出现的电视广告，这就是选择性注意。人们对于注意到的刺激物，并不一定会像信息发布者预期的那样理解信息，而是按照自己的想法来理解这些信息，这就是选择性理解。选择性记忆是指消费者仅能记住某些信息，特别是证实了他的态度和信念的信息，记不住所有获悉的信息。医药企业要促使消费者对产品产生最佳感觉，从而更好地刺激需要，就必须采取多种营销手段，把医药产品的包装、品牌、特性等充分展现给消费者，引起消费者的注意，引导消费者正确理解，加深其印象，激发其购买欲。

3. 学习　学习是指消费者个人经验对其行为的强化过程，即消费者在购买和使用医药产品的过程中，会逐步获得并积累经验，根据获得的经验调整自己的购买行为。消费者在购买到医药产品并使用后，会产生满意或不满意的感受。如果满意，消费者对这个医药产品的反应就会得到正加强，如果再遇到相同诱因时，就会产生相同的反应，即采取重复购买行为。如果这种反应被反复正强化，久而久之就成为购买习惯。这就是消费者的学习过程。例如，某患者在使用某品牌感冒药后获得了满意的治疗效果，加深了对此品牌感冒药的印象，下次遇到同样的感冒症状时，就会以这个品牌作为第一选择。在销售过程中，医药企业也可以向医药消费者提供诱发需求的提示物——适当的广告宣传，积极进行反复宣传——“强化”，加深医药消费者的印象，让患者不断强化学习的结果，使产品成为人人都喜爱的医药产品。

4. 态度　态度是指消费者对某事物的见解和倾向，这种见解和倾向具体表现为对外界的偏爱或厌恶的特殊感觉，即对产品的好恶、肯定与否定的情感倾向。医药消费者在购买和使用产品的过程中形成态度，这些态度又反过来影响其购买行为。通常情况下，消费者对医药产品的典型态度有以下三种。

（1）信任型：消费者对所要购买的医药产品各方面持完全肯定的态度，这种态度会很快促成消费者的购买行为。

（2）怀疑型：消费者对所要购买的医药产品并不十分满意，持怀疑态度，在购买过程中会表现得犹豫不决。

（3）反对型：消费者对所要购买的医药产品持完全否定的态度，会导致购买行为无法实现。

消费者态度的形成，主要取决于三个方面：一是消费者本身对某医药产品和服务的感觉，二是相关群体的影响，三是自己的经验及学习累积的知识。医药企业应根据消费者的态度设计和改进医药产品与服务，使产品更好地满足他们的需求，或者利用促销手段不断影响，逐渐改变他们的态度，以利于医药产品的销售。

三、医药消费者购买行为的主要类型

医药消费者的购买行为复杂多样，根据医药消费者的购买态度，可将其划分为以下几类。

1. 习惯型 消费者根据自己以往的习惯和经验选择医药产品，这类消费者要么具备一定的医药知识，要么属于久病成医者，已经形成了自己的购买习惯，忠诚于一个或数个品牌，习惯于购买自己熟知的医药产品，不轻易购买其他同类产品，属于保守型的购买者，对新产品不会贸然做出购买决定。医药企业应以良好的质量、优惠的价格和强有力的宣传扩大产品影响力，使之成为消费者习惯购买的对象。

2. 理智型 消费者在购买过程中保持冷静理智的态度，行为慎重，主观性强，在购买产品时经过周密的产品知识了解和反复的比较，做出购买决策。不会轻易相信广告和营业人员的推荐，贸然做出购买行动。营业人员不应过多地劝说其购买其他产品，应以准确提供所需产品为主。

3. 经济型 消费者由于自身经济条件的限制，特别关注价格，对医药产品价格比较敏感，倾向于购买物美价廉的产品，对包装等外在因素不太讲究。医药企业应有针对性地生产提供一些经济实惠、性价比高的医药产品，满足消费者的需求。

4. 冲动型 消费者由于缺乏应有的医药学知识，在购买医药产品过程中容易受广告、医药产品的包装或促销人员的诱导，盲目冲动地购买某种药品，做出不理智的购买决策。常发生在女性购买美容或减肥类产品的过程中。医药企业应在保证不夸大宣传、误导的前提下，采取独特包装、现场表演、临时特价等策略增加消费者的购买行为。

5. 躲闪型 消费者由于患有难以启齿的或隐私类疾病，为顾及对家人和工作单位的影响，在购买过程中常表现出躲闪的行为和不安的情绪，说话吞吞吐吐，低头疾行。销售人员不要过多询问和特别关注，以避免消费者尴尬，可适当地关心消费者，提供其所需的专业知识，引导其购买合适的医药产品。

6. 疑虑型 消费者在购买过程中常常表现得过于小心谨慎、疑虑重重、犹豫不决，花费较长时间，多次反复确认后仍会出现放弃购买的情况。销售人员应热情服务，不厌其烦地介绍医药产品知识，促使其做出购买决策。

7. 感情型 消费者在购买过程中表现出的感性要远大于理性，常常仅依靠自己的情感体验做出购买决策。医药企业应尽可能做好医药产品的包装、陈列、门店的装修设计等外在方面，提供热情的咨询和推荐，引导消费者购买。

研究消费者购买行为的目的是在面对消费者的一线销售工作中，特别是药店零售工作中针对顾客的不同类型采取恰当的服务方式。对有备而来者，应业务熟练；对主动咨询者，应热情周到；对盲目就新者，应认真负责；对难于启齿者，应避免尴尬；对小心谨慎者，应不厌其烦。

四、医药消费者购买决策过程及对应营销技巧

医药消费者的购买决策过程，从表面上看，似乎就是“买”与“不买”二选一的单选题，非常简单，某些购买决策所需的时间也不长，而实际上，这是消费者内心产生需要后在外界刺激下产生动机，按照一定程序和步骤发生购买行为的复杂过程。购买决策过程一般可分为五个不同阶段，如图 4-3 所示。

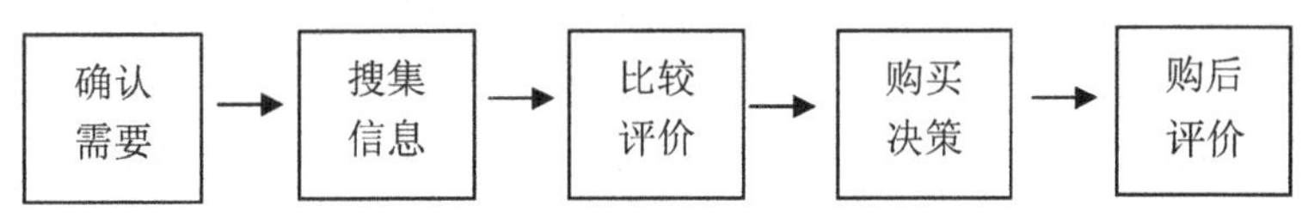

图 4-3　购买决策过程

（一）确认需要

医药消费者的购买过程是从确认需要开始的。这里的需要可能是消费者内在的生理需要引起的，也可能是内在需要受到外界的某种刺激之后才产生的。主要包括以下三种。

1. 突发性需要　这是医药消费者最常发生的需要。对于医药消费者个人而言，疾病的发生一般情况下是没有规律的、无法预知的，所以对医药产品的需要不具备预见性和预期性。只有当患病后，才会产生购买某种医药产品的需要，即突发性需要。企业很难事先预知这种需要，只能针对某些治疗预防季节性疾病的医药产品提前做好准备。

2. 经常性需要　这是慢性病患者常见的一种需要状态，由于患了某种慢性病，所以会经常购买某种医药产品。消费者对这类产品的品牌、功效和价格都非常熟悉，一般不需要花费太多时间考虑。对于这种需要，医药企业在营销工作中，一是保证优良的医药产品质量、保持合理的价格水平和一定的存货量，通过广告宣传等手段做好对现有顾客的“强化”工作；二是通过广告宣传、营业推广等措施，吸引、打动潜在顾客，引起其对本产品的注意，改变其原来的购买习惯。

3. 无意识需要　这种需要可能是消费者本身已经存在某种病症，但由于某些原因没有引起注意，消费者没有意识到自己有用药的需要；也可能是某种新产品宣传力度不够，消费者不知道这种产品的存在，所以没有对这种产品产生购买需要。医药企业需要做的首先是通过开展健康教育活动增强消费者的健康卫生意识，通过提供免费体检的机会提醒消费者注意自身的健康状况；其次是进行合理的宣传活动或公共关系活动，提高产品知名度，使消费者的无意识需要变成现实需要。

（二）搜集信息

为了满足需要，消费者必须先搜集相关信息。常见的信息来源有以下四类。

1. 个人来源　亲戚、长辈、朋友、医生、药师、零售药店营业员、同事等。

2. 经验来源　消费者自己以往使用医药产品积累的经验和获取的医药常识。

3. 商业来源　医药企业通过广告、销售人员、产品实物、包装说明书等散发的产品信息。

4. 大众来源　大众评级机构公布的资讯、消费者保护机构公布的资讯、科普教育等。

四种信息来源中，消费者最为相信的、对消费者最有影响力的是个人来源和经验来源，尤其是医生、药师等专业人士提供的信息；信息量最大、企业最常使用的信息来源是商业来源，通常商业来源在非处方药市场中对消费者影响较大。

在搜集信息阶段，医药企业应尽可能了解不同信息来源对消费者购买行为的影响程度，同时有针对性地设计恰当的信息传播策略。如针对个人来源，医药企业应深入社区，将企业产品知识宣传入户，保证尽量多的人员了解知晓产品，在消费者间传播产品信息。针对经验来源，企业可在市场初期通过提供优质的客户服务咨询，提高顾客满意度，提高产品在消费者间的口碑。针对医疗器械等有条件的医药产品，可为消费者提供免费体验活动，以便得到消费者更有力的验证与评价。针对商业来源，医药企业需要在市场中做好产品宣传、陈列，加强长期和短期促销员的产品推介工作，做好终端拦截。针对大众来源，公司需要进行公共关系活动，建立良好的企业形象，提高企业的品牌知名度，做好与媒体及相关单位的沟通工作。

（三）比较评价

医药消费者搜集到相关信息后，会对已经获得的医药产品信息进行综合的比较评价，做出判断和选择。比较评价是一个复杂的过程，在非处方药品和保健品、医疗器械等产品市场中，除了消费者本身的因素如病情、经济条件、知识水平等，还有以下几个影响信息比较评价的因素。

1. 产品方面　能影响消费者的产品因素主要包括产品的质量、品牌形象、适应证、功能主治、价格、使用途径、广告宣传等，其中最主要的是能否快速解除消费者的不适症状及产品的安全性和价格。

2. 服务方面　零售药店的店址和网点数量能否满足消费者购买医药产品的便利性，零售药店的知名度、品牌形象、店内装潢设计、产品陈列、海报广告及药师和营业员的服务态度与服务质量等也会影响医药消费者对信息的比较评价。

在比较评价阶段，医药企业可首先提炼与产品有关的消费者感兴趣的属性，从中选择对消费者影响最大，且能独树一帜、最有代表性的属性进行集中宣传，确定产品的市场定位。争取成为此属性的品牌代名词，使消费者想到这一属性，就联想到该企业的品牌，将品牌与属性高度关联，增强消费者的忠诚度。

（四）购买决策

医药消费者经过初步的比较评价后得出购买意向，但购买意向能否实现，成为购买决策，除了消费者自己的判断选择外，其中还可能受其他因素的影响。

1. 他人态度　消费者的购买行为容易受到他人的影响，这些人包括家庭成员、朋友、医生、药师、营业员等，他们的否定态度愈强烈，并且与该消费者的关系愈密切，那么消费者的购买意向就愈低，甚至直接取消购买行为，做出相反的购买决策。

2. 风险因素　也称为未知因素，是指消费者的预期与现实之间可能存在的差异。这些风险因素是消费者在购买行为实施前很难预料到的，如财务风险、疗效风险、生理风险、服务风险等。

在购买决策阶段，企业销售人员应该尽可能事先了解那些有可能使消费者改变购买决定与行为的因素并提供降低风险的帮助。在向目标消费者推荐产品的同时注意对其周围关系密切人员的介绍答疑，否则即使消费者对产品高度认同，也很可能因其周边人的坚决反对而改变购买决定。企业应确保医药产品的库存，保证产品供应，否则很可能因为库存短缺造成消费者难以购买而失去销售机会。安排促销员在消费者购买比较集中的时间在职在岗，全面跟进终端拦截工作，提高销售效果。

（五）购后评价

最好的广告就是满意的顾客，消费者对医药产品的满意程度，取决于预期得到实现的程度。当医药产品符合甚至超出消费者的预期，购买后消费者就会比较满意，对市场有正向促进作用；反之，当实际使用感受达不到预期，离实际使用感受越远，消费者的不满就越强烈，对市场产生消极影响。

医药企业应在广告宣传中实事求是，避免夸大其词，引发消费者对产品过高的预期，及时处理消费者的购后意见，为消费者提供多种消除不满情绪的渠道，建立与消费者的长期沟通机制，如建立会员制，加强与消费者的联系，在有条件的情况下进行回访，主动搜集消费者对于购买决策的评价，提高消费者的满意度。

消费者购买行为是医药企业市场营销过程中市场分析的重要内容，学习本章，应在熟悉医药消费者购买行为模式、主要类型和影响医药消费者购买行为因素的基础上，掌握医药消费者的需求特征和购买决策过程及对应营销技巧，并能在实践中根据不同阶段应用不同的营销技巧。

寄语青年

青年强，则国家强。当代中国青年生逢其时，施展才干的舞台无比广阔，实现梦想的前景无比光明。

目标检测

一、选择题

（一）单项选择题

1. 由人们的情绪和情感所产生的购买动机是（　　）。

A. 社会时尚动机　　B. 理智动机　　C. 惠顾动机　　D. 感情动机

2. 在药品的消费上，医生起决定作用的药品是（　　）。

A. 保健品　B. 贵重药材　C. 处方药　D. 非处方药

3. 某消费者想购买减肥产品，在药店看到广告后，在药店促销人员的介绍下购买了某减肥产品，这个消费者表现出的购买行为属于（　　）购买行为。

A. 感情型　B. 冲动型　C. 疑虑型　D. 习惯型

4. 下列说法不正确的是（　　）。

A. 医药消费者市场是医药市场的基础，是最终起决定作用的市场

B. 医药消费具有急迫性、安全性、较强的非自主性的特点

C. 大部分消费者都可以对药品的品种、数量和方式进行自主决策

D. 医药消费过程有比较多的参与者

5. 下列哪个因素不是影响消费者购买行为的主要因素？（　　）

A. 文化因素　B. 社会因素　C. 自然因素　D. 个人因素

（二）多项选择题

1. 消费者信息的主要来源有（　　）。

A. 个人来源　B. 商业来源　C. 公众来源　D. 经验来源

2. 药品消费者的需要主要表现为（　　）。

A. 突发性需要　B. 经常性需要　C. 无意识需要　D. 内在需要

3. 人们对刺激物产生的知觉有（　　）等几种层次的理解。

A. 选择性注意　B. 选择性理解　C. 选择性记忆　D. 选择性淘汰

4. 在消费者购买决策过程中，参与购买的角色有（　　）。

A. 发起者　B. 影响者　C. 购买者　D. 使用者

5. 药品消费者购买行为包括（　　）。

A. 习惯型购买行为　B. 理智型购买行为

C. 冲动型购买行为　D. 经济型购买行为

二、简答题

1. 医药消费者的需求特征有哪些？

2. 医药消费者购买决策过程包括哪几个环节？企业应如何应对？

3. 医药消费者市场的内容有哪些方面？

三、案例分析

不少消费者进药店购买药品时，经常会遇到不知道该如何选择的难题，所以宁愿费时费力地去医院排队购买常用药。随着互联网医疗的发展，不少药店开始通过互联网引入医生的诊疗服务，指导消费者购药，从而让消费者在药店放心购药成为可能。据了解，北京老百姓大药房已经与微医网合作，将“乌镇互联网医院”引入门店。在老百姓大药房北京广渠门店，店内设立了10平方米左右的“乌镇互联网医院”接诊点，通过在线视频和图文两种方式，指导消费者购药，药店会员可享受三甲医院专家免费的用药指导。医生在线开具电子处方，再交由店内执业药师审方调剂并出售给消费者。若诊断结果显示患者病情较重需要进入医院就医，还可以当场通过微医在线预

约挂号。“药店 + 互联网医院”的模式意味着药店发挥了“门诊”的作用，过去需要在医院里排队很久才能看的小病，在药店几分钟就可以解决了。

与此同时，不少药店还都有了自己的App，消费者通过这些App购药，很快就会有人送药上门。一种是采用传统快递方式由快递公司将药品送达用户手中，时效主要取决于合作的快递公司；另一种是App平台自建物流，一般承诺同城1~3小时送达。在“叮当快药”的App上，消费者下单后，执业药师会提供用药指导，同时药店专业配送人员会免费送药上门，承诺核心区域内提供24小时服务，服务范围内28分钟可免费送到家。而且送药上门的不只西药和中成药，就连中药汤剂也能快速送到家。九州通医药集团推出一款手机App，患者只需通过手机App上传药方，工厂的网络终端就会自动生成编码，工作人员根据药方将中药配好，然后交由机器自动完成分拣、煎药、包装等工序，每一步电脑都会复核其对应的编码，绝不会出错，更不会短斤少两。煎煮包装好的中药汤剂将由快递公司发给客户。

互联网的进入也使得药品的价格变得更加亲民，这无疑给消费者带来了实惠。目前，很多网上药店都在努力打通与药厂直接合作的渠道。例如，药给力在北京地区已经与50家零售药店建立了合作，并开展了和华润三九的合作，期望打通上游药品厂家通道，降低成本。

（本案例来源于中国消费网）

参考答案

思考：

1. 请分析消费者网上购药行为的特点。

2. 如果你现在拥有一家实体的单体药店，你会如何将互联网与你的药店经营有机结合起来？

实训四 医药消费者购买行为分析

【实训目的】

学会分析消费者的购买心理和购买行为，学会识别影响消费者购买行为的因素和医药消费者的决策过程。

【考核标准】

（1）医药消费者市场分析的内容即“5W1H”全面准确。

（2）能简单分析影响消费者购买行为的因素和消费者购买行为决策过程。

（3）PPT内容文字表达流畅、简洁、朴实，无歧义，正确使用专业术语。

【实训内容】

学生分组到药店观察购买者行为和营销人员的销售策略。观察结束后，每组学生写出观察到的产品购买角色、购买目的、购买时间、购买地点、购买方式、购买对象和购买动机，简单分析影响消费者购买行为的因素和消费者的购买决策过程，以PPT形式汇报。

【实训过程与方法】

（1）将学生分为若干组，每组 4~6 人，接受任务。

（2）以小组为单位到药店观察购买者行为和营销人员行为，并分组讨论影响消费者购买行为的因素和购买决策过程。

（3）将讨论结果制作成 PPT，提交给任课老师。

【考核内容】

消费者购买行为分析结果的 PPT 报告。

（张　琳）

第五章

医药市场调查

学习目标

知识目标

1. 掌握医药市场调查的方法、步骤及调查问卷的设计。
2. 熟悉医药市场调查的概念、内容和调查方案的设计。
3. 了解医药市场调查资料的整理分析和调查报告的撰写。

能力目标

1. 能为企业制定医药市场调查的步骤，设计调查问卷（核心技能）。
2. 学会设计医药市场调查方案。

素养目标

1. 养成善于动脑、勤于思考、及时发现问题的学习习惯。
2. 具有善于沟通和与同行共事的团队意识，能进行良好的团队合作。

案例导入

在市场经济日益发展的今天，医药市场的竞争也变得日益激烈。医药企业要想在市场竞争中赢得优势，就必须从研究医药市场出发，了解消费者的需求，把握消费者的购买心理，掌握好医药市场的变化趋势，从而做出正确的经营决策。而要了解需求，就必须通过一系列的市场调查活动，从活动中搜集信息，整理分析消费者的需求，并根据分析结果为企业的未来决策提供正确参考依据。没有调查就没有发言权，医药市场调查是医药企业做出正确决策的基础，在系统、全面的市场调查工作基础上，企业才有可能对市场进行准确的分析，并制定相应的营销策略，完成营销目标。

第一节　概　述

一、医药市场调查的概念、特点、类型与作用

（一）医药市场调查的概念

市场调查是企业营销工作的重要组成部分。美国营销学家菲利普·科特勒认为，

市场调查是通过系统地设计、搜集、整理分析市场信息，提交与企业营销状况相关的数据和分析结果的过程。

美国市场营销学会（American Marketing Association，AMA）认为，市场调查是通过特定市场信息将消费者、公众和营销者联系起来的企业职能。这些特定市场信息被用于识别和确定市场机会及威胁，产生和评估市场营销活动，监督企业营销效果，增进公众对企业营销过程的理解。企业在市场调查中设计搜集解决问题所需要的信息的方法，实施信息搜集过程，整理分析信息，根据分析结果提出解决问题的建议。

所谓医药市场调查，是指个人和组织运用科学的方法和手段，系统地、有目的地、有计划地搜集相关医药市场信息，并加以整理、分析统计，从而了解医药市场现状及其发展规律，提出意见与建议，为医药企业营销决策提供重要依据。

从上述定义中可以看出，医药市场调查具有以下几层含义。

（1）医药市场调查需要运用科学的方法和手段。医药市场信息是纷繁复杂的，不同调查对象、不同来源的信息各有不同、不同调查目的下对信息处理的方法也不同。不管是信息的搜集还是整理和分析的步骤，都需要市场调查人员认真遵循一定的原则，运用科学的方法，保证搜集信息的全面性和分析结果的准确性。

（2）医药市场调查包括市场信息的搜集和整理分析。医药市场调查是一个系统的过程，其主要对相关市场信息进行搜集和整理分析。信息搜集的工作虽然花费时间较多，需要较多人员参与，但这仅是市场调查过程中的基础工作，完整的市场调查需要对搜集到的信息进行筛选整理分析，企业管理者需要的是从信息中找到市场规律和为管理决策提供的参考依据，而不是搜集到的大量信息。

（3）医药市场调查的目的是为企业营销决策提供重要依据。医药市场调查是医药企业市场营销管理过程中重要的一环，通过调查，企业可以更准确客观地掌握消费者需求，了解竞争者，明确目标市场和市场定位，根据市场具体状况制定针对性的营销策略。市场调查为企业营销决策的制定提供了重要的依据。

（二）医药市场调查的特点

医药商品是特殊商品，与其他行业的市场调查相比，针对医药市场的调查研究有其自身特点，主要体现在以下三个方面。

1. 专业性强 由于医药产品本身的专业性强，在调查过程中，不管是调查问卷的设计，还是调查过程的实施和调查数据的统计分析，都需要医学、药学等学科专业知识作为基础。因此，从事医药市场调查的人员必须在掌握统计学和营销学等知识之余，对医学和药学知识有系统的了解，才能更好地设计问卷，对调查结果进行统计分析。

2. 政策性强 基于医药产品与人民生命安全的密切相关性，我国相关政府监管部门对医药产品制定了系统详尽的政策法规，对医药产品的研发、上市、生产、销售和使用过程做出了严格的规定，医药市场的营销过程与其他行业相比有着更多的限制，如广告媒体、促销方式、产品包装等方面。医药市场调查也需要在遵守国家法规要求的前提下，设计调查问卷，搜集、整理、分析调查结果，为管理者决策提供依据。

3. 调查对象特殊 由于在医药产品的购买过程中使用者和决策者往往是相分离的，决策者为专业人士，如医生、药师等，使用者为患者，所以医药市场调查的对象除了直接使用产品的患者外，还有拥有决策权的医生、药师等，在调查过程中需要根据调查目的的不同选择最为恰当的调查对象。而作为调查对象之一的患者，因其本身存在的生理或心理缺陷，即患病状态，在情绪上、购买行为中体现出不同于健康人群的非理性行为特征，调查人员在搜集调查信息时需注意调查时的问话态度和技巧，在整理调查信息时需考虑患者非理性的心理特质。

（三）医药市场调查的类型

根据调查目的和任务的不同，可将医药市场调查分为以下三类。

1. 探索性调查 探索性调查也称为探测性调查和非正式调查，是在正式调查之前，为了明确企业存在的问题和调查方向而进行的小规模调查活动。这种调查有助于把一个大而模糊的问题明确为小而准确的问题，并识别出下一步调查的目的和方向。如某药房的销售额突然出现大幅度下滑而无法一一查知原因时，就可用探索性调查来发掘问题：是大的经济环境的影响，还是竞争药店的出现；是药房药品价格、服务出现了不尽如人意之处，还是消费者购买习惯发生了改变等。通过探索性调查，可以帮助调查人员明确调查方向。探索性调查一般不需要正式拟订调查方案，也不需要很大的样本量，可通过二手资料的搜集、整理、分析，或小范围内的小组座谈、专家访谈等形式进行，较为灵活，所需时间较短、费用较低。

2. 描述性调查 描述性调查是为了对市场调查所涉及的各种变量做尽可能全面和准确的描述而进行的调查，是最常见的市场调查类型，比探索性调查的调查对象和目的更为明确，往往是对“谁”“什么事情”“什么时间”“什么地点”“什么方式”这样一些问题的回答，即“4W1H”（who、what、when、where、how）的描述，并不涉及所调查问题的本质及内在原因。调查结果并不包含对“为什么”的回答，但可用作寻找问题根结所需要的全部信息。如某药店通过调查了解到该店67%的顾客是20~40岁的女性，她们常为其子女和父母及其他长辈购买医药产品，这种描述性调查就为药店提供了重要的决策依据，药店应重视针对这个年龄层的女性开展促销活动。当企业需要了解消费者的购买行为、购买心理等信息时常使用描述性调查。描述性调查可以综合使用多种调查方法进行信息搜集。

3. 因果性调查 因果性调查是为了探究医药市场有关现象或变量之间的因果关系而进行的调查。描述性调查往往可以对调查对象的客观状态进行描述，可以说明各变量间的相互关系，但要明确某一变量与其他变量间的因果关系，就要通过因果性调查来完成，即因果性调查主要以寻找“为什么”为最终目的，探求问题的本质和内在原因，确定自变量和因变量之间的相互联系，如为了确定销量下滑是否因为产品价格上涨所进行的市场调查。因果性调查一般使用实验法搜集信息。

除了按照调查目的和任务不同分类外，医药市场营销调查还可以按市场调查主体的不同，分为政府部门的市场调查、社会组织的市场调查、企业的市场调查和个人的市场调查；按市场调查区域的不同，分为国际市场调查、全国市场调查、地区性市场调查；按市场调查主题的不同，分为综合性市场调查和专题市场调查。

（四）医药市场调查的作用

1.有利于企业了解医药市场 没有经过调查的市场营销过程，如同盲人骑瞎马，企业无法了解市场，无法掌握消费者需求，更谈不上通过满足消费者需求而获利。医药企业通过市场调查，可以了解和掌握医药市场的规模、医药产品的供应量和库存情况，同时又可以了解消费者的购买力和消费结构，从而可以进一步了解医药产品在市场的需求量和需求结构，为制定产品策略提供重要参考依据。

2.有利于企业制定正确的营销策略 正确的营销策略需要以市场调查的资料和结论为依据，企业在制定营销策略前，需要对内、外部的环境和经营目标进行综合分析。经营目标在短期内不会变动，但企业内、外部环境，尤其是外部环境处于不断变化过程中，只有通过全面准确、细致周到的市场调查和分析，才能掌握医药市场发展趋势和动向，进行科学决策。市场调查是企业制定营销策略的基础和前提。

在澳大利亚昆士兰州，许多远道而来的顾客，特别是生怕忘事的家庭主妇，在到商店购物前总是喜欢把准备购买的商品名称写在纸条上，买完东西则随手丢弃。一家大百货公司的经理注意到这一现象后，除了自己经常捡这类纸条外，还悄悄发动其他管理人员也行动起来。他以此作为重要依据，编制了一套扩大经营的独家方案，结果可想而知：许多妇女以前要跑很远的路才能够买到的商品，现在到附近的该百货公司的分店就能买到。

3.有利于提高医药企业的竞争力 通过市场调查，医药企业可以了解本企业经营管理中存在的问题，也可以同时了解竞争对手的经营策略和手段，从而能够解决企业自身存在的问题，制定出符合市场变化规律的经营策略，提高企业在医药市场上的竞争力。

4.有利于企业学习国内外先进经验和最新技术，提高经营管理水平 医药市场发展瞬息万变，消费者的需求在变，新的产品、新的技术和手段也不断出现。在不断发展变化的环境中，企业需要通过市场调查了解国内外的行业最新信息，学习同行的先进管理经验和技术，努力提升企业自身的经营管理水平，更好地满足消费者需求。

二、医药市场调查的内容

医药市场调查的内容非常广泛，对于医药企业来说，凡是能够直接或间接影响企业营销活动的相关信息都是医药市场需要调查的内容。医药市场调查的内容主要包括以下四个方面。

（一）宏观环境调查

医药市场宏观环境是间接影响医药企业市场营销活动的各项因素的总和。企业的经营活动时刻受到外部环境和自身条件的影响与制约，一般来说，宏观环境因素包括与医药企业营销活动有关的政治法律环境、经济环境、自然环境、科学技术环境、人口环境和社会文化环境等。这些环境不仅制约着企业自身的生产经营活动，还影响着医药市场的供求变化。

（二）竞争对手调查

市场中的各行各业、各类商品都存在或远或近的竞争对手，作为特殊商品的医药产品，其市场中不但存在特殊性，而且竞争非常激烈，为了应对复杂的市场竞争，必须做到知己知彼，才能百战不殆。对医药市场竞争对手进行调查，有利于医药企业更好地了解医药市场的变化规律，特别是市场价格的变动情况，从而进一步深入了解竞争对手，及时调整企业的经营策略，掌握竞争中的主动权。竞争对手情况调查主要包括现实竞争对手调查和潜在竞争对手调查。

（三）消费者需求调查

市场营销的目的就是通过满足消费者需求从而使企业获利。企业市场营销活动是围绕着消费者需求开展的，所以在企业开展营销活动前必须对消费者需求有进一步的深入了解和分析，针对消费者需求，如消费者的购买力状况，消费者的地区分布、购买频率、购买时间、品牌偏好、购买动机、生活方式等，做全面了解，为消费者提供满意的产品和服务。

（四）4P 组合策略调查

4P 组合策略是企业为了实现营销目标，在目标市场定位战略确定后制定并实施的产品（product）、价格（price）、渠道（place）和促销（promotion）策略。在制定 4P 策略前有必要对现有市场上的产品、价格、渠道、促销等进行调查，以便最终制定出有效的组合策略。

三、医药市场调查的方法

医药市场调查要运用一定的方法和技巧，借助必要的调查工具和手段，真实客观地搜集所要调查的相关材料。一般来说，医药市场调查方法主要有以下几种。

（一）文案调查

文案调查也称为二手资料调查，是指调查人员通过查阅各种途径得到的文献和档案资料，从中搜集相关市场信息的一种调查方法。文案调查是对现有资料或历史资料的搜集过程，不是对原始一手资料的搜集，搜集过程中不受时间、地点的限制，通常作为市场调查的首选方法，或是实地调查的前期基础环节，当二手资料不能满足企业实际需要时，可再进行实地调查，搜集原始资料供后期整理分析。市场调查人员可查阅的二手资料包括企业内部资料和企业外部资料。

1. 企业内部资料 企业内部资料是企业内部信息系统搜集的与企业生产经营活动有关的各种历史资料，包括企业内部统计资料（企业内部的生产、库存、销售等各种数据和统计分析资料等）、企业财务数据（企业的生产成本、流通费用、管理费用、产品价格、利润等）、历史性调查资料等。

2. 企业外部资料 企业外部资料是指通过各种付费或免费途径获得的企业外部各种相关市场资料。其来源非常广泛，包括各级政府机构（如国家统计局、国家市场监督管理总局、国家卫生健康委员会等相关监管部门）公开的统计资料、行业组织（如中华医学会、中国药学会等）资料、专业市场调查公司提供的资料、大众新闻媒体资料、专业刊物、数据库资料、网络资料等。

文案调查不受时间、地点的限制，时间成本较低，但调查的是非原始资料，并非一手资料，资料的时效性较差，如果需要最新的数据资料，往往需要配合实地调查搜集补充一手资料。不同来源的二手资料受最初资料搜集整理加工者的素质和专业能力的影响，质量参差不齐，准确度和全面性差别较大，需要在搜集过程中注意甄别，选择信任度较高的二手资料，并在整理分析过程中对信息来源做出说明。

（二）实地调查

实地调查是与文案调查相对的一种调查方法，也称一手资料调查，是通过实地搜集原始资料和数据，完成资料累积的过程。相对于二手资料，一手资料具有很强的针对性、时效性和可信度，并且生动、直观，但因是对正在发生的最新资料的搜集，所以容易受外在条件（如时间和地点）的影响。根据信息获取方法的不同，实地调查又分为以下三种。

1. 观察法 观察法是市场调查最基本的方法。调查人员在市场调查现场通过直接观察获取所需相关对象和事物的信息，如通过安排调查人员在药店的出入口观察一周内不同时间段内进出药店的顾客人数的变化情况了解药店客流的变化情况。在人眼观察的同时，也可以借助照相机、录像机、计数器等仪器设备或工具来搜集信息。具体可分为人员观察法、行为记录法和痕迹观察法。

（1）人员观察法：主要是由调查人员凭借个人的感官观察记录信息，根据调查对象是否知道调查人员的存在，可分为公开观察和伪装观察。公开观察是在调查对象知道的前提下公开观察记录信息资料，而伪装观察则是在调查对象不知情的情况下观察记录信息资料，后者得到的信息更为真实。人员观察法的成本较高，且观察结果易受调查人员主观因素的影响。

（2）行为记录法：是由调查人员使用一定的现代化仪器装置记录调查对象的某一行为，达到搜集信息的目的。如美国著名的AC尼尔森公司曾在事先选择的2 300户家庭中安装了收视记录设备，每隔一段时间记录各家庭收看的电视频道、节目及其持续时间、收看人数等数据，并定期传回公司的数据中心，由数据中心的分析人员对大量的数据进行审核整理和分析。

（3）痕迹观察法：是调查人员不亲自观察购买者行为，而是通过对调查对象行为发生后留下的行为痕迹观察统计，从中分析获取有用的信息。如夏季对某地区垃圾中冷饮包装数量的统计，可以得知哪些品牌在当地销量较大；通过对调查对象在网络中浏览网页留下的浏览记录来分析调查对象的购买习惯。

由于调查人员在利用观察法进行市场调查时，不会和调查对象直接接触，因此其言行比较真实、自然，调查人员搜集到的信息更为客观准确，但是这种调查方法调查面窄，调查人员花费时间也比较长，成本较高，搜集得到的资料虽然真实性较强，可以观察到调查对象的真实行为特征，但无法观察到调查对象的动机、态度等内在因素。因此，在运用观察法时，市场调查人员必须具有敏锐的观察力、洞察力、记忆力和多方面的专业知识，能对观察结果进行准确判断和分析，对调查人员个人素质要求较高。

2. 实验法 实验法是指在一定的范围内，由调查人员根据需要，在特定的环境和条件下，对所研究现象的一个或多个因素进行人为调整，以确定这些因素之间因果关系的一种调查方法。通常将实验中人为调整的影响因素称为自变量，如产品的包装、价格、广告投放量、促销方式和促销费用等；将被影响的因素称为因变量，如产品销售量、销售额及销售利润等。实验法的目的在于通过调整自变量来验证因变量和自变量之间的因果关系是否成立，主要应用于因果性调查中。

实验法的优点是实验中的方法科学性较强，能够获得较真实的资料，在数据的整理分析过程中，运用一些数理统计方法进行处理，使取得的信息资料更为可靠与精确。但是，在大规模的现实市场中很难控制各变量，自变量改变的同时还存在其他变量的影响因素，会影响实验结果的有效性。因此，实验法的调查方案设计和调查结果的分析需要同时考虑多方面的干扰因素，综合做出判断，提出决策依据。此外，实验法的实验周期较长，研究费用高，限制了实验法的广泛使用。

3. 询问法 询问法是医药市场调查中最常用的方法，主要是指调查人员采用提问的方式向调查对象了解情况、搜集信息，提问过程中可能用到调查问卷，某些方法中也可以不使用调查问卷，只需要调查提纲中列出的调查内容，由调查人员临场确定问题的提问顺序或表达方式。具体可分为以下五种。

（1）邮寄调查：调查人员通过邮寄的方式将事先整理设计好的书面调查问卷送到调查对象手中，由调查对象填写完毕后按约定的方式将调查问卷寄回给调查人员。调查人员根据调查问卷内容搜集信息，并对其进行整理分析。

邮寄调查法调查成本低、调查范围广，调查对象有充分的时间回答问卷，可以避免调查人员对调查对象的干扰，调查人员能够获取较多信息，因为其具有可匿名性，对一些敏感问题，调查对象可给出客观的准确信息。但随着人们沟通方式的增多，电子邮件等即时沟通工具的使用，邮寄调查法已较少使用。因为邮寄调查需要调查对象回邮问卷，虽然调查人员采用已填写回邮地址并已付邮资的信封，并承诺以回报小礼物等形式激发调查对象的参与积极性，但是问卷回收率仍较低，况且邮寄时间过长，调查的时效性较差，在大样本调查中很少使用。通常适用于有明确调查对象的小范围内调查，当调查对象距离比较远，电话等其他方式沟通不便时，最好是在事先电话沟通获得对方同意后，发出调查问卷。

（2）电话调查：调查人员通过电话与调查对象交流获取信息的调查方法。电话调查法调查成本低、速度快、方式灵活，但交流时间有限，问题不能深入，沟通方式单一，调查人员获取的信息量较少，无法单纯从语言沟通中全面判断询问结果的真实性。近些年电话诈骗案件的增多，陌生人之间社会信任度较低，使得调查人员很难通过电话取得陌生调查对象的信任和合作，常用于调查人员比较熟悉的调查对象或调查问题比较简单的市场调查。

（3）面谈调查：是调查人员和调查对象通过面对面交谈的方式来获取所需信息的调查方法。调查人员可以同时和一个或多个调查对象进行面谈，调查时可以按照事先设计好的调查提纲来有效地进行面谈，也可以根据实际面谈情况灵活改变提问顺序、方式和内容。

这种调查方法回收率较高，可以当面观察调查对象的反应，弥补单纯语言沟通的不足，形式自由灵活，交谈过程中双方可以相互启发和解释，在调查对象同意的情况下还可以采用录音、录像的方式记录交谈过程，有利于调查人员获取更为丰富的信息。但调查结果受调查人员交谈方式、调查对象配合程度的影响较大，成本较高，对调查人员的业务素质要求较高，调查对象容易受到调查人员的诱导，影响调查结果的公正客观性。

（4）留置问卷调查：指由调查人员将事先设计好的书面调查问卷送到调查对象手中，并详细解释调查问卷的填写事宜，调查对象在约定时间内自行填写完成后，由调查人员按约定时间和方式主动上门回收问卷的调查方法。

留置问卷调查较好地结合了面谈调查与邮寄调查的优势，回收率较高，调查对象不受调查人员的影响，同时不会因调查对象的误解造成调查结果的偏差。其缺点是调查的地域范围有限，成本较高，对调查人员的工作难以做到有效监督。

（5）网络调查：随着互联网的普及和网民人数的增加，网络调查越来越多。调查人员将事先设计好的调查问卷上传至调查平台、企业官网、门户网站、专业网站，或直接发送到调查对象的电子邮箱中，由调查对象在线作答，从而搜集信息。

网络调查成本低，信息搜集速度快，调查结果易于统计，但受互联网技术限制，调查对象的真实性难以判断，问卷质量难以控制。目前国内网民以年轻人为主，调查对象局限性较强。随着互联网技术的提高，网络调查的缺点将逐步得到改善，目前，网络调查已经成为市场调查中常用的调查方法和主流（表5-1）。

表5-1　常见的询问法优、缺点比较

项目	邮寄调查	电话调查	面谈调查	留置问卷调查	网络调查
调查范围	广	较窄	较窄	较广	很广
调查时间	长	较短	较长	较长	短
回收率	低	低	高	较高	一般
成本	较低	低	高	较高	低

四、医药市场调查的步骤

医药市场调查的步骤如图5-1所示。

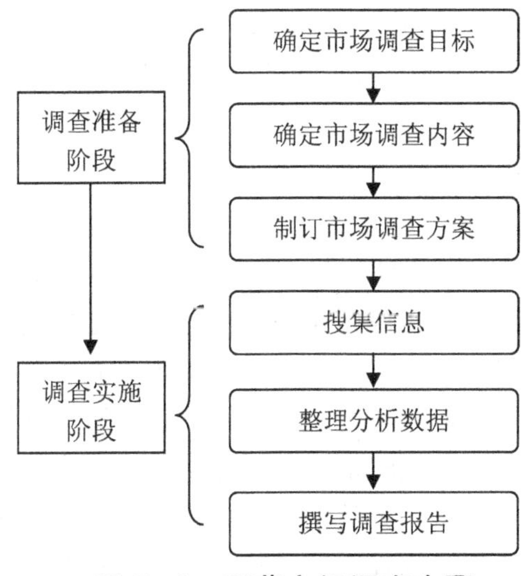

图 5-1　医药市场调查步骤

（一）调查准备阶段

要想做好医药市场的调查工作，必要的前期准备工作是必不可少的。

1. 确定市场调查目标　确定市场调查目标是医药市场调查的首要环节。任何事情，确定了目标，就有了行动的方向，就像消防员火火，首先得明确火点在哪里。对医药市场的调查，只有先确定调查目标，才能确定调查对象、调查内容、调查方法等。比如某企业生产的某药品在市场上出现销量下滑，甚至是滞销现象，该企业就要首先通过市场调查了解是哪方面的原因造成的，有可能是药品质量问题、售后服务问题、出现了新的竞争对手、市场需求量下降等。确定的调查目标可以帮助企业在后续工作中集中人力、物力，以最小的代价展开有效的调查工作，获得满意的调查结果，避免浪费。

2. 确定市场调查内容　为实现调查目标，企业需要开展一系列的调查来搜集信息，整理分析信息得出调查结果，市场调查内容就是后续调查开展的核心内容，一切调查活动都是围绕调查内容展开的。不同调查内容，所需要的信息、使用的调查方法和整理分析方法都有所不同，在市场调查准备阶段，必须明确调查内容，这是调查过程中的一项关键性工作，只有对调查内容有了清晰的界定和认识，该调查项目才能有针对性地实施。与调查内容无关的内容不应出现在调查过程中，否则会浪费人力、物力和财力。如需要应对新的竞争产品出现而展开竞争产品调查时，调查内容可以包括竞争产品的价格、质量、剂型、规格、包装、市场范围、市场规模、目标客户、促销方式等，与竞争产品无关的如消费者的兴趣爱好、年龄层状况等内容就不适合出现在调查内容中。

3. 制订市场调查方案　明确市场调查目标和调查内容之后，需要制订市场调查方案，调查方案是调查实施阶段的蓝本，是对实施阶段工作任务及可能出现问题的事先规划和安排，是医药市场调查必不可少的环节。由谁采用什么样的调查方法、选用哪些调查对象、对医药市场中哪些因素进行调查，调查的范围有多大，调查的时间有多长，如何分析处理调查中搜集到的数据，调查的时间和费用预算，这些都是市场调查中要考虑的问题。因此，在市场调查准备阶段制订有效、合理的市场调查方案是必需的，完备全面的市场调查方案是后续调查实施阶段正常进行的基础。

（二）调查实施阶段

各项准备工作完成之后，就进入市场调查工作的实施阶段。

1. 搜集信息 调查人员在实施市场调查的过程中，根据市场实际状况和调查目的、调查内容，选择合适的调查方法，及时、准确地搜集相关信息。根据调查对象填写的调查问卷或是通过访谈、观察得到相关数据，及时地把这些搜集到的信息记录下来，记录时应把调查人员直接观察、询问或实验中采集到的第一手资料和通过其他渠道查询得到的数据资料区分开来，分类记录，便于后续的信息整理分析工作。

调查信息搜集是市场调查中耗时最多、工作最为繁重的步骤，信息搜集的准确与否、是否具有代表性、是否全面，对整个调查结果的分析有着至关重要的影响，需要在搜集信息阶段做好实现控制和过程中的监控。例如，在观察法中，对调查人员做好事先的培训工作，要求调查人员在观察过程中客观记录调查对象的行为，而不能带有任何偏见或个人看法，并对每一次观察情况做详细的书面记录，保证观察结果及时全面地得以记录下来，方便对观察者进行监督。在面谈调查时，调查人员要事先做好准备工作，熟悉调查问卷或调查提纲，要有礼貌，面带微笑，表现出诚恳合作的态度，认真倾听，注意观察，根据调查对象的反应及时调整调查问题的顺序和问话方式，并做好记录，防止信息遗漏或失真。

2. 整理分析数据 通过调查人员对医药市场调查工作的具体实施，能够搜集到很多相关的市场信息，下一步就需要对这些搜集得到的信息进行系统的整理分析，为企业提供营销策略决策的依据。

案例解析

（1）调查数据的筛选和分类：调查过程中得到的数据大多是零星的、分散的，要想从中甄别出对企业有用的数据，首先要对这些数据进行筛选和分类，并且要从中剔除一些因为设计误差、调查对象回答中出现矛盾等现象而产生的错误数据，保证剩余数据的可靠性，同时对这些真实有效的数据进行分类、编号，必要时将数据输入计算机中进行归档工作。

（2）调查数据的分析：调查数据进行分类后，一般要利用统计分析的方法，借助计算机等工具对数据进行统计计算，得到部分问题和因素的数据百分比等结果；也可以利用演绎法、假设法或统计预测法对调查数据进行定量、定性分析研究，并根据得到的结果绘制统计图、表。在对数据进行分析研究的基础上，找出调查目标所涉及的问题原因，并提出市场调查结论，为医药企业下一步的决策提供依据。

3. 撰写调查报告 市场调查工作结束之后，需要根据调查的实际情况撰写调查报告。调查报告是决策者了解调查过程和结果的主要依据，是市场调查结果的集中体现，需要调查人员如实撰写，紧扣调查目标，语言简练、观点明确、重点突出，要有针对性和说服力，尽可能使用图表说明调查数据的分析研究过程和结果，一针见血地分析出调查所涉及的问题，并提出解决问题的意见和建议，以便供企业决策者制订下一步的计划。具体内容将在本章第四节详细说明。

第二节 医药市场调查方案的设计

医药市场调查方案的设计是市场调查前期准备工作中非常重要的一个环节，需要在调查实施前对调查过程中的所有工作及可能出现的问题进行规划和安排，在整个市场调查中起着非常重要的作用。

一、医药市场调查方案的概念和设计原则

（一）医药市场调查方案的概念

医药市场调查方案是指医药企业在正式实施市场调查之前，根据企业经营管理的经验，针对企业营销过程中所发现的问题，围绕如何完成市场调查而制定出的一系列调查内容、方法的组合，是为了顺利实施市场调查而制定的调查过程的具体实施方案。

（二）医药市场调查方案设计的原则

1. 科学性 调查方案的设计必须满足科学性的要求，尤其是在数据整理分析过程中分析方法的选择，否则分析结果容易出现偏差，很难提出建设性的意见，甚至无法得出分析结果。例如，老年人上网比例较小，针对老年人购药习惯的市场调查使用网络调查法就不太合适。实验法实施过程中容易受到其他影响因素的干扰，在方案中需要有其他因素控制设计的具体措施，选择的控制措施应符合科学原理。

2. 可行性 调查方案必须符合调查目的和企业市场实际状况，具有可执行性，并能够针对方案实施过程中可能出现的问题做出预防措施，提出解决预案。例如，对某些敏感问题的调查，调查对象往往会比较抗拒当面回答，如果这些敏感问题不是必要的，可以删去，避免尴尬；如果十分必要，可以采用其他可行性较高的调查方法，降低问题的敏感性，如邮寄问卷等方式。

3. 有效性 在调查经费预算的约束下，在规定时间内，调查结果应能够为决策人员提供有效的市场信息，避免经过大量调查工作得到的信息过于粗略，不能为决策人员制定营销决策提供有效的参考依据。

4. 时效性 医药市场瞬息万变，对医药市场的调查必须讲求时效性，调查行动迅速，及时地反映市场变化趋势。医药市场信息获取的时间与其价值成反比，获取速度越快，信息质量越高，其价值越大。这就要求医药市场调查人员要有很强的时间观念和执行力，具有吃苦耐劳和雷厉风行的作风。

科学性、可行性、有效性和时效性是从不同方面对市场调查方案提出的要求，四者之间相互联系、相互影响，同时满足这四项原则要求的设计方案就是合适的选择。

二、医药市场调查方案的内容

（一）市场调查目标和内容

医药企业进行市场调查的原因在于帮助企业解决实际问题，因此进行市场调查的目的性很强，调查方案中必须首先说明市场调查要了解的问题是什么，就是要明确市场调查目标。简单地说，就是为何要进行市场调查、要了解和解决什么样的问题、调查的结果对企业起到什么样的作用。明确了调查目标后，才能确定调查内容。调查内容是调查方案中的主体部分，是为了达成市场调查目标而必须获取的市场信息。确定调查内容，可以使市场调查更加具有针对性。调查内容的确定要全面具体、条理清晰、精练，避免面面俱到、内容过多。

（二）调查对象和调查单位

调查对象和调查单位是调查人员调查活动的实施对象，也是调查信息的来源。其中，调查对象是根据调查目标和内容确定的调查范围和所要调查的总体，它是由许多在某些性质上相同的调查单位组成的。调查单位是所要开展的调查过程中具体的信息来源个体，即组成调查对象的一个个具体的单位，是调查内容和项目的承担者。在确定调查对象时，一定要根据市场调查的目的和内容，依照企业实际情况，选取合适可行的调查对象。

当企业的市场调查范围较广，涉及大样本调查时，如果对每个调查单位都进行数据搜集工作，即全面普查，需要付出较多的人力、物力和财力，成本较高。因此，常采用抽样调查的方法，从数量较大的调查单位中，根据随机或非随机的原则抽取一部分单位作为样本进行调查，根据样本调查结果推算出调查对象整体特征。抽样调查一般分为随机抽样调查和非随机抽样调查两大类。

1. 随机抽样调查 随机抽样调查是按照随机的原则，从调查对象总体中抽取部分样本，总体中的每个部分被抽中的概率完全一样，是一种完全依照机会均等的原则进行的抽样调查。在根据样本数据推算总体规律时，可用概率的方式客观地推断结果，从而使这种推论建立在科学的基础上。常用的随机抽样方法主要有简单随机抽样、分层随机抽样、整群随机抽样和系统随机抽样等。

（1）简单随机抽样：是最基础的随机抽样方法，每个调查样本被抽中的概率一样，包括重复抽样（每次抽中的单位仍放回总体，样本中的单位可能不止一次被抽中）和不重复抽样（抽中的单位不再放回总体，样本中的单位只能被抽中一次）。

（2）分层随机抽样：是先按照一种或几种特征将调查对象总体划分为若干个子总体，每一子总体为一个层，从每层中随机抽取一个子样本，最后把这些子样本合起来就构成总体样本。

（3）整群随机抽样：先将调查对象总体按照某种特征分群，每个群作为一个抽样单位，按照随机原则从中抽取若干群，被抽中的样本群中的所有调查单位都要接受调查。

（4）系统随机抽样：是指将调查总体按一定特征排列起来之后，按照固定的顺序和一定间隔抽取子样本，被抽中的子样本作为样本单位接受调查。

2. 非随机抽样调查 非随机抽样调查是一种不遵循随机原则，而是按照调查人员的主观经验或其他方法来抽取样本的方法。包括配额抽样法、任意抽样法、判断抽样法和滚雪球抽样法。

（1）配额抽样法：是指调查人员将调查总体样本按一定特征分类，确定各类单位的样本数额，在配额内任意抽选样本的抽样方法。

（2）任意抽样法：是由调查人员根据其工作便利性而随意抽取样本的方法，操作简便、费用较低，一般多用于探索性调查，在正式调查中较少采用。

（3）判断抽样法：是由市场调查人员根据经验判断抽取样本的一种非随机抽样方法，适用于调查单位各不相同且样本数少，调查人员对调查总体相当了解的情况下。

（4）滚雪球抽样法：是按照随机原则选择一组调查单位后，根据这组调查单位提供的信息或由他们推荐下一组调查单位，像滚雪球一样一组一组地继续调查工作，直到抽样结束。

（三）调查方法

调查方法主要指市场调查中搜集信息的方法，包括实地调查法和文案调查法。其中实地调查包括观察法、实验法和询问法。一般来说，询问法适用于描述性研究，前两种方法适用于探索性研究，询问法使用范围较广。各种调查方法各有其优、缺点，适用于不同的调查项目，确定市场调查方法要考虑调查对象的特点、搜集数据资料的来源、调查资料搜集的难易程度、调查任务对数据精准程度的要求等方面的因素。若调查课题涉及面大、内容较多，通常选择综合使用实地调查法和文案调查法。

（四）调查提纲和调查问卷

调查问卷是调查人员与调查对象进行相互交流的桥梁，尤其是在使用邮寄问卷法、留置问卷法、网络调查法进行资料搜集过程中，调查人员必须事先设计好书面调查问卷并提供给调查对象供其填写，以获取调查信息。在电话调查法和面谈调查法中，调查人员也需要一份事先拟定好的调查提纲或调查问卷，便于在有限的时间内得到所需要的调查信息，同时方便记录信息。调查问卷的设计质量将会直接影响到市场调查的结果。详细的市场调查问卷设计内容将在本章第三节说明。

（五）调查信息整理分析方案

信息搜集工作仅仅是市场调查过程的一部分，还需要对搜集到的数据和资料进行整理分析研究。因此，应该根据调查对象、调查方法及调查任务预测在调查中能够搜集到哪方面的数据或资料，提前制订数据资料分析研究的方案，以便对数据进行分类汇总，寻找数据中的规律和问题，根据数据分析的结果提出合理的建议。

（六）调查人员

根据制订的市场调查计划，选用适合实施调查计划的调查人员，是市场调查高效进行的一个基本保障。一般应选用知识面较广、能力较强、责任心较强、工作细致负责，能够根据市场调查计划，合理设计调查提纲，具有一定社会经验和组织协调能力，同时具备医药市场营销经验和相关市场法律常识等专业知识的人员作为医药市场调查的具体实施者。由于市场调查工作过程枯燥单调，要求调查人员应具有严肃认真的工作态度，保证调查数据的完整性和准确性。

在确定调查人员之后，最好能够根据市场调查目标和计划对这些人员进行针对性的相关知识培训，如调查目的、调查方法、专业术语、调查对象的选择要求和技巧等。在条件允许的情况下，可进行适当范围内的模拟演练，通过一对一的现场调查演练，训练调查人员的调查技巧，提高调查人员的实际操作能力，对可能出现的问题提出应对措施，避免因调查经验缺乏而导致调查过程不规范，影响准确性、有效性和时效性。

（七）调查时间范围

调查时间范围有两个概念：一个是指调查过程中，什么时候与调查对象进行沟通交流，获取什么时间节点的数据；一个是指调查工作从开始准备到最终结束所需要的时间。对于从调查对象那里获取的数据资料来说，确定调查时间范围可以保证数据的时效性和统一性，这能为最后对数据的分析汇总提供很好的依据。而对于整个调查工作而言，必须要根据调查项目的难易程度、调查任务工作量的大小、调查目标的时效性要求确定整个工作的具体时间范围。

（八）市场调查经费预算

医药市场调查涉及的范围一般较广，采用的调查方法较多，调查时间跨度较大，调查的内容较多，因此，有力的后勤保障是必要的。在各环节的准备工作就绪后，就必须对调查人员的劳务费用、调查问卷制作费用、相关的资料印刷费用、交通费用及其他杂费等做出预算，并根据实际情况，在保证实现调查目标的前提下，力求节约调查费用。市场调查经费预算是调查方案中必不可少的环节，在制订调查方案时，应本着坚持实事求是、量入为出的原则进行预算，既要节约调查成本，又要全面细致、实事求是。

三、医药市场调查方案范例

××× 药品市场调查方案

一、调查目的

1. 了解 ××× 药品的市场知名度及销售情况。

2. 了解消费者对于 ××× 药品的接受程度。

3. 了解被调查区域的经济发展情况，把握消费者的用药习惯。

二、调查内容

1. 了解消费者的收入状况及医药费用支出情况。

2. 分析 ×× 类疾病的患者特征，把握患者用药习惯。

3. 了解 ××× 药品的市场渗透率及知名度。

4. 了解消费者对 ××× 药品的信息获取渠道和接受程度等。

三、调查对象

随机抽样 18~65 岁的 ××× 药品消费者。

四、调查方法

面谈调查法。

五、数据整理分析方法

1. 所有参与此项目的数据录入及编码人员需参加事先的问卷制作与调查培训。

2. 实行一票否决权，即发现调查人员一份问卷作弊，该调查人员的所有问卷作废。

3. 在录入过程中抽取10%的样本进行录入复核，以保证录入质量；用SPSS软件进行数据处理。

六、调查人员

调查人员应具备下列条件：

1. 仪表端正、大方，态度亲切、热情，临场反应快。

2. 经过专门的市场调查培训，具有市场调查访谈经验，专业素质较好。

3. 认真负责，具有积极向上的工作态度及职业热情。

七、调查时间

工作	第一周	第二周	第三周	第四周	第五周	第六周	第七周
设计调查问卷							
搜集信息							
整理数据							
分析数据							
撰写调查报告							

八、调查经费预算

序号	支出项目	费用（万元）
1	问卷设计印刷费用	3
2	搜集信息费用	2
3	数据整理分析费用	1.5
4	市场调查公司代理费用	2
5	差旅费及其他费用	0.9
合计		9.4

九、调查问卷样表

略。

第三节 调查问卷的设计

一、设计目的

调查问卷由一系列的问题组成，它是调查人员实施具体调查工作的一个方法和手段，是市场信息的载体，其目的是将企业所关心的问题直观地呈现出来，并选取一定的调查对象，通过一定形式的交流，征求调查对象的回答，获得所需信息。调查问卷设计得好坏，不仅关系到对一手信息的加工整理，而且直接关系到调查的目的能否实现。

二、设计原则

（一）目的性

市场调查是一项有明确调查目的的营销管理工作，调查问卷的设计主要是为获取提供给管理决策所需的信息，满足决策者对信息的需要。问卷设计人员必须深入了解调查目的，列出对弄清调查课题的问题和解决存在的问题所必需的调查内容，做到既不遗漏一个问句以致需要的资料残缺不全，也不浪费一个问句去取得无关紧要的资料。切忌将无价值的问题列出，以免冲淡调查主题，影响调查的结果。

（二）逻辑性

调查问卷是提供给调查对象阅读后回答的一系列书面问题，一份设计成功的问卷，应按照一定的逻辑拟定和排列所有问题，符合调查对象的思维逻辑。在逻辑顺序上一般为先易后难、先泛指后特指、先行为后原因，能够使调查人员顺利发问，方便记录，调查对象易答，确保所取得的信息资料正确无误。在文字表述中含义清晰，明确问题的界限与范围，字义或词义要清楚，避免单纯文字理解上的误差，影响调查结果。例如，“您的月收入是多少？”这个问题中的“收入”一词表述不清，是指基本工资收入，还是包括一切收入，应加以注明。

（三）可答性

调查问卷需要调查对象的积极配合，这就需要问卷保持趣味性，并在内容设计中保证问卷能够被回答，注意提问的艺术性，避免枯燥和急躁，不要提与对方无关或对方不感兴趣的问题。如果受访者对调查题目缺乏兴趣，一般不会积极配合、主动参与调查。同时，问卷内容还应适合潜在的调查对象，使调查对象能够充分理解题目，乐于回答、正确回答，题目中不能涉及专业术语，避免出现考查调查对象的记忆力和计算能力的题目。设计问卷的研究人员不仅要考虑调查主题和调查对象的类型，还要考虑问卷使用的环境，尤其是在需要调查对象自己理解填写的邮寄问卷调查法中，保证调查对象正确理解题目非常重要。

（四）适宜性

不同的调查方法中，问卷的长度应有所不同。邮寄调查法、留置调查法和网络调查法中调查对象有充足的回答时间，调查内容设置可相对较多；而如果是面谈和电话调查，尤其是电话调查中，调查持续时间很短，需要在问卷设计时选择最有代表性的问题，使得参与者有耐心完成全部调查问卷。即便是有充足回答时间的调查中，如果一份问卷调查在20分钟之内仍无法完成，一般的调查对象都难以忍受，除非是为了获得奖品才参与调查，或这个调查对他非常重要。即使完成了调查，也存在一定的调查风险，因为调查对象在仓促之中，可能没有充分理解问题的含义，或没有认真回答，会导致调查结果的可信度降低。

（五）便于处理性

问卷调查得到的数据还需要进行筛选、整理、分析，因此，在问卷设计时需要考虑后续数据处理工作是否方便。设计好的问卷在调查完成后，应能够方便工作人员对所搜集的信息进行检查核对，判别其正确性和实用性，也便于对调查结果进行整理和统计分析。避免出现经过大量数据搜集后，获得的信息资料很多，统计分析人员却无从下手处理的尴尬局面。

（六）客观性

问卷的措辞和提问方式要客观，不能主观性太强，避免使用引导性的问题或暗示性的语言，以免有诱导调查对象的嫌疑。如“您常用太太口服液吗？”，这样的问话方式容易将调查对象的回答引向“常用”，出现调查偏差，将题目改为“您常用什么养颜？”相对更具有客观公正性。

三、调查问卷的结构

一份完整的调查问卷一般由编号、封面信、调查项目、感谢语、调查者项目五部分组成。

（一）编号

编号包括每份调查问卷的编号和每道调查项目题目与答案的编号。其中，调查问卷的编号常出现在大样本调查统计中，为了便于统计查询追踪信息，每份调查问卷设置一个独特的代码；小样本的调查中，可以不设置问卷编号。但不管是大样本还是小样本的调查，调查问卷中的每道题目和答案都应按顺序给予编号，这是为了方便统计信息，录入问卷结果，也为了使问卷看起来条理更为清晰，满足目的性和便于处理性的原则要求。

（二）封面信

封面信相当于调查问卷的自我介绍信，通常放在调查问卷的开始部分，内容包括调查者的自我介绍、调查目的和主要内容、调查对象的挑选途径和方法、对被调查者的希望和要求、问卷填写的指导语、问卷的保密原则等。封面信的主要目的是向调查对象解释调查的目的并对问卷内容做出说明，打消其对调查信息泄露的顾虑，希望获得调查对象的配合，保证获得准确全面细致的调查信息。为了吸引调查对象的兴趣，争取其合作与支持，封面信的语气要谦虚、诚恳，文字要简明、通俗、有可读性。

（三）调查项目

调查项目是调查问卷的主体和核心内容，调查人员通过调查项目的设计来获取所需信息，在问卷设计中是重点内容。主要包括被调查者项目和调查主题内容两部分内容。

1. 被调查者项目 被调查者项目是为了搜集调查对象（如调查对象的性别、年龄、学历、收入、职业、居住地等）基本情况而设置的问题。不同调查对象的调查结果可能存在很大差异，这种差异还存在或多或少的规律性，为了更好地分析调查结果，需要对调查对象的相关资料进行搜集整理。根据调查目的的不同可对具体调查内容进行选择，通常来讲，在涉及调查对象行为的调查主题中，需要较为全面的调查对象信息。各项目的提问方式、措辞和排序规律与调查主题内容相同，具体内容见“调查主题内容”部分。

2. 调查主题内容 调查主题内容是整个调查问卷中篇幅最长的部分，依照调查主题设计若干相关问题，要求调查对象填写借以获取相关信息。问卷设计合理与否很大程度上取决于调查主题内容设置是否合理。不同的提问方式对于调查得到的信息和后续的统计工作影响不同，调查问卷设计人员可以选择不同的提问方式，并注意问题措辞和排列顺序。常见的提问方式有封闭式和开放式两种。

（1）封闭式提问：是指在所提的问题下给出各种可能的备选答案，要求调查对象从中选择合适的答案，调查所得到的答案在限定的选项中，即为封闭式。这种提问方式的优点在于便于被调查者回答，被调查者只需选择而不需要组织语言、撰写文字，比较乐于配合，回收率较高，也便于调查人员统计分析；缺点是选项有限，并不一定能表达出调查对象的所有想法，对调查问卷设计能力要求较高，需要预先想到所有可能的选项，得到的信息量有限。封闭式提问常见的题型是选择题，包括二项选择题、多项选择题、排序题、打分题、比较题等。

1）二项选择题：只有两个备选项的选择题，选项少，通常见于被调查者项目或情况较为简单的问题。

例如：您关注药品的安全吗？

□不关注　　□关注

2）多项选择题：题目给定的选项多于两个，调查对象在备选项中可选择一项或多项作为回答，调查对象的可选择项目较二项选择题多。通常见于消费者需求和市场竞争方面的调查，特别是针对消费者购买动机的调查问卷中较多见。设计人员须尽可能列出所有可能的答案，但答案不能过多、过于分散，要抓住主要问题。

例如：您一般选择从哪里购买药品？

□药店　□互联网　□诊所　□医院　□其他

3）排序题：要求调查对象按照题目要求将多个选项按一定规律排序，但列举选项不宜过多，否则会使调查对象难以准确排序，或是答案分散，增加统计难度。

例如：您购买感冒药时会考虑哪些因素？请按照考虑优先顺序从 1 到 6 填在各选项前面的□内。

□质量　□价格　□品牌　□包装　□疗效　□其他

4）打分题：要求调查对象对题目给出的若干选项按照提示打分，以表明调查对象的观念和评价。

例如：请对您之前选择的常去药店的以下方面做出评价。

评分项目（最差）	1	2	3	4	5	6（最佳）
购药方便	___	___	___	___	___	___
商品齐全	___	___	___	___	___	___
专业咨询	___	___	___	___	___	___
价格水平	___	___	___	___	___	___

5）比较题：在给定的备选答案中比较各选项，选择最符合调查对象实际情况的，常见于针对调查对象的评价或看法的问题，各选项多是仅存在少许语意差别。

例如：您对目前国内药品安全状况的整体满意程度如何？

□非常满意　□基本满意　□不满意　□非常不满意

（2）开放式提问：是指在问卷设计过程中，只设置题目，而不设置答案，调查对象可以在题目范围内自由回答，不受约束。调查对象可以充分发表个人看法，不受限制，问卷设计也相对简单，调查人员可以获得更多的甚至超出其想象的信息。但调查对象的回答可能会比较分散，结果难以统计。需要调查对象组织语言作答，花费时间较多，故调查对象配合度不高。在问卷调查中，不常见或仅作为封闭式提问的补充，在问卷的最后设置一到两个开放式题目。常见的题型包括问答题和填空题。

1）问答题。

例如：您对本次“母亲节”促销活动有哪些意见和建议？

____

2）填空题。

例如：您看到“儿童感冒药”时，会想到______________________________。

（四）感谢语

用简短的语言向调查对象的配合表示真诚感谢，注意用语要简洁精练，也可增加内容，征求调查对象对问卷设计的看法。

（五）调查者项目

一般设置在问卷最后部分，主要包括调查者姓名、调查时间、调查地点、问卷完成情况等，主要起到明确责任的作用，方便对调查问卷查询核实，监督调查者工作。

四、调查问卷的模式

调查问卷的模式是指各部分调查内容的布局和版式设计，不同调查内容和调查项目中可根据实际统计需要和统计内容的多少设置不同的模式，一般来说，调查问卷的模式包括一览表式和单一表式两种。

（一）一览表式

将多个调查对象的调查项目依次填写在一张表内的模式设计，适用于有多个调查对象，且各调查对象的调查项目相对简单的调查中。如某地针对糖尿病患者患病情况的调查问卷，见表5-2。

表 5-2　糖尿病患者患病情况调查表

______市______区__________社区　　　　　　　　　　　　编号：________

姓名	性别		出生时间		诊断依据		现治疗手段	备注
	男	女	年	月	血糖值	临床表现		

调查者：________　　　　调查时间：________

（二）单一表式

将一个调查对象的调查项目单独填写在一张表中，适用于调查内容较多的问卷。大多数调查问卷采用单一表式，根据格式不同又分为表格式和问卷式。

1. 表格式　将调查项目制作成表格样式，形式上更为简洁。

大学生药品购买行为调查问卷

您好，我们是 ×××× 学校的学生，我们正在进行一项关于大学生药品购买行为的调查，邀请您用几分钟时间帮忙回答这份问卷。本问卷为匿名问卷，所获得的数据将只用于统计分析，请您放心填写。请在符合您情况的选项前打"√"，谢谢您的帮助！

题目	答案
1. 您的性别	□男 □女
2. 作为一名学生，你最常购买的药品是哪种？	□感冒药 □胃肠用药 □外用药 □保健品
3. 当你生病时，最先考虑在什么地方买药？	□诊所 □药店 □医院 □网上
4. 你最关心药品的以下哪种信息？（多选）	□适应证、功能主治 □用法用量 □不良反应 □生产厂家
5. 你对目前市场上的药品价格有什么看法？	□太贵 □较为适中 □较为昂贵
调查员： 调查时间： 调查地点：	

2. 问卷式 将调查项目制作成普通的问卷格式，较为常用。

大学生药品购买行为调查问卷

您好，我们是××××学校的学生，我们正在进行一项关于大学生药品购买行为的调查，邀请您用几分钟时间帮忙回答这份问卷。本问卷为匿名问卷，所获得的数据将只用于统计分析，请您放心填写。请在符合您情况的选项前打“√”，谢谢您的帮助！

1. 您的性别

□男 □女

2. 作为一名学生，你最常购买的药品是哪种？

□感冒药 □胃肠用药 □外用药 □保健品

3. 当你生病时，最先考虑在什么地方买药？

□诊所 □药店 □医院 □网上

4. 你最关心药品的以下哪种信息？（多选）

□适应证、功能主治 □用法用量 □不良反应 □生产厂家

5. 你对目前市场上的药品价格有什么看法？

□太贵 □较为适中 □较为昂贵

调查员：____________________。

调查时间：__________________。

调查地点：__________________。

五、调查问卷设计的程序

调查问卷是市场调查的重要工具之一，在市场调查方案的设计中需要一并设计完成，在搜集信息步骤中使用。调查问卷设计的程序一般来说包括以下几个步骤。

（一）确定调查目的和内容

调查问卷需要围绕一定的主题展开，这个主题就是根据已经确定的调查目的和调查内容而确定的。问卷设计之初，设计人员首先要考虑的就是要达到调查目的需要的信息，从而在问卷中提出一些必要的问题以获取这些信息。在能够获取所需信息的前提下，尽量减少问题的数量，以降低回答问题的难度，增加调查对象的配合度。

（二）确定市场调查方法

市场调查中可选择的调查方法多种多样，各种调查方法各有优、缺点，对调查问卷的设计要求也各有不同，需要调查问卷设计人员事先选定调查方法。如选择邮寄问卷，由于调查对象有较多时间填写，可以适当增加问卷内容，但因调查对象需要独立完成问卷，所以在语言描述中要避免产生误解，尽量使用通俗易懂的非专业词汇。

（三）确定问卷提问方式

问卷提问的方式包括封闭式和开放式两种，不同的提问方式获得的信息量不同，调查对象回答的难易程度和问卷设计的难易程度都不相同，调查结果的统计工作量也不同，需要在问题具体内容设计之前根据调查要求（如信息量）和调查人员实际情况，如工作人员的设计能力和统计人员数量等合理安排，避免出现调查信息量不够或

统计工作难以推进的情况。

（四）确定问题措辞

调查对象和调查人员之间主要通过调查问卷进行信息沟通，尤其是在双方无法见面的邮寄问卷和网络调查等调查方法的使用中，调查人员无法当面解释调查问卷的内容，需要调查对象独立完成，双方沟通的方式主要通过书面的文字，各问题的措辞直接影响调查对象对问题的理解和答案，甚至影响调查对象的调查配合度，因此，调查问卷中各问题的措辞就显得十分重要，需要调查设计人员在满足调查目的和内容的前提下，按照问题措辞的要求设计完善，避免出现误解和错误答案，影响调查结果。通常来讲，设计问题时需要在措辞中注意以下几个方面。

（1）不要使用专业词汇，用词尽量通俗易懂。如在询问消费者对于门店 POP 广告的认知时，将“POP”改为“海报广告”更合适。

（2）不要使用模棱两可、容易产生歧义的词或概念。例如，“您强烈支持还是较弱支持您的孩子参加 ×× 活动呢？”，其中的“强烈”和“较弱”具有主观性，容易产生歧义和不同的理解。

（3）不要使用诱导性词汇，避免调查对象因为被诱导而做出违背真实意思的回答。例如，“据说 ×× 药店服务很好，您是否也是这样认为的呢？”

（4）不要使用笼统的、不具体的抽象词汇。例如，“您通常喜欢服用什么感冒药？”，“什么感冒药”让被调查者很难把握，不知该怎样理解，它可以指剂型，也可以指品牌或价格，到底指的是什么，难以确定。

（5）尽量在文字表述上降低问题的威胁性和敏感性，减少被调查者的抵抗情绪。例如，“您除了自己的工资收入以外，还有其他经济收入吗？”

（五）确定问题排序

问题的顺序会对调查对象产生影响，在问卷设计时问题的排序也必须加以考虑，一方面要方便调查人员的统计，另一方面要吸引调查对象，便于调查对象填写，如一般在问卷开始部分设置趣味性强的题目，提高调查对象的兴趣，涉及调查对象个人心理活动的探究性问题应在最后提出，避免调查对象对问卷产生反感，或因开头的几个调查问题较难而放弃配合调查。问题的排序应要吸引回答者并便于其顺利地回答。常见的排序方法主要有以下三种。

（1）按问题的深浅程度排序：一般来说，应是先易后难，由浅入深，先封闭式问题，后开放式问题。不至于一开始就是很难的问题，使得调查对象不好回答，影响其调查配合度。

（2）按问题的逻辑关系排序：首先对各问题进行分类，确定相互之间的逻辑关系，然后按各题的逻辑关系排序，泛指问题在前，特定问题在后；表层的行为问题在前，深层次的态度、观念问题在后。

（3）按问题所对应的时间排序：一般来说，按题目对应的事件发生时间，从过去到现在，再到将来，回答更为顺畅，更易理解。

（六）问卷的自我测评

问卷初步完成后，可由设计人员自我测评，检查问卷是否符合问卷设计的目的性、逻辑性、可答性、适宜性、便于处理性和客观性，是否围绕调查目的和内容展开，是否满足调查方法的需要，问题的提问方式、措辞和排序是否恰当，问卷内容是否能够获取调查所需的信息。

（七）问卷的事先测评和修正

在调查人员自我测评结束后，可邀请部分符合调查对象条件的人员进行小范围内的测评，通过测评寻找问卷中可能存在的问题，如措辞不准确、不具体、语意含糊、封闭式提问中选项设计缺失等，避免在正式调查中出现同样问题，影响最终结果。需要注意的是，事先测评要在与正式调查同样的调查范围里，在符合调查对象选定条件的人群中，按照正式调查的工作程序和方式进行，否则就失去了事先测评的工作意义。

事先测评结束后，需要根据测评中发现的问题及时做出修正，修正问题较多，出现较大改动时，需要对修正后的问卷再次进行测评，直至测评中无明显问题。

（八）问卷的排版印制

问卷内容设计完成并通过测评后，根据调查方法要求的不同，需要对问卷模式和内容进行电子排版，保证问卷形式的版面整齐、美观，便于调查对象阅读和作答。问题较少的问卷尽量印刷在同一面中，字体大小合适，保证调查对象看清文字，重点或需要强调的内容可用醒目字体、斜体字等。题目排序有明显的顺序标识，便于调查对象回答。

第四节　撰写调查报告

一、调查报告的主体结构

调查报告是市场调查过程中最重要的一个环节，是对整个市场调查工作的书面总结，是全体调查人员劳动与智慧的结晶，也是调查人员和决策者之间沟通、交流的主要形式，它将调查人员的整个调查工作过程、战略性的建议及其他结果集中全面地呈现在决策者面前，是真正能为决策者提供管理决策依据的书面沟通工具。无论前期市场调查方案和调查问卷设计得多么科学，数据分析得多么恰当，数据搜集的质量控制得多么严格，如果调查人员不能够与决策者进行有效的沟通，决策者将无法了解调查过程，获取有用的信息，就不能针对性地采取有效的营销措施。因此，完整的市场调查工作要求必须在数据分析工作结束后认真撰写调查报告，准确分析调查结果，明确给出调查结论。调查报告制作时应做到实事求是、突出重点、图表丰富、语言精练。市场调查报告的主体结构主要包括以下几个方面。

（一）封面

调查报告的封面是管理者看到调查报告的首页，决定了管理者对调查报告的第一印象，在排版上要做到简洁大方，主要内容包括题目、完成部门或人员、完成日期等。

调查报告的题目应尽可能贴切、简练地表明调查项目的性质和主题，至少包括调查对象、调查研究的变量，如“中国保健品市场竞争情况分析报告”“中国抗肿瘤药物研究报告”等。具体形式主要有以下三种。

1. 直述式 直接反映调查主题的形式，简明、客观，一目了然，大多数的市场调查报告使用这种题目形式。

2. 表明观点式 直接表明调查人员对调查主题的观念、看法和判断，如“感冒药降价竞争不可取”等。

3. 提出问题式 以设问或反问的形式突出调查主题，吸引管理者阅读兴趣，促使管理者带着解谜的心态阅读调查报告，带动管理者主动思考调查主题的矛盾焦点问题。例如，“感冒药只能降价竞争吗？”

（二）摘要

摘要是对调查报告主题内容的简单概括，只给出报告中最重要的内容，简要地提示调查中的所有重大发现、结论和建议。摘要应简短，切中要害，使管理者可以从中大致了解调查的过程、最主要的调查结论和建议。由于许多管理者工作较忙，可能没有过多时间翻看调查报告，摘要可以帮他们在短时间内迅速了解调查报告的主要内容，形成对调查报告框架内容的总体认识。摘要主要包括：为什么要调查，如何开展调查，有什么发现，应采取什么措施。摘要部分通常在调查报告主体内容完成后总结概括。

（三）目录

目录页是对调查报告内容提纲挈领式的总结，当调查内容较多，包含大量文字、图表和附录时，有必要将目录专列在正文内容前，方便管理者翻阅正文内容，快速找到他关心的那一部分。通常利用Word自带的目录和索引功能列出调查报告的主要章节和附录，并标明章节页码。

（四）正文

正文是调查报告最重要的部分，是对整个市场调查的详细记录和总结，包含调查目的、调查方法、调查程序、发现的问题等内容。在正文中应适当使用数字、表格和形象化的辅助物，如条形图、饼状图、分布图和其他工具，帮助表现内容，有助于突出重点，更直观地展示数据。正文中要用准确、恰当的语句描述，结构要严谨，推理要有逻辑性。在正文结尾部分，通常要对自己在调查中存在的不足之处做出说明，例如，不足之处出现的原因，未来如有可能减少不足的方式。必要时，还需将不足之处对调查报告的准确性影响程度分析清楚，提高市场调查的可信度。

（五）结论和建议

结论和建议是根据调查过程中发现的问题和信息，结合企业情况提出解决方法。结论与建议应尽量言简意赅。其中结论是一种归纳和概括，是针对调查所提出的问题的回答，是能够把调查结果有效地表达给读者的一种陈述或者经过统计分析得出的数字。建议则是经过对调查结论的分析，结合各方面信息得出的，一般是对企业管理者的经营管理行为提出的合理指导意见。

（六）附件

附件是对调查报告正文的补充说明，通常包括市场调查中用到或总结出的过于复杂、专业性的资料，或是与正文不直接相关的资料。如调查问卷样本、抽样名单、调查地址清单、地图、统计检验计算结果、数据统计表格、相关图表等，对每一项内容设置编号，并在正文中相应位置注明，以便管理者查阅。

二、撰写调查报告的注意事项

调查报告主要是提供给医药企业管理者作为决策参考，而企业管理者的工作通常非常紧张繁忙，要求高效地工作，对工作时间要求非常苛刻。为帮助管理者快速了解调查报告，调查报告撰写人员必须恰当地安排调查报告的结构，避免使用晦涩的文字，尤其要注意以下几个方面。

1. 突出调查主题和调查目的 调查报告是对调查过程的总结，而市场调查是有明确的调查目的和主题的一项营销任务，调查报告需要与调查目的相符，并突出调查的目的和主题，避免在调查报告中堆砌与调查目的无关的资料，偏离调查目的和主题。

2. 避免长篇大论 一项市场调查通常需要花费较多时间，多则一两年，少则一两个月，其中必然会有很多的调查资料和需要说明的调查过程，但如果把所有这些内容和资料都放入调查报告，可能导致调查报告过于冗长，内容拖沓。事实上，调查报告是为了给管理决策人员提供决策依据，而管理者工作繁忙，不可能花费很多时间了解调查过程，甚至大多数管理者根本不会通读全部报告内容。所以，报告需要简捷有效，并非篇幅越长质量越好。

3. 做到分析到位，避免简单罗列数据、分析不充分 调查过程中会搜集到很多数据，调查人员需要对调查信息进行深入的统计分析，不能只是简单地重复图表中的数字，不做任何解释，也不对数字背后的深层次原因做出分析。调查报告最终的目的是从数据中寻找对企业有帮助的信息，提供建设性意见给决策者，如果只是简单罗列数据，没有分析或分析不充分，就失去了调查报告的存在意义。

4. 避免出现无意义的准确性 数据准确是对调查报告的基本要求，但如果过于准确，如在一个相对小的样本中，把统计数字保留到两位小数以上，看起来非常准确，但实际上不仅对调查工作没有意义，而且增加管理者阅读调查报告的认知量和记忆量，影响管理者工作的高效性。例如，在“有 77.09% 的调查对象偏好我们的品牌”这句描述中，阅读者实际上也只会记住 77% 这个数字，正文描述中这一数字保留到 77% 即可，0.09% 只会给人造成认知和记忆上的障碍，没有意义。

三、调查报告实例

以下是市场调查报告实例（内容有删改）。

医药电商方兴未艾，未来发展六大趋势

1. 概述

近年来“互联网 +”概念辐射并渗透医药行业，医药电商得到蓬勃发展。然而中国医药零售在医药市场中的占比约为 20%，且其中电商占整体医药零售比例不到 3%，

远远低于欧美市场。我们认为中国医药电商有很大的发展空间，但现阶段由于市场环境、政策监管壁垒及消费者行为差异等因素，众多医药企业在探索电商的道路上将面临不少挑战。

2016年年初，波士顿咨询公司（BCG）对85家医药零售电商企业及300多位消费者展开问卷调查，同时组织医药行业内价值链上各方代表参与研讨会来了解不同类型企业和机构代表对医药电商现状及未来发展的看法与期望，在此基础上结合我们在医药电商领域的咨询经验，总结出中国医药电商未来发展的六大趋势，希望为企业全面布局医药电商带来启示。

2. 医药电商发展现状和主要挑战

医药电商在近年蓬勃发展，2014年销售突破70亿元人民币，在线药店数量约300家。随着政府传递出对处方药电商限制逐步放开的信号，未来医药电商预期将迎来新的爆发式增长。其中主要的驱动因素来自三个方面：首先是政策监管环境将日益有利，包括逐步放宽对网上药品销售牌照审批的尺度，鼓励开展远程诊疗试点为未来的处方药电商提供基础，落实医生多点执业等。其次是市场上涌现出多样化的医药电商模式，以经销商采购平台为主的B2B，平台型与垂直自营模式并存的B2C，以及医药零售企业为患者提供增值服务的O2O，还有多种正在探索中的其他处方药模式，都积极推动着整个医药电商行业的发展。最后的关键是可能带动未来爆发式增长的处方药网上销售政策放开：由于现有医药电商仅允许非处方药网上销售，因此实际销售中仍以保健品、医疗器械、计生用品为主，并未实现真正意义上的药品线上销售。因此处方药是改变整体格局的契机，预计政策将允许部分慢性疾病、自费药、廉价非专利药产品作为试点，继而逐步放开。

然而，由于药品本身对监管有着更为严格的要求，医药电商的发展面临更多挑战。对于药品的线上购买，尤其是处方药，患者在购药过程中对产品质量真伪、专业的用药指导等有着高于一般消费者线上购物的需求，并且购买处方药时需要先获得处方，在支付时普遍希望能够使用医保卡。因此，产品质量保真、用药指导、医保对接、处方来源成为医药电商未来发展需要解决的主要消费者痛点。对非处方药电商而言，线上销售使得信息扁平化，而本身同质化程度较高的产品使得消费者将价格作为主要的选择因素，因此在线销售的药品价格竞争非常激烈。我们在调查中发现，87%的医药零售电商企业都认为，激烈的价格竞争是非处方药电商面临的一大挑战（参阅图1）。因而我们认为，未来的非处方药电商竞争中，价格之外的能力打造将尤为重要，如品牌塑造和服务能力升级等。

3. 未来医药电商的六大发展趋势

在机遇与挑战并存的大环境下，波士顿咨询公司（BCG）认为未来中国医药电商有六大发展趋势：

趋势一：医药电商的发展对医疗行业是重大利好，有巨大的推动作用，将随之带来产业链上各类企业的角色转换。

中国医疗发展长期存在的痛点主要在三大方面：医疗效率低、患者体验差、医药支出高。医药电商的发展可以有力地帮助推动这些问题的改善。首先是医疗效率方

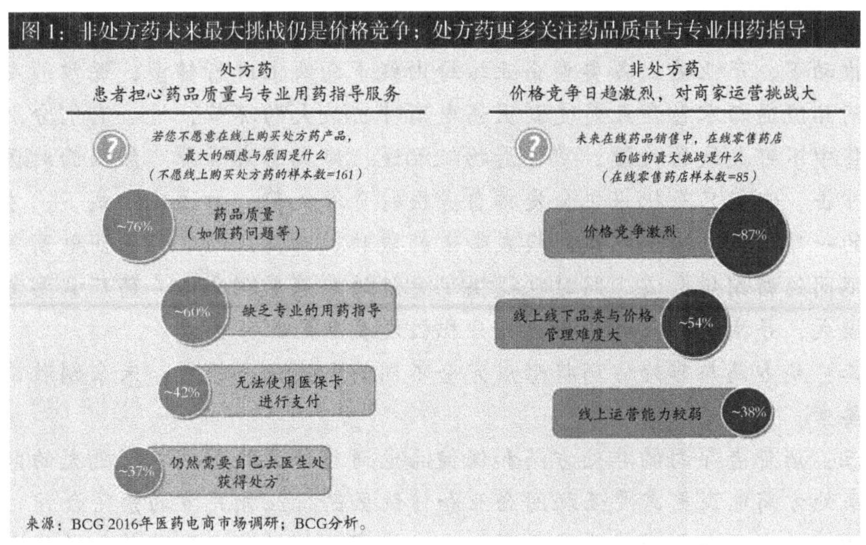

图1：非处方药未来最大挑战仍是价格竞争；处方药更多关注药品质量与专业用药指导

面，中国医疗资源分布不均，患者缺乏对什么病该去哪里看、什么样的药品在哪里能够购买的清晰认知，因而纷纷涌向大医院，导致大医院人满为患，基本医疗机构及零售药房则利用率相对较低。医药电商能够让更多小城市和农村地区的患者购买到与大城市相同的药品，为患者提供新的购买途径；医药电商还能让患者在续方买药的情况下寻求简易门诊或基本医疗机构的服务并提供配送到家。这将帮助推动医药分家的进程。其次是患者体验方面，一直以来，中国患者就医买药要面对就诊时间长、交流时间短、信息透明度低及排队时间长等种种困难。而线上购药让患者获得价格便宜、信息透明、过程便捷等好处。我们在调查中发现，线上购药“价格实惠”得到超过1/3的患者认可，成为医药电商最受到认可的优势之一。最后是医药支出方面，传统的药品流通结构层次多，无法实现以最低的成本销售而惠及患者。医药电商旨在增加产品到患者端到端的可能，为患者提供更多选择。在其影响下，药品流通环节压缩，中间环节利润减少，使得传统经销商与零售商逐步整合并且规范化（参阅图2）。

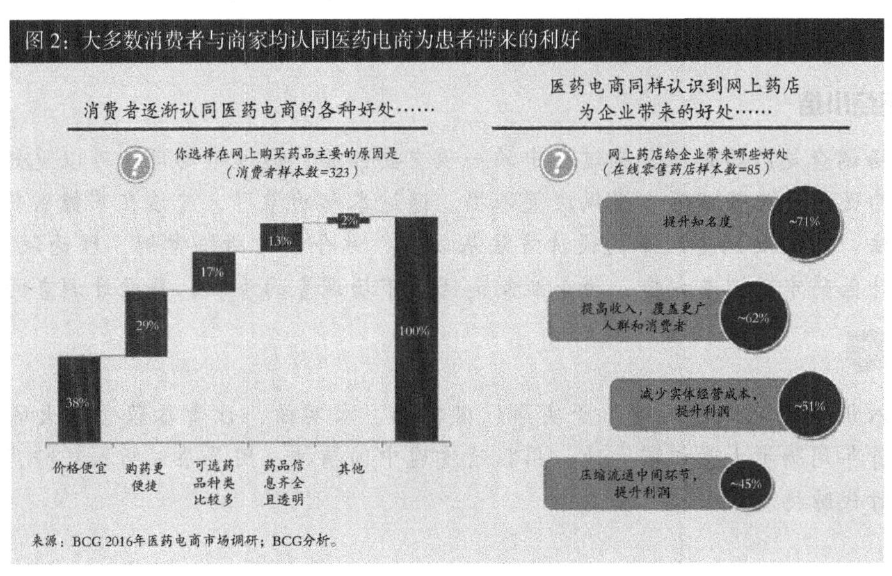

图2：大多数消费者与商家均认同医药电商为患者带来的利好

医药电商的发展将随之带来产业链上各类企业的角色转换。在“互联网＋医药”的大趋势推动下，产业链上各类型企业纷纷由线下向线上进行转型，逐步涉足医药电商领域。药品流通与零售企业是受到医药电商冲击最大的环节，过去它们分别是药品流通与销售中不可或缺的关键，掌握着物流配送、终端患者资源。然而面对医药电商所带来的冲击，它们只有把握机会发挥自身医疗资源优势，打通线上线下，才能稳固在产业链的一席之地，减少电商新模式带来的威胁。对药厂而言，医药电商提供了与传统渠道不同的新销售渠道，同时也提供了更好的疾病管理平台，药厂需要考虑新的渠道管理模式，寻找新的合作伙伴，并且积极发展新的业务模式。

趋势二：处方药与非处方药将形成完全不同的电商业务模式，未来制胜需要差异化的竞争要素。

趋势三：消费者导向的非处方药和保健品电商对传统线下零售有更大的颠覆性影响，而未来处方药电商更需要互联网企业和传统医药行业相关方的紧密合作。

趋势四：未来医药电商集中度更高，成功贯穿价值链各个环节并打造线上线下闭环的企业能够快速崛起并树立起领导地位。

趋势五：医药电商的发展将以全方位服务患者为核心，极大地促进医疗服务的模式升级。

趋势六：医药电商能够帮助提升行业透明度与效率，将更有利于政策监管。

4. 总结

总体来看，我们认为未来医药电商将持续近年来蓬勃的发展趋势，继续推动医药行业在监管、效率、服务、成本多方面的改革，为患者带来更多福利。同时，伴随处方药电商政策放开的契机，市场将迎接新一波的扩容。纵观欧美发达国家的医药电商发展经验，商业模式的确定需要配合医疗体系整体发展的需要。因此，我们相信中国未来医药电商的发展，将离不开各方参与者共同努力探索商业模式和完善服务能力，从而摸索出具有中国特色的医药电商发展路径，带动医疗体系的升级。

——引自波士顿咨询公司（BCG）2016年市场调查报告《医药电商方兴未艾，未来发展六大趋势》

重点小结

市场调查是医药企业营销过程中的一项重要任务，通过市场调查可以更好地了解市场，为医药企业营销策略提供决策依据。通过本章的学习，应该在掌握医药市场调查的方法、步骤及调查问卷的设计方法基础上，结合本章所给案例，理论联系实际，学会设计医药市场调查方案，为企业制定医药市场调查的步骤，并设计调查问卷。

寄语青年

深入调查研究，扑下身子干实事、谋实招、求实效，让青春蕴含强大的拼搏能量，让青年用脚步丈量祖国大地，用眼睛发现中国精神，用耳朵倾听人民呼声，用内心感应时代脉搏。

目标检测

一、选择题

（一）单项选择题

1.（　　）是调查问卷最基本、最主要的组成部分。

A.调查项目　　B.调查者项目　　C.感谢语　　D.编号

2.在问卷设计过程中，安排好问题的顺序也是很重要的，一般来说问题的安排应（　　）。

A.先易后难　　B.先难后易　　C.难易交叉　　D.难易不分

3.（　　）是搜集原始资料最主要的形式。

A.询问法　　B.市场调查　　C.实验法　　D.观察法

4.对不愿接受访问的对象最适宜采用的调查方式是（　　）。

A.电话访问　　B.邮寄问卷　　C.人员访问　　D.上门调查

5.以下不属于网络调查特点的是（　　）。

A. 成本低　　B.结果易于统计　　C.信息搜集速度快　　D.回收率高

（二）多项选择题

1.二手资料的信息来源有（　　）。

A.内部来源　　B.大众新闻媒体资料

C.专业刊物　　D.专业数据库资料

2.市场调查根据调查的目的可分为（　　）。

A.探索性调查　　B.描述性调查　　C.因果关系调查　　D.临时性调查

3.询问法可分为（　　）。

A.面谈调查　　B. 邮寄调查　　C.留置问卷调查　　D.电话调查

4.对医药消费者的调查包括（　　）。

A.消费者购买力状况　　B.消费者购买频率

C.消费者品牌偏好　　D.消费者购买动机

5.搜集原始资料的主要方法有（　　）。

A.观察法　　B.实验法　　C.调查法　　D.询问法

二、简答题

1.医药市场调查的方法有哪些?

2.请简述医药市场调查的步骤。

3.请简述医药市场调查问卷设计的程序。

三、案例分析

以下是某药学院学生设计的调查问卷，请分析评价该调查问卷。

你好，我是药学系学生，我们需要做一个关于药品的市场调查，你所提供的个人信息和看法，我们将严格保密，希望您不要有任何顾虑，感谢!

1.你的年龄段在（　　）。

A.14 岁以下　　B. 14~35 岁　　C.36~60 岁　　D.60 岁以上

2. 你的文化程度是（　　）。

A. 初中以下　　B. 中专　　C. 高中　　D. 大专

E. 本科　　F. 本科以上

3. 你的家庭是否有备药习惯？（　　）

A. 是　　B. 否

4. 你经常购买药品的方式是（　　）。

A. 药店购买　　B. 医生开处方　　C. 诊所　　D. 网购

5. 你购买药品的依据是（　　）。

A. 药品的宣传广告　　B. 亲朋好友介绍　　C. 医生推荐　　D. 药店店员介绍

6. 您购买药品主要考虑的因素是（　　）。

A. 药物效果　　B. 药物价格　　C. 药物组成　　D. 药物知名度

7. 家中药品过期你将如何处理？（　　）

A. 随手扔掉　　B. 上交到回收点　　C. 没有处理过期药品的习惯

8. 请问你知道处方药与非处方药的区别吗？（　　）

A. 知道　　B. 大概知道　　C. 不太知道　　D. 完全不知道

9. 对于药品广告您关注哪些媒体？（　　）

A. 电视　　B. 网页　　C. 报纸

D. 杂志　　E. 传单

10. 你对广告的信任度如何？（　　）

A. 非常相信　　B. 比较相信　　C. 一般相信

D. 不相信　　E. 不知道

11. 你对药品方面有哪些意见和建议？（可以从药品价格、形式、销售方式等方面来说）

参考答案

实训五　设计市场调查问卷

【实训目的】

熟悉调查问卷的结构和模式，能够根据企业实际状况和调查计划制定市场调查问卷。

【考核标准】

（1）市场调查问卷符合设计目的性、逻辑性、可答性、适宜性、便于处理性原则。

（2）问卷设计思路清晰，体现出严谨的逻辑思维能力。

（3）PPT内容文字表达流畅、简洁、朴实，无歧义，正确使用专业术语。

【实训内容】

某医药公司拟在学校附近开设一家零售药店，需要以本校学生为调查对象在校内进行一次药品消费者购买行为调查（内容可关乎消费者的购买对象、购买时间、购买动机、购买方式、购买角色、购买地点、竞争对手的经营状况等）。请根据企业实际情况设计一份可以由被调查对象自行完成的规范的市场调查问卷。

【实训过程与方法】

（1）将学生分为若干组，每组 4~6 人，接受任务。

（2）分析市场调查的要求，设计出市场调查问卷。

（3）将讨论结果制作成 PPT，提交给任课老师。

【考核内容】

消费者调查问卷和 PPT 报告。

（张 琳）

第六章

药品市场细分与目标市场营销

学习目标

知识目标

1. 掌握药品市场细分、目标市场、市场定位的含义，以及药品市场细分的方法与步骤。

2. 熟悉目标市场的选择策略。

3. 了解药品市场定位策略。

能力目标

1. 能正确认识市场细分，能正确选择目标市场（核心技能）。

2. 学会对医药企业某市场进行科学细分。

素养目标

1. 热爱医药市场营销，树立正确的职业道德观。

2. 具备敬畏生命、诚实守信的品质及认真的学习态度。

案例导入

从某种意义上来说，人口的总量就是药品的整体市场，每个人都有可能成为药品的消费者。然而药品消费者人数众多，他们的需求又各不相同。例如，感冒是一种常见性和多发性疾病，几乎每个人都会成为感冒药市场中的消费者。然而，不同的消费者感冒症状不同、收入不同、受教育程度不同、消费观念不同等，这些都会影响对产品的选择。因此，任何医药企业，无论其规模如何，都无法满足整个医药市场的不同需求，所以只能根据企业的内部条件和素质能力，为自己选定一定的市场经营范围，满足一部分消费者某些方面的需求，这就是选择医药企业的目标市场。只有目标市场选得准确，医药企业才能更好地满足市场现实的和潜在的需求，从而不断地挖掘和寻找有利的市场机会。为有效地实行目标市场营销，企业必须采取三个步骤，那就是市场细分（segmenting）、选择目标市场（targeting）和市场定位（positioning）。在营销理论中被称为 STP 营销战略。

第一节 药品市场细分

一、什么是药品市场细分

市场细分是美国市场学家温德尔·史密斯（Wendell R. Smith）于20世纪50年代中期提出来的。在此之前，在卖方市场的条件下，药品企业都是从自身角度出发，生产单一品种、单一剂型的药品，采用同样的广告宣传方式。不同企业间的竞争主要是价格竞争，市场主要表现为高价市场和低价市场之间的区别。消费者的需求差异性被忽视，因此在药品的广告宣传中，药品往往给人以“包治百病”的印象；在儿童用药中，很多药品都是跟成人用药相同的片剂，这恰恰是没有对药品市场进行深入调查研究和细分的表现。随着生产力的发展和人们生活水平的提高，消费者的需求呈日益多样化的表现，药品生产和经营企业开始从满足不同类型消费者的不同需求出发，有针对性地提供不同的产品，从而提高市场占有率，增加盈利。

可以说，只有当社会经济进步、人们生活水平提高、消费者需求呈现出较大差异时，细分市场才成为企业在营销管理活动中急需解决的问题。细分市场客观上是按一定的依据把整体市场分解为诸多同质性的子市场。但是，细分市场不仅是一个分解的过程，也是一个聚集的过程。所谓聚集的过程，就是把对某种产品特点最易做出反应的消费者集合成群。这种聚集过程可以依据多种标准连续进行，直到寻找出其规模足以实现企业利润目标的某一个消费群体。

拓展阅读

美国营销学家菲利普·科特勒认为，许多企业正在放弃大众化营销并转化为以下四个层次的微观营销，即细分营销、补缺营销、本地化营销和个性化营销。

二、药品市场细分的作用

市场细分是市场营销观念的一个突破。通过市场细分，药品企业在调查研究的基础上发现不同消费者用药需求的差异性和类似性，在此基础上制定相应的营销策略和方案，从而更好地满足消费者的用药需求，并获得经营利润。市场细分在整个营销过程中发挥着承上启下的作用，是营销的一个关键环节。具体地说，市场细分对药品企业的作用主要表现在以下几个方面。

1. 有利于企业更好地满足消费者的用药需求 市场营销的核心就是满足消费者的需求。进行市场细分后，药品企业开展营销策略的范围相对缩小，服务对象具体明确，对消费者的需求把握得更准确，从而能有针对性地提供适合消费者需求的药品剂型、药品包装、药品宣传方式、药品价格及用药服务等，更好地满足消费者的用药需求。

2. 有利于药品企业发掘新的市场机会 这一作用在中小型药品企业中表现尤为突出。通过市场细分，药品企业可以更好地深入了解和分析消费者的情况，寻找发现消费者尚未得到满足或未能得到充分满足的需求，填补大企业忽视的市场空缺，从而挖掘新的市场机会。例如，市场上曾经普遍以一种廉价快速的普通胶片来满足放射性医疗的需要，但柯达照相器材公司经过市场调查发现许多医院和医疗单位的这种需求并没有得到很好的满足，他们需要更加节省时间的产品，于是根据需求推出了两种新产品，一种是特制相机，一种是立即感光胶片，它们能够在病理检查中立刻显影，不必到暗室冲洗，而且可以避免误差。这种新产品为柯达公司带来了新的市场机会，使之赢得利润。

3. 有利于企业制定和调整营销组合策略 在进行市场细分后，每个细分市场变得小而具体，细分市场的特点显而易见，同时每个细分市场的消费者都有相同或相似的需求、购买行为、购买习惯。这些特点都为药品企业对细分市场的目标消费者群制定合适的产品、价格、渠道、促销策略，并及时调整，提供了良好的条件。

4. 有利于资源整合、提高效益 市场细分后，把企业有限的人力、物力、财力等资源集中使用于一个或少数几个药品细分市场上，形成经营上的规模效益，避免在整体综合药品市场上分散使用资源和力量，使企业有的放矢地去经营市场，从而提高经济效益和社会效益。

细分市场

市场一定要细分，但不是所有的细分市场都是有效的，所以企业选择进入何种细分市场一定要慎之又慎。如果无法获得某个市场的详细资料来进行估量，就不能把它纳入本企业市场细分的范围。如发现要进入的细分市场快要饱和，自己无机可乘，或者虽然市场存在潜力，但自己无能力进入，也只好作罢；如果细分市场缺乏规模效益，也不值得细分；再者，如细分市场变幻太快，难以捉摸，目标市场如昙花一现，企业则要慎重考虑其风险经营。

（资料来源于《助你成为营销高手》）

三、药品市场细分的因素

引起消费者需求差异性的因素便是市场细分的标准。在药品市场中，由于影响需求差异的因素是多种多样的，因此药品市场细分的标准也含有许多变量，一般主要有以下几种，如表6-1所示。

表 6-1 药品市场的细分标准

细分标准	具体因素	细分标准	具体因素
地理因素	地区、城市、气候等	心理因素	个人性格、价值观念、生活方式等
人口因素	年龄、性别、职业、收入等	行为因素	购买动机、购买习惯、购买状态等

（一）按地理因素细分市场

地理因素是一个传统的也是常用的市场细分标准。人们所处的地理位置和生活气候的差异性，形成了人们在不同地区不同的生活习惯和需求偏好。例如，潮湿气候地区对治疗脚气用药需求量相对大些，寒冷气候地区对鼻炎用药需求量相对较大，南方个别地区需治疗血吸虫用药，外来人口流动大的地区对 OTC 药品需求量相对较大，人口稠密地区的药品需求总量相对较大，等等。按地理因素细分市场的常用变数如表 6-2 所示。

表 6-2 按地理因素细分市场

细分标准	具体因素
地理因素	地区：沿海、内地；北方、南方；城市或乡村
	城市规模：小型、中型、大型、特大型
	人口密度：稠密、稀少
	气候条件：炎热、寒冷、干旱、湿润

（二）按人口因素细分市场

人是市场营销活动的主体，也是营销服务的主要对象，人是构成需求差异性的本质动因。因此，人口因素历来是药品企业进行市场细分常用的重要因素。例如，同是保健品市场，儿童市场侧重补锌、补铁、补钙，老年人市场侧重降压、降糖、降脂、调节生理功能；男性市场侧重补肾、抗疲劳，女性市场侧重调节内分泌、减肥、美容养颜等。同是感冒药市场，司机和高空作业者白天要避免服用能引起嗜睡副作用的感冒药品等。按人口因素细分市场的常用变数如表 6-3 所示。

表 6-3 按人口因素细分市场

细分标准	具体因素
人口因素	年龄：婴儿、儿童、青年、中年、老年
	性别：男、女
	收入：高、中、低
	职业：高空作业者、司机、工人、管理人员、学生
	文化水平：小学、中学、大学、研究生
	女性生理期：月经期、妊娠期、哺乳期、更年期

（三）按购买行为因素细分市场

消费者购买药品的习惯、频率、动机等存在很大差异，行为变数更能直接地反映消费者需求的差异性。例如，有的消费者信赖药品广告，有的消费者注重药店的服务质量，有的消费者注重药品销售的促销活动，有的消费者注重药品服用的方便性，有的消费者受条件限制在医院取药，等等。随着市场经济的迅速发展，药品品种日益丰富，人们生活水平不断提高，需求呈多样化趋势，购买行为这一细分标准越来越重要。按购买行为因素细分市场的常用变数如表6-4所示。

表6-4 按购买行为因素细分市场

细分标准	具体因素
行为因素	购买动机：经济实惠、品牌、促销、馈赠
	购买频率：根本不用、偶尔购买、有时购买、经常性购买
	购买习惯：购买时间、药店购买、医院购买、一次购买量
	营销敏感性：对价格、服务、广告的敏感程度
	营销信任度：对商标、品牌、药品质量、分销渠道的信任程度

（四）按心理因素细分市场

消费者的心理往往比较复杂，在人口因素相同的情况下，不同的消费者会表现出不同的用药需求和购买行为。例如，求实的消费者注重疗效好和副作用小的药品，求廉的消费者在疗效差不多的情况下侧重选择价格低廉的药品，求品牌的消费者习惯用老字号或知名品牌的药品，求新的消费者喜欢尝试新药，等等。这些购买行为所表现出来的外在差异性都是消费者心理作用的结果。因此，心理变数是市场细分的一个重要因素。按心理因素细分市场的常用变数如表6-5所示。

表6-5 按心理因素细分市场

细分标准	具体因素
心理因素	价值观念：求实、求廉、求美、求新、求异、求品牌
	生活方式：简朴型、追求时尚型、追求地位型
	性格：被动型、主动型、保守、开放

（五）按消费者病程细分市场

1. 按症状细分市场 如果某种疾病会呈现多种症状，医生在治疗疾病中，一方面可能考虑彻底治愈该疾病，另一方面可能要考虑消除不适症状。当在某种疾病治疗中，症状治疗与治愈疾病相比同等重要或更重要，或者某药品在治愈疾病上的优势不大，而在症状消除上有较好的效果，则在细分时可以选择症状细分变量，根据药品自身的治疗优势，重点瞄准一个或几个症状作为市场。

感冒属于常见病，一般属于轻症，表现为较多的不适症状，比如头痛、发热、流鼻涕、咳嗽、嗜睡等。因此，治疗感冒与消除症状对消费者而言同等重要。比如有的药宣传诉求为解决鼻塞、流涕、打喷嚏，有的为解决头痛、白天嗜睡症状，有的为解决关节疼痛，有的为解决发热等。

讨论：(1）你认为感冒药细分的依据有哪些？

(2）感冒药市场的细分越细越好吗？

2. 按疗程细分市场 疾病的治疗过程因疾病的类型不同而有所不同。疾病按类型可以分为轻症和重症、急性病和慢性病等。而治疗模式可以是彻底治疗，或者是先维持不发展，再考虑治愈，或者是控制并发症及生命特征，等等。因此，可以根据疾病的治疗过程进行细分，并运用病理学和药理学的理论与实验数据，把该过程分为若干个阶段，根据药品本身的治疗优势与有关药理指标，找准该药品在整个疗程中的哪一阶段有着较大的优势，或者选择最具吸引力的疗程阶段，或者改变既有疗程治疗模式，选择合适的目标市场进行定位和诉求。这种细分工具特别适合处方药营销策划，对于 OTC 药也有很大的适用空间。

四、药品市场细分的方法与步骤

（一）药品市场细分的方法

1. 单一标准法 根据影响消费者需求的某一重要因素进行市场细分。如根据年龄这一因素，可将药品剂型的市场分为婴儿用的滴剂市场、儿童用的糖浆剂市场、成人用的片剂市场等；根据性别这一因素，可将保健品市场细分为男士专用的抗疲劳营养液市场和女士专用的更年期静心口服液市场等。

2. 综合标准法 根据影响消费者需求的两种或两种以上的因素进行市场细分。如根据性别这一因素将保健品市场细分为男性市场和女性市场；在女性市场中，可按年龄这一因素细分为青年女性调理内分泌祛斑养颜药市场、中年女性更年期静心药市场、老年女性改善睡眠药市场等。

3. 系列因素法 根据影响消费者需求的诸因素，由粗到细、由少至多、由浅入深、由概括到具体进行市场细分的方法。如保健品市场的细分就可以利用系列因素法，如图 6-1 所示。

（二）药品市场细分的步骤

1. 选定产品市场的范围 企业通过对市场的调查和分析，结合自身的经营能力，从中选出一个可能的产品市场范围，分析顾客对这类产品的需求，并计划为之提供相应服务。

2. 确定市场细分的标准，分析消费者的异质性需求 列出影响消费者需求的各

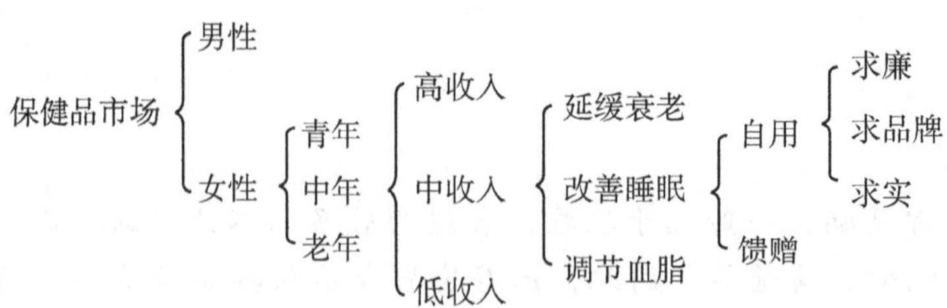

图6-1 保健品市场的细分因素

种因素，并按一定标准进行市场细分。初步形成几个需求相近的细分市场，通过研究各细分市场的特点，对各市场做进一步的细分和整合，最终确定最后的相对稳定的细分市场。

3.确定细分市场的名称 根据消费者的差异性需求和细分市场的显著特点，为细分市场确定名称。

4.确定本企业打算进入的细分市场 根据企业的实力和优势，从细分市场中选择企业打算占领并为之提供服务的细分市场。

5.对目标细分市场做进一步的调查研究 确定企业的目标细分市场后，对该市场消费者的购买行为、购买习惯、购买心理等做进一步的调查研究，从而为企业制定合适的营销策略打下基础。

6.预测细分市场的获利水平 运用经济学的方法，分析细分市场的各种影响因素，采用定性和定量方法，对细分市场的规模、获利能力及风险概率等进行估算和预测。

7.实际开发市场 在确定了细分市场开发价值的情况下，根据细分市场消费者的需求特点，采取相应的营销组合进行市场开发。

五、有效市场细分的条件

前面我们已经提到，区分消费者的差异并不是越细越好。如果太细，企业会陷入疲于应付众多细分市场的困境之中。如何寻找合适的细分标准，对市场进行有效细分，在营销实践中并非易事。那么怎样区分消费者的需求才是有效的呢？

（一）细分市场之间的异质、细分市场内的同质

细分市场之间的异质是指不同细分市场的消费者的需求应具有差异性，对同一市场营销组合方案，不同细分市场会有不同的反应。如果不同细分市场顾客对产品需求差异不大，行为上的同质性远大于其异质性，此时，企业就不必对市场进行细分。另外，对于细分出来的市场，企业应当分别制订出独立的营销方案。如果无法制订这样的方案，或其中某几个细分市场对是否采用不同的营销方案不会有大的差异性反应，也就不必进行市场细分。

细分市场内的同质是指在同一细分市场中消费者的需求应是相同或相似的，对同一市场营销组合方案，会有相同或相似的反应。如果同一细分市场中消费者的需求存

在较大的差异，或对同一市场营销组合方案有不同的反应，说明这一细分市场的细分程度不够，还应进一步细分。

（二）细分市场应可衡量

细分市场可衡量是指细分后的市场应是可以识别和衡量的，亦即细分出来的市场不仅范围明确，而且对其容量大小也能大致做出判断。首先，要确定据以细分市场的变量应是可以识别的；其次，细分后的市场规模、市场容量应是可以计算、衡量的。否则细分的市场将会因无法界定和度量而难以把握，市场细分也就失去了意义。

（三）细分市场应足够大

细分市场足够大是指细分出来的市场，其容量或规模要大到足以使企业获利并具有发展的潜力。这里所说的市场容量不是单纯的市场中消费者的人数，而是指需要并有购买力的消费者群体。这就要求企业在进行市场细分时，必须考虑细分市场上顾客的数量，以及他们的购买能力和购买产品的频率。如果细分市场的规模过小，市场容量太小，细分工作烦琐，成本耗费大，获利小，就不值得去细分。

（四）细分市场可开发性

细分市场可开发性是指细分后的子市场是企业能够而且有优势进入并能对其施加影响的。

（1）企业在一定成本内能达到细分市场的要求。这对企业来说，就是市场进入壁垒的高低。企业应有能满足细分市场的相应的人力、物力、财力资源。

（2）有关药品的信息能够通过一定媒体顺利传递给该市场的大多数消费者。被确定的细分市场的消费者能有效地理解企业的产品概念；企业在一定时期内有可能将药品通过一定的分销渠道运送到该市场。

（五）细分市场稳定性

细分市场稳定性是指细分市场的特征应在一定时期内保持相对稳定。因为在细分过程中，调查分析本身都需要一定时间，没有一段稳定期，这个细分的市场也就没有意义了。同时，市场调查及开发新产品、调整营销策略都会给企业带来成本的增长，过于频繁的市场变化会影响企业的经济效益。

案例讨论

针对“儿童免疫力低下”的现状，某企业开发上市了一种维生素产品，在推出市场时，采取的策略依然继承了该企业的传统，采用大媒体的拉动和阶段性的促销推广活动。经过将近两年的努力，取得了较好的市场业绩，也打开了国内维生素市场的大门，跻身维生素市场的第一阵营。随后，其又成功推出了成人维生素、老年人维生素。

请同学们应用所学知识，讨论上述企业采用什么因素进行的市场细分，细分的方法是什么，给我们什么启示。

第二节　选择目标市场

一、评估细分市场

医药企业目标市场选择是否得当，直接关系到医药企业的市场占有率和盈利，因此认真评估细分后的市场意义重大。一般从以下几个方面考察细分市场是否适合做医药企业的目标市场。

1. 有足够大的市场容量　从理论上讲有两个以上的购买者就可以进行市场细分，但从实际工作和企业的经济效益来看，因为细分市场的过程中需要支付大量的资金，所以细分市场应该足够大，才能给企业提供效益。“足够”是个相对概念。大型医药企业往往重视销售量大的细分市场，而中小企业重视销售量小的细分市场。

格言名句

解决定位问题，能帮助企业解决营销组合问题，营销组合（产品、价格、渠道、促销），从本质上来讲，是定位战略战术运用的结果。——菲利普·科特勒

现实意义：一是消费者定位的重要性，就是市场细分后将产品和服务有针对性地推向不同的消费人群；二是创新性的重要性。随着市场环境的变化加剧，企业需要更加注重创新和创意，不断提升产品和服务的质量及附加价值以满足不断变化的市场需求。

2. 有充分发展的潜力　也就是说市场的需求尚未满足，企业能获得较多的销售机会，并有不断发展壮大的余地。如果市场狭小，发展潜力小，医药企业的前景就十分暗淡，企业经营的风险就大。细分市场成长潜力的衡量指标是细分市场上在某一时期内，全部潜在消费者对某种产品的需求总量，医药企业应该经常调查和分析细分市场的潜在消费者数量及购买力水平。

3. 目标市场尚未被竞争企业控制或竞争不激烈　医药企业选择目标市场，在一般情况下，应该选择竞争者比较少，或者竞争者在实力、经营管理水平和营销能力等方面都比较弱小的细分市场，这样有利于医药企业开拓市场，在竞争中取得优势。

4. 符合企业长远营销战略，能发挥医药企业内部的相对优势　某些细分市场虽然有较大的吸引力，但不符合医药企业长远的市场营销战略目标，不能推动医药企业实现市场营销战略目标，甚至会分散企业的精力，阻止企业实现市场营销战略目标，那么企业就不得不放弃。

医药企业内部的相对优势一般指原材料、机器设备、技术水平、职工素质、企业规模、资金、研究开发能力、经营管理水平、交通运输条件、地理位置、气候条件等所表现出来的综合发展能力。只有企业内部的相对优势与目标市场上未被很好满足的消费需求相适应，医药企业与目标市场才能呈现平衡状况。

二、目标市场模式的选择

医药企业在对不同细分市场评估后，就必须对进入哪些市场和为多少个细分市场服务做出决策。医药企业可考虑的可能的目标市场模式一共有五种。

（一）密集单一市场

最简单的方式是企业选择一个细分市场集中营销。例如，大众汽车公司集中经营小汽车市场，理查德·D. 伊尔文公司集中经营经济商业教科书市场。企业通过密集营销，更加了解本细分市场的需要，并树立了特别的声誉，因此便可在该细分市场建立稳固的市场地位。另外，企业通过生产、销售和促销的专业化分工，也获得了许多经济效益。如果细分市场补缺得当，企业的投资便可获得高额回报。同时，密集市场营销比一般情况风险更大。个别细分市场可能出现不景气的情况。例如，年轻女士突然不再买运动服装，这使鲍比·布鲁克斯公司的收入锐减；或者某个竞争者决定进入同一个细分市场。由于这些原因，许多企业宁愿在若干个细分市场分散营销。

（二）有选择的专门化

有选择的专门化是指选择若干个细分市场，其中每个细分市场在客观上都有吸引力，并且符合企业的目标和资源，但各细分市场之间很少有或者根本没有任何联系，然而每个细分市场都有可能盈利。这种多细分市场目标优于单细分市场目标，因为这样可以分散企业的风险，即使某个细分市场失去吸引力，企业仍可继续在其他细分市场获取利润。

（三）产品专门化

产品专门化是指集中生产一种产品，企业向各类顾客销售这同一种产品。例如，显微镜生产商向大学实验室、政府实验室和工商企业实验室销售显微镜。企业准备向不同的顾客群体销售不同种类的显微镜，而不去生产实验室可能需要的其他仪器。企业通过这种战略，在某个产品方面树立起很高的声誉。如果产品（这里是指显微镜）被一种全新的显微技术代替，就会发生危机。

（四）市场专门化

市场专门化是指专门为满足某个顾客群体的各种需要而服务。例如，企业可为大学实验室提供一系列产品，包括显微镜、示波器、本生灯、化学烧瓶等。企业通过专门为这个顾客群体服务，获得了良好的声誉，并成为这个顾客群体所需各种新产品的销售代理商。但如果大学实验室突然削减经费预算，它们就会减少从这个市场专门化企业购买仪器的数量，这就会使之产生危机。

（五）完全市场覆盖

完全市场覆盖是指企业想用各种产品满足各种顾客群体的需求。只有大企业才能采用完全市场覆盖战略，如国际商用机器公司（计算机市场）、通用汽车公司（汽车市场）和可口可乐公司（饮料市场）。

三、满足目标市场的策略

所谓目标市场策略，是指企业针对不同的目标市场，根据其特点采取相应的市场营销组合策略，以满足目标市场消费需求的经营决策。一般来说，可供药品企业选择的目标市场营销策略主要有三种，即无差异性营销策略、差异性营销策略和集中性营销策略。

1. 无差异性营销策略 企业把整体药品市场看成是一个大的目标市场，着眼于消费者需求的共性，忽视其需求上的差异性，对市场的各部分同等看待，推出单一的药品品种、单一的剂型、单一的包装、单一的价格、单一的促销策略、单一的广告和营销渠道等试图满足所有的消费者。采用无差异性营销策略的最大优点是批量生产和销售、节约生产和营销成本，从而实现规模效益。此种策略的缺点是不能满足消费者多样化、个性化的需求，其生产的产品竞争优势不强，应变能力较差。

2. 差异性营销策略 企业把大的整体药品市场划分成若干细分市场，再根据细分市场的特点和消费者需求的差异性，针对不同的目标市场推出不同的药品品种、剂型、价格、包装和营销渠道等策略，从而更好地满足目标市场中消费者的不同需求。采用此种策略的最大优点是能全面满足消费者的不同需求，提高产品的竞争能力，获取市场占有率。其缺点是，由于产品多样化，其生产和销售成本较高，受企业资源和经济实力的限制较大。但随着人们生活水平的提高，人们的需求呈多样化、差异化和个性化的趋势，差异性营销策略被越来越多的企业所采用。

3. 集中性营销策略 企业从细分市场中选择一个或几个细分市场作为目标市场，集中力量为该市场提供专业化的产品和服务的营销策略。采用集中性营销策略的企业，其目的是在较少的细分市场上追求较高的市场占有率，而不是在较大的市场中占有较低的市场份额。其优点是专业化的生产和销售能够准确地了解和更好地满足目标市场顾客的需求，能够充分利用企业资源开展营销活动，节约生产和销售成本。其缺点是，由于精力只局限于某一特定市场，一旦该市场发生变化，则企业易受冲击，风险性较大。

四、影响目标市场策略选择的因素

1. 企业实力 如果企业是资源丰富、营销能力强、实力雄厚的大企业，有能力满足市场上的大部分需求，则可以考虑选择差异性营销策略或者无差异性营销策略。反之，如果企业无力把大部分市场作为自己的经营范围时，则应考虑选择集中性营销策略，以获取在较小市场范围内的优势地位。

2. 产品自身特点 例如，如果药品本身的差异性不大，如原料药在质量上的差别并不明显，只要价格适宜、方便采购，消费者一般没有特别的要求，因此可以采用无差异性营销策略。而有的药品由于制剂工艺、含量、配方等不同，对药品的疗效影响很大，这类产品需采用差异性营销策略。

3. 市场特性 如果市场中的消费者在购买欲望、购买行为、购买习惯等方面存在很大的差异性时，就显现出了市场的异质性，适合采用差异性营销策略或集中性营销策略，针对不同的细分市场，根据其特点采用不同的营销组合。反之，如果市场中的消费者的需求差异性不大，或者其差异性可以忽略不计，显现出了市场的同质性，则适合采用无差异性营销策略。

4. 产品生命周期 产品从投放市场到衰退一般要经历四个阶段。产品处于不同的阶段时，相应地也应采取不同的市场营销策略。当产品处于导入期时，由于是新产品投放市场，竞争者尚少，企业的目的是试探市场需求，这时适合采用无差异性营销策略，进一步分析和发掘顾客。一旦产品进入成长期和成熟期，竞争开始异常激烈，这时为了使本企业的产品区别于竞争企业的产品，更利于消费者接受，企业适合采用差异性营销策略和集中性营销策略。当产品逐渐步入衰退期时，市场需求量减少，企业不再适合大规模的批量生产，更不宜将资源分散在多个只占有小份额的细分市场中，所以宜采用集中性营销策略。

5. 竞争者的营销策略 企业处在竞争的市场环境中，竞争对手的营销策略会直接影响企业目标市场营销策略的选择。当竞争对手采用无差异性营销策略时，为了提高企业产品的竞争能力，企业则无论实力大小都应采用差异性或集中性营销策略。当竞争对手采用差异性营销策略时，则企业应对市场做进一步的细分，采用差异性或集中性营销策略。在市场竞争很弱，企业的实力又很强时，企业可以采用无差异性营销策略。

第三节 药品市场定位

一、认识药品市场定位

企业选定了目标市场后，在进攻目标市场时，如何使自己的产品和服务在众多的竞争对手中突显出自己的个性和特色，在消费者面前成功地塑造本企业产品与众不同的形象，便是市场定位要解决的问题。市场定位不是对产品本身做些什么，而是对产品在顾客心目中树立什么样的形象做些什么。

药品市场定位是指根据消费者的需求和对药品某种特征或属性的重视程度，结合药品本身的特点，在市场上树立本药品与众不同的鲜明个性和形象，从而确定药品在市场中的位置。药品市场定位的核心就是使本企业的药品在市场上与其他竞争者实现“差别化”，这种“差别化”可以体现在药品本身的差异，如药品的质量、规格、剂型、疗效等方面，也可以体现在药品的价格、服务、渠道、广告诉求点等形象的差异上。

请举例保健品市场中档次不同但功效相同的产品。

二、市场定位的步骤

首先企业在市场细分的基础上选择自己的目标市场，并确定目标市场营销策略，这更加明确了企业的服务对象和经营范围，那么接下来就是企业在目标市场上进行定位了。这就是市场定位之前所要做的准备了。一个完整的药品市场定位过程有以下几步。

（1）了解竞争者现有药品在市场中的位置。

（2）研究医生和患者对这类药品的属性和特征的关注程度及他们的评价标准。大部分医生和患者对药品最关注的首先是药品的疗效，而由于药品的专业性较强，患者通常会从症状的缓解程度来判断疗效，医生则更关注药品的药理作用。

（3）确定本企业药品的特色。

（4）通过制定和实施一系列的市场营销组合，将这种特色传递给患者和医生。比如 OTC 药通过广告、处方药通过学术推广的方式都是比较有效的做法。

三、市场定位的方法与策略

（一）药品市场定位方法

1. 消费对象定位 根据消费者的收入和在社会阶层中所处的地位，确立自己药品产品要销售的具体对象。如保健品市场中的产品有高、中、低档之分，体现在价格、包装、品牌等的不同。

2. 利益定位 根据药品能给消费者带来的特殊利益定位，如有的药品宣传“不打针、不吃药，一贴就行”的方便利益；有的胃药宣传“地铁一站地的工夫，迅速缓解疼痛”，体现疗效迅速的利益；有的药品宣传“每天只需一片，一片顶过去三片”，体现药品成分含量高及制剂工艺优良的利益等。

3. 质量和价格定位 通过价格和质量这两个变量来确定产品在市场中的位置，如具有镇痛作用的药品在疗效基本相同的情况下，有价格偏高一些但副作用少、包装好、胶囊剂型的药品，也有价格偏低一些但副作用多、包装简单、片剂的药品。

4. 用途定位 根据药品的适应证突出产品的特色来宣传产品。如感冒药中的新康泰克突出宣传“缓解打喷嚏、流鼻涕、流眼泪”三大症状，百服宁侧重“缓解感冒中的发热头痛症状”，而白加黑突出宣传“白天服白片不瞌睡，晚上服黑片睡得香”的特点等。如果为老药品找到新用途也是为产品定位的好方法，如阿司匹林除了有解热镇痛作用外，目前小剂量的阿司匹林也被广泛应用于抗血栓形成、预防心脑血管疾病等。

5. 类别定位 根据药品的功效来划分类别，以突出其作用。如有的药品在宣传和销售时突出自己是“药”准字号的产品即药品，而不是“健”字号的保健品和功能性食品，强调产品的治疗作用。

6. 综合定位 消费者购药时所关注的特征往往不是单一的，因此企业常将以上多种方法结合起来综合运用，使消费者感受到该药品能够带来的多重利益和特征。如新盖中盖高钙片的宣传：专门针对中老年体质（消费对象）、含钙量高（质量）；一天一片（方便利益）；添加维生素 D，易吸收（利用率）；预防骨质疏松（用途）。

（二）药品市场定位策略

定位不只是形成产品的特色，树立自己的产品在消费者心目中的形象，还要考虑市场竞争的因素，确立自己在市场竞争中的地位。目标市场的定位策略实质上是一种竞争策略。

1. 市场补缺者定位策略 企业通过市场调查研究和对自己产品的评估分析后，发现目标市场的消费需求存在空缺或者未被很好地满足，即市场存在一定的缝隙或空间，此时企业可以定位于空缺的市场，弥补市场的空白。

2. 市场跟随者定位策略 企业通过对目标市场现状的分析，发现市场需求潜力很大，并且未被竞争者垄断，本企业又能推出富有特色的产品，具备与竞争对手“平分秋色”的能力，企业可以跟随竞争者挤入市场。如感冒药市场中，有中药、西药、中西药复方制剂、片剂、胶囊、颗粒剂、丸剂、口服液等多种产品满足消费者的不同需求，各竞争者平分市场，共同存在。

3. 市场取代者定位策略 有足够实力的企业通过推出具有明显竞争优势的产品，把大多数消费者从竞争对手那里争取过来，最后占领目标市场的营销策略。

企业的市场定位策略并不是一成不变的，它随着市场的情形、竞争者的状况和企业自身情况的变化而变化，是需要不断进行调整的营销策略。

学习本章，应该在掌握药品市场细分、目标市场选择、市场定位基本理论的基础上，结合本章所给案例，理论联系实际，进而学会对某药品市场消费者进行区分；能正确选择企业要满足的消费者即目标市场，并选择合适的目标市场策略；初步学会为企业进行市场定位。

寄语青年

“红日初升，其道大光。河出伏流，一泻汪洋。”现在，历史的接力棒已交到了新时代青年手中，生逢其时就应当与时代共进，新时代青年要敢做“中国梦”、坚定“中国心”、锻炼“中国力”，不负大好青春、大好时光，不负最适合奋斗和施展才华的时代，将小我理想融入伟大的中国梦，为新时代、新征程贡献自己的青春力量！

目标检测

一、选择题

（一）单项选择题

1. 市场细分是 20 世纪 50 年代中期美国市场营销学家（ ）提出的。

A. 基恩・凯洛西尔　　B. 鲍敦

C. 温德尔・史密斯　　D. 菲利普・科特勒

2. 同一细分市场的顾客需求具有（ ）。

A. 绝对的共同性　　B. 较多的共同性

C.较少的共同性　　D.较多的差异性

3.当市场上出现下列哪种情况时，客观上就出现了不同的细分市场？(　　)

A.集群偏好　　B.同质偏好

C.分散偏好　　D.需求偏好

4.(　　)差异的存在是市场细分的客观依据。

A.产品　　B.价格

C.需求偏好　　D.细分

5.某工程机械公司专门向建筑业用户供应推土机、打桩机、起重机、水泥搅拌机等建筑工程中所需要的机械设备，这是一种(　　)策略。

A.市场集中化　　B.市场专业化

C.全面市场覆盖　　D.产品专业化

6.属于产业市场细分标准的是(　　)。

A.职业　　B.生活格调

C.收入　　D.采购方法

7.就每一特定市场而言，最佳市场营销组合只能是(　　)的结果。

A.市场细分　　B.精心策划

C.综合平衡　　D.统筹兼顾

8.采用(　　)模式的企业应具有较强的资源和营销实力。

A.市场集中化　　B.市场专业化

C.产品专业化　　D.市场的全面覆盖

9.采用无差异性营销策略的最大优点是(　　)。

A.市场占有率高　　B.成本的经济性

C.市场适应性强　　D.需求满足程度高

10.集中性市场战略尤其适合于(　　)。

A.跨国公司　　B.大型企业

C.中型企业　　D.小型企业

11.同质性较高的产品，宜采用(　　)。

A.产品专业化　　B.市场专业化

C.无差异性营销　　D.差异性营销

12.市场定位是(　　)在细分市场的位置。

A.塑造一家企业　　B.塑造一种产品

C.确定目标市场　　D.分析竞争对手

13.重新定位，是对销路少、市场反应差的产品进行(　　)定位。

A.避强　　B.对抗性

C.竞争性　　D.二次

14. 市场细分化是根据（　　）的差异对市场进行的划分。

A. 买方　　B. 卖方

C. 产品　　D. 中间商

（二）多项选择题

1. 属于产业市场细分变量的有（　　）。

A. 社会阶层　　B. 行业

C. 价值观念　　D. 地理位置

E. 购买标准

2. 无差异性营销战略（　　）。

A. 具有成本的经济性　　B. 不进行市场细分

C. 适宜于绝大多数产品　　D. 只强调需求共性

E. 适用于小企业

3. 企业采用差异性营销战略时（　　）。

A. 一般只适合于小企业　　B. 要进行市场细分

C. 能有效提高产品的竞争力　　D. 具有最好的市场效益保证

E. 以不同的营销组合针对不同的细分市场

4. 产品专业化意味着（　　）。

A. 企业只生产一种产品供应给各类顾客

B. 有助于企业形成和发展其生产和技术上的优势

C. 可有效地分散经营风险

D. 可有效发挥大型企业的实力优势

E. 进行集中营销

5. 市场定位的主要方式有（　　）。

A. CIS　　B. POP

C. 避强定位　　D. 对抗性定位

E. 重新定位

6. 企业在市场定位过程中（　　）。

A. 要了解竞争产品的市场定位

B. 要研究目标顾客对该产品各种属性的重视程度

C. 要选定本企业产品的特色和独特形象

D. 要避开竞争者的市场定位

E. 要充分强调本企业产品的质量优势

二、简答题

1. 结合某药品市场细分的实例，简述药品市场细分的因素，并分析怎样的市场细分才是有效的。

2. 联系企业营销实例，分析企业进行市场定位的步骤。

3. 企业实力对选择目标市场策略有什么影响？

三、案例分析

在中国，许多已婚女性面部都有黄褐斑。统计资料显示，中国已婚女性有3亿人，随着人民群众生活水平的提高，已婚女性越来越重视自己的仪表容貌，而且心理上都害怕衰老。如何能够美容美颜、祛斑，以弥补失去的青春？深圳某药业有限公司瞄准了这一市场需求，推出具有养颜祛斑功能的产品——太太口服液。在保健品整体市场中，公司明确找到自己的目标顾客——太太，从而成功占领了市场。

思考：

参考答案

1. 分析“太太口服液”具备了实现市场需求的哪三个要素。

2. 请采用合适的方法细分市场，并确定目标市场，分析该产品的市场定位。

实训六　选择医药目标市场

【实训目的】

（1）能对市场进行细分。

（2）能正确选择目标市场。

（3）初步学会进行市场定位。

【考核标准】

（1）市场细分标准选择规范、准确。

（2）能有效区分出若干个分市场或子市场。

（3）根据背景资料提供的企业情况，正确选择符合企业实际的目标市场。

【实训内容】

背景资料：金嗓子喉宝目标市场选择。

1. 市场细分

目标消费者：烟酒爱好者，足球爱好者，空气污染严重地区的人群，爱好歌唱者，推销员，教师，导游等；男性；不愿进医院开处方、怕麻烦的人（以20~40岁男性居多）。

2. 目标市场选择

金嗓子喉宝的产品定位为大众型产品，所以产品销售渠道的选择与广告传播定位也直接针对大众的潜在心理。调查数据表明，消费者购买润喉药品最主要有三个场所：第一，医院、诊所；第二，药店；第三，商场。同时，随着医改进程的加快，药店销售渠道已呈现飞速发展的态势，因此，1998年以后，金嗓子喉宝营销渠道的重点是零售终端，即城乡药店市场；在批发渠道上，通过各地医药公司进行批发，向全国乡镇市场进行渗透。

3. 市场定位

市场研究发现，在一含即溶的润喉含片产品和疗效不明显的润喉糖之间的空当—— 一种能短时间有效抑制咽喉不适，较长时间保持良好作用的含片是大受欢迎的产品，金嗓子喉宝的定位深得消费者的认同。因此，1998 年以后，金嗓子有限责任公司整合产品的定位，从各方面强化了“入口见效——金嗓子喉宝”的产品定位。

【实训过程与方法】

（1）将学生分为若干组，每组 4~6 人，接受任务。

（2）以小组为单位讨论分析背景资料。

（3）小组代表汇报案例分析结果。

（4）有理有据地表述金嗓子喉宝成功的秘诀。

（5）对结果进行分析，提出意见或建议，并以报告形式提交给任课老师。

【考核内容】

目标市场选择报告。

（马翠兰）

医药市场营销实务

（第4版）

第三篇

策划与实施医药市场营销

第七章

策划与实施医药产品策略

学习目标

知识目标

1. 掌握医药产品的整体概念、医药产品生命周期的概念、品牌的内涵、医药产品品牌设计的要素、医药产品包装策略。

2. 熟悉医药产品生命周期各阶段的特点及营销策略品牌的分类。

3. 了解医药品牌资产的含义与特征品牌传播的原理等内容。

能力目标

1. 能分析现有医药产品所处的生命周期阶段，运用品牌和包装策略进行医药产品营销策略的设计（核心技能）。

2. 学会运用医药产品生命周期理论制定相应的营销策略，具备一定的品牌和包装策划能力。

素养目标

1. 培养全局观念，增强医药产品的竞争意识。

2. 提升对医药产品的信心。

第一节　医药产品组合策略

一、医药产品的整体概念及意义

（一）医药产品的整体概念

案例导入

现代营销学理论对产品概念的理解是广义的，它是指能够提供给市场以满足需求和欲望的一切商品和服务。它既可以是有形商品，也可以是无形服务，或者是两者的结合，如实物、服务、信息等。

大多数消费者是从医药产品整体所提供的满意度来看待医药产品的，这样的满意度要求医药产品整体具有特定的特征，如恰当的包装、详细的说明书、优质的服务等的结合。医药产品分为三个层次，即核心医药产品、形式医药产品、附加医药产品，详见图 7–1。

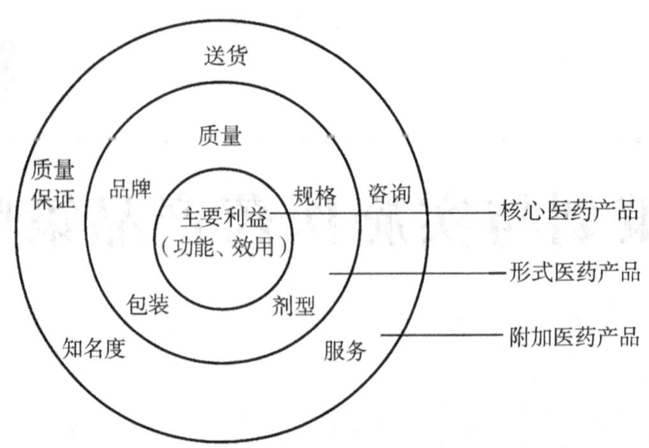

图 7-1　医药产品整体概念示意图

1. 核心医药产品　核心医药产品也称医药产品的实质层。这是医药产品最主要、最基本的层次，是消费者需求的核心内容，即消费者购买的基本利益。消费者购买药品的核心是满足其预防、治疗、诊断疾病，有目的地调节生理功能的需要。因此，医药营销人员应善于发现消费者购买医药产品时所追求的实际利益或价值。

2. 形式医药产品　形式医药产品也称医药产品的实体层。这是医药产品的基础，即满足消费者需求的各种形式。主要包括医药产品的质量、规格、剂型、品牌、包装等内容。认识医药产品的实体层，对医药企业的营销活动具有重要的指导意义。如一些医药企业讲究货真价实，很注重内在质量，便不太重视诸如品牌、包装、外观设计等外部质量，但“酒香不怕巷子深”的时代已一去不复返。相反，有些医药企业在这方面做得很好，发掘了有利的市场机会，如目前钙制剂市场竞争激烈，剂型以咀嚼片剂和胶囊剂为主，而有些医药企业针对婴儿市场研制出了颗粒剂，如醋酸钙颗粒等，受到了市场青睐。

3. 附加医药产品　附加医药产品也称医药产品的延伸层。这是对医药产品意义的延伸，指消费者在购买医药产品时所获得的全部附加利益和服务，包括提供咨询、免费送货、质量保证、售后服务等。当前我国医药企业竞争日趋激烈，通用名相同的药品在实质、实体层没有明显差别，在这种情形下，企业设计有效的产品延伸层则显得尤为重要。如河南宛西制药厂生产的六味地黄丸，一句保证质量的贴心话“药材好，药才好”，赢得了许多顾客，使其在竞争中成为佼佼者。再如，老百姓连锁药房，“一切为了老百姓”的优质服务，使其迅速崛起，在 2021—2022 年度中国零售连锁药店品牌排名中位列第三。

（二）医药产品整体概念的意义

这种对医药产品整体概念的描述，不仅是营销理论的发展，更对实际具有以下重要意义。

第一，有利于实施以消费者需求为中心的营销观念。医药产品整体概念以消费者基本利益为核心，指导整个医药市场营销活动，是企业贯彻市场营销观念的基础。

第二，建立完整的医药产品概念，有利于提高医药企业营销水平，使医药企业认识到消费者接受医药产品过程中的满意度，既取决于三个层次中每一层次的状况，也取决于产品整体组合效果。

第三，明确医药产品与医药企业营销策略间的关系。医药产品整体概念的各个层次对医药企业的经营策略有不同程度的影响。医药企业在考虑医药产品组合整体效果的前提下，对不同层次侧重程度的确定要与医药企业营销策略相符合。

二、医药产品组合

（一）医药产品组合的概念及内涵

当今科技信息技术飞速发展，随着生产专业化程度的提高，医药企业一方面要以分工细、智能化、大批量生产来提高生产效率，取得更好的经济效益；另一方面，又要发展多种产品以适应消费者需求的多样化。要解决这个问题，就要学会认识、分析和选择医药产品组合。

1. 医药产品组合的概念　医药产品组合是指医药企业生产或经营的全部产品的有机构成方式，或者说是医药企业生产或经营的全部产品的结构。

医药产品组合是由产品线构成的，而产品线又由不同的产品项目构成。换句话说，产品项目构成了产品线，产品线又构成了产品组合。产品项目指的是引入医药企业销售目录中的具体的任何产品。

2. 医药产品组合的内涵　医药产品组合还具有一定的宽度、深度和关联度，以某医药企业生产的产品为例，如表 7–1 所示。

医药产品组合的宽度（也称广度），是指医药企业生产或经营的产品线的数目。表 7–1 表明，该产品组合的宽度是 4 条产品线。

医药产品组合的深度，是指产品组合中各产品线中产品项目的数目，一般用平均数分析。表 7–1 中企业的产品组合深度为（3+2+4+3）÷ 4=3。

医药产品组合的关联度，指各条产品线在最终用途、生产条件、分销渠道或其他方面相互关联的程度。表 7–1 中医疗器械产品线与其他产品线关联松散，片剂、针剂产品线与原料药产品线关联紧密。

表 7–1　某医药企业产品组合分布情况

产品线	产品项目
片剂	A1、A2、A3
针剂	B1、B2
原料药	C1、C2、C3、C4
医疗器械	D1、D2、D3

医药产品组合分析，既包括对每个医药产品项目所处的市场地位及其在经营中的重要程度分析，也包括对各医药产品项目的相互关系和组合方式的分析，其主要目的在于弄清在不断变化的市场环境中企业现有产品组合与企业营销战略计划是否相符，

并根据内、外环境的要求对企业现有产品组合进行调整。

（二）分析医药产品组合需考虑的因素

分析医药产品组合，一般应考虑以下因素。

1. 产品处境分析 医药企业可根据利润、销售量、促销计划对其生产或经营的医药产品逐一分析，以决定哪些医药产品需要发展、维持、收益或放弃。

2. 产品定位分析 分析本企业产品定位的优劣，提出再定位设想。

3. 产品项目关系及对企业的贡献分析 考虑产品的组合方式，充分发挥企业的优势和潜力。

（三）医药产品组合策略

分析完成了医药企业的产品组合后，必须研讨产品组合的改进，主要方法是通过调整扩展或缩减医药企业的产品组合。

1. 扩展医药产品组合 主要有以下策略。

（1）向上扩展（“高档医药产品策略”）和向下扩展（“低档医药产品策略”）：前者是指在原有医药产品线内增加高档医药产品项目，提高原有医药产品线的声望，这样既可增加高档医药产品的比重，又能推动原中、低档医药产品的销售。后者是指在高档医药产品线中，增加价廉、实惠的医药产品项目，目的是借助高档医药产品的名誉吸引顾客，促进其购买。

（2）增加医药产品线：增加医药产品线有两种方法，一是增加与原有医药产品关联度大的医药产品线。这种方法能利用原有的技术、设备和厂房设施，见效快、投资省、风险小；二是增加与原有医药产品关联度小的医药产品线。这种方法有利于企业开拓新的市场，但风险较大。

2. 缩减医药产品组合 主要有以下策略。

（1）通过销售额和成本分析来识别并取消那些无利可图的“死亡”医药产品线。

（2）削减关联度小的医药产品线，使产品线现代化、特色化。

扩展医药企业的产品组合可充分利用企业的人力、物力、财力，减少经营的风险，但同时提高了经营的复杂程度；缩减企业的产品组合可使产品组合更专业化、特色化，提高效率，降低成本，但风险较大。因此，企业应结合自身情况妥善处理以上矛盾，使企业的产品组合保持至最佳状态。

案例讨论

大型医药企业的产品多种多样，这些医药产品组合的宽度、深度和关联度也是错综复杂的。

讨论：以某医药企业为例指出其产品项目、产品线，并对该企业医药产品组合的宽度、深度和关联度进行分析，提出建议。

第二节　医药产品生命周期理论的应用

一、医药产品生命周期的概念与内涵

（一）医药产品生命周期的概念

有些产品生命周期长，如阿司匹林临床应用几百年，至今仍充满活力；有些产品生命周期短，甚至刚推向市场，就被市场淘汰。实际上，产品的销售量、利润和利润率就像人的生命历程一样，大多经历出生、成长、成熟、衰老和消亡的过程。由此，美国哈佛大学教授费农在 1966 年提出了产品生命周期理论。所谓产品生命周期就是指产品从进入市场开始到被市场淘汰为止的全过程。

图 7-2 为一种典型的医药产品生命周期曲线，即根据医药产品的销售额、成本水平和利润在不同时期呈现出来的不同变化趋势，将医药产品生命周期划分为 4 个不同阶段——导入期、成长期、成熟期和衰退期。

1. 导入期　又称为介绍期或投入期，指新医药产品首次正式上市后的最初销售期。该阶段医药产品销售缓慢，同时由于引进医药产品的费用太高，初期通常利润偏低或为负数，但此时没有或只有很少的竞争者。

2. 成长期　是指医药产品转入批量生产、销售额扩大及利润增加的时期。经过一段时间试销成功，医药产品已具有一定的知晓度，购买者逐渐接受该产品，销售量快速增长，利润显著增加。但由于市场成长及利润增长较快，容易吸引竞争者的加入。

3. 成熟期　是指医药产品进入大批量生产，市场趋于饱和，竞争最激烈的时期。通常这一阶段持续的时间比前两阶段更长，市场上大多数医药产品处于该阶段。此时医药产品已被大多数购买者所接受，市场成长趋势减慢或饱和，利润在达到顶点后开始走下坡路。由于竞争激烈，医药企业往往需要投入大量营销费用。

4. 衰退期　指医药产品进入逐渐被市场淘汰的时期。在这一阶段医药产品销量显

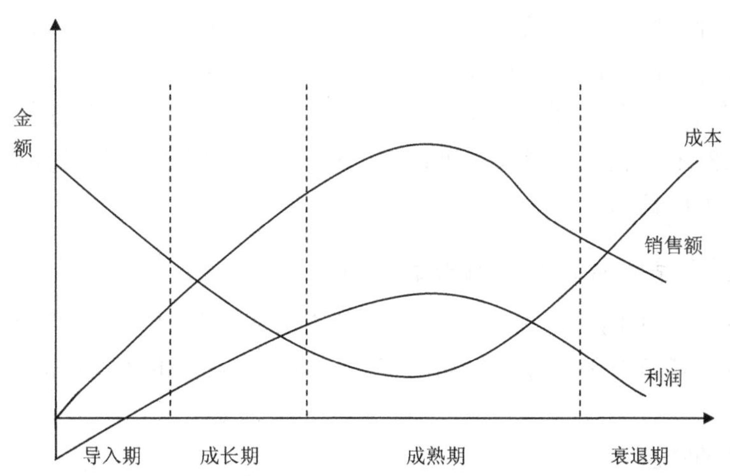

图 7-2　一种典型的医药产品生命周期曲线

著下滑，利润大幅度跌落，优胜劣汰，医药产品逐渐转入更新换代时期。

（二）医药产品生命周期的内涵

医药产品生命周期是一个假设概念和一条理论曲线，对它的理解要注意以下几点。

（1）医药产品的生命周期指的是经济寿命而不是使用寿命。医药产品的使用寿命指的是医药产品的自然使用时间，即医药产品的有效期。医药产品的使用寿命受自然因素的影响，与医药产品本身的性质、性能、使用条件、使用频率、使用时间等因素有关。医药产品的经济寿命表明医药产品在市场上的变化历程，是针对医药产品的社会形象和销售状况而言的。它的长短与科技发展、社会需要、市场竞争、消费者爱好等社会市场因素有关。因此，医药产品的经济寿命与使用寿命并无必然的联系。有的医药产品使用寿命很短，但其经济寿命却很长。

（2）营销学主要研究医药产品品种的寿命，而不是某种医药产品的有效期。因为医药产品类别、医药产品品种和医药产品品牌的寿命周期是各不相同的。医药产品类别的寿命周期最长，有些医药产品类别受人口、经济等因素的影响，还无法预测其周期变化规律，几乎可以无限期地延续下去；医药产品品牌的周期变化很不规律，企业可能长期使用下去，也可能经常变化；而医药产品品种的寿命周期是典型的，它的发展变化过程有一定的规律可循。

（3）医药产品的市场生命周期是就整个医药行业或整个市场而言的。一个企业的销售资料一般不能确切地说明某种医药产品的生命周期问题，并且医药行业的产品市场生命周期也是一个相对概念。医药行业在不同的国家，其产品的生命周期也是不一致的。有的医药产品在发达国家已经进入成熟期或衰退期，而在发展中国家则可能刚进入导入期。

（4）不同的医药产品具有不同的生命周期，各种医药产品在生命周期整个过程中的表现形式，并不完全与图 7-2 的情况一致。事实上，医药产品在市场上受到各种因素的影响，各种不同医药产品或同一种医药产品的不同阶段所经过的时间长短是不同的，而且还有许多医药产品没有按市场生命周期的正常规律发展。譬如，有的医药产品刚进入市场就“夭折”了；有的医药产品进入市场后几经波折才缓缓进入成长期；有的医药产品刚上市就急速成长，迅速打开销路；有的医药产品进入成熟期或衰退期后，又出现多个成长期等。

二、医药产品生命周期各阶段的特点

医药产品所处不同的生命周期时其产品本身、销售量、费用与成本、利润、顾客类型与态度、竞争对手等都有不同的特点，以下是典型的医药产品生命周期阶段的特点。

1. 导入期的特点

（1）产品本身：生产批量小，产品规格、形态单一，产品性能、质量不稳定，价格较高。

（2）销售量：市场需求量较小，销售额增长较缓慢。

（3）费用与成本：推广渠道少，产品促销推广费用较昂贵，市场营销成本高。

（4）利润：因为销量少、成本高，企业利润很低，甚至可能亏本。

（5）顾客类型与态度：顾客对新产品的性能、用途等方面较陌生，缺乏全面了解和信任。由于顾客接受新产品往往需要经历缓慢的试用过程，建立对产品的信任需要一段时间。销售人员所面对的终端顾客主要是革新者和早期采用者。

（6）竞争对手：生产同类产品的企业较少，市场竞争环境较宽松。

2. 成长期的特点

（1）产品本身：生产规模不断扩大，产品规格、形态逐渐丰富，产品性能、质量稳定，产品价格维持不变或略有下降。

（2）销售量：部分区域市场的销售量得到快速提升，产品已经渗透到二、三级市场，终端铺货率提升到80%以上；新的区域市场被不断开拓并开始“精耕细作”，产品销售量快速增长。

（3）费用与成本：生产成本大幅下降；为满足竞争或继续培育市场的需要，维持与导入期同等的促销费用或把水平略微提高；而销售量和销售额的快速上升，使费用率不断下降。

（4）利润：由于销售量快速增长，生产成本和促销成本大幅下降，利润得到快速增长。

（5）顾客类型与态度：产品的功能、用途逐渐被顾客了解并接受，早期顾客乐于继续使用该产品，众多新顾客（早期大众）开始追随消费。

（6）竞争对手：生产同类产品的企业增加，市场上开始出现竞争。

3. 成熟期的特点

（1）产品本身：产品在市场上已经被广泛接受；生产规模稳定在较高的水平，但不再扩大；产品规格、形态非常丰富，产品性能、质量稳定。

（2）销售量：产品销售量达到最大，销售增长率呈下降趋势；市场占有率提高，大部分区域市场的销售量稳定在较高的水平，产品已经渗透到二、三级市场，终端铺货率提升到90%以上；市场容量接近饱和，销售量需要依靠“精耕细作”来维持。

（3）费用与成本：生产成本稳定在一个较低的水平，但营销费用迅速增加。

（4）利润：利润稳定或呈下降趋势。

（5）顾客类型与态度：购买者中增加了大量的“晚期大众”，消费群体进一步扩大，潜在顾客已很少。

（6）竞争对手：市场上出现更多的竞争对手，各种品牌的类似产品、仿制品不断涌现；销售增长率的减慢使得整个行业中的生产能力过剩，而生产能力的过剩又导致竞争加剧。

4. 衰退期的特点

（1）产品本身：产品在市场上已经非常饱和；生产能力过剩；产品处于老化状态，不能再满足消费者新的需求；随着科技不断发展和消费需求水平的提高，市场上出现新产品或新的替代品，产品处于被淘汰退出市场的过程中。

（2）销售量：产品销售量由缓慢下降变为急剧下降。

（3）费用与成本：市场竞争以价格竞争为主要手段。

（4）利润：利润急剧下降。

（5）顾客类型与态度：顾客的需求及兴趣迅速转移；大多数顾客在这一阶段纷纷撤出，转而注意新的替代品，只有少数"落伍者"成为产品的顾客，他们会零星地、短期地购买产品。

（6）竞争对手：原有市场竞争者逐渐退出市场转而开发新产品；剩余的对手多以价格竞争作为主要手段在做资金回收的努力。

三、医药产品生命周期各阶段的营销策略

医药产品生命周期各阶段的营销策略因为各阶段的特点不同而不同，具体如下。

1. 导入期的营销策略 导入期应进行广泛宣传推销，建立产品知名度，吸引潜在顾客的注意和试用，争取打通分销渠道，迅速占领市场。企业为产品制定营销组合可以从以下几个方面来考虑。

（1）产品策略：市场与销售部门应及时了解市场对新产品的反馈信息，并据此提出改进产品质量、包装，丰富品种、规格的建议。随着产品生产和销售日益走上正轨，生产部门和质量管理部门应进一步加强内部管理，降低产品生产成本。

（2）渠道策略：一般情况下，销售部门应着重选择具有销售同类产品经验的经销商进行市场的开拓。

（3）价格策略和促销策略：企业在推出新产品时，可以根据产品本身特点、企业知名度和市场情况，确定医药产品定价的高低、促销费用投入的多少。一般情况下有以下四种可供选择的策略（图7-3）。

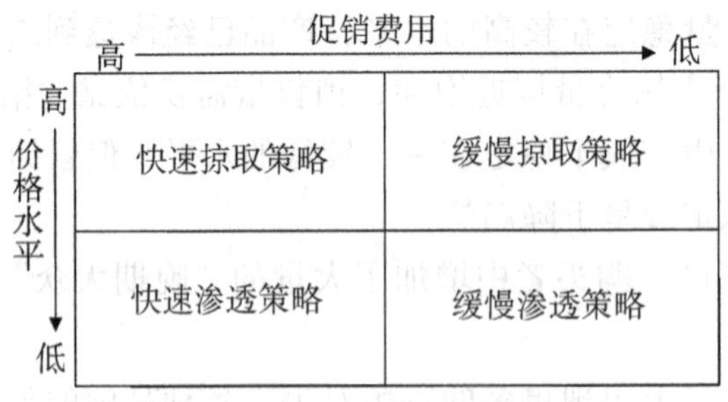

图7-3 导入期的营销策略

1）快速掠取策略（高价高促销策略）：企业以高价格和高促销水平的方式推出新产品。这种策略的形式是在采取高价格的同时，配合大量的宣传推广活动，广泛宣传

新药的特点，迅速将新药推向市场。

这种策略主要适用以下情况：该医药产品的潜在市场需求量大，只是目前潜在市场的大部分人还不知道该产品；该医药产品的品质高，功效比较特殊，很少有其他医药产品可替代；知道该产品的人渴望得到它并有能力出高价购买；企业面临着潜在的竞争，必须尽快建立品牌偏好，树立良好的企业形象。

2）缓慢掠取策略（高价低促销策略）：企业以高价格和低促销方式推出新产品。企业在采用高价格的同时，只用很少的促销费用，减少销售成本，尽快收回投资，从而获取尽可能多的利润。

采用这一策略的适用条件是：目标市场的潜力和规模有限；大多数潜在消费者已了解或熟悉该医药产品；适当高价，消费者能接受且愿意出高价购买；潜在竞争并不迫在眉睫。

3）快速渗透战略（低价高促销策略）：以低价格和高促销水平的方式推出新产品。企业在采用低价格的同时做出巨大的促销努力，使医药产品迅速进入市场，有效地限制竞争对手的出现，为医药企业带来巨大的市场占有率。

该策略的适用范围很广泛，主要适用于以下情况：该医药产品有相当大的市场容量；消费者对该产品不太了解；大多数购买者对价格敏感，即该医药产品的需求价格弹性大，只能采用低价；潜在竞争很激烈；随着生产规模的扩大和制造经验的积累，企业的单位制造成本会下降。

4）缓慢渗透策略（低价低促销策略）：以低价格和低促销水平的方式推出新产品。企业在进入市场时采取低价格，同时不做大的促销努力。低价格本身就具有促销作用，利于市场快速接受该产品；低促销又能使企业降低成本，以弥补低价造成的低利润或亏损。

这一策略的适用条件是：该医药产品有相当大的市场容量，以低价去占领市场是值得的；消费者对该医药产品已有所了解，促销作用不明显；消费者对价格相当敏感，需求价格弹性大，低价有助于扩大销售；潜在竞争激烈，企业为提高竞争力应采取降价措施。

案例讨论

全球大型跨国医药企业的研发能力很强，研发经费投入比较大。2014—2015年，这些医药企业的研发方向主要集中在基因病、癌症、白血病等方面，对各类新药研发稳步推进。

讨论：这些大型跨国医药企业研发出的新药在进入市场导入期时，主要采取的价格促销策略是怎样的呢？

（4）促销组合策略：促销组合在导入期有着重要的宣传功能，组合中各要素在该阶段有各自的适用条件。广告和公共关系适合于建立较高的知名度；促销能促进顾客尝试使用；人员推销的重要性处于次要地位，但可以通过人员推销来说服中间商更多地进货。所以制定该阶段的促销组合策略时应考虑以下几点：①增加广告预算等促销费用；②利用广告和公共关系大力宣传新品牌，让顾客了解和熟悉该产品；③辅以促销手段促使顾客早期试用。

该阶段市场营销策略的重点要突出“快”和“准”，“快”即尽量缩短导入期时间，使医药产品迅速进入成长期；“准”即准确选择医药产品投入市场的时机并确定合适的价格。

2. 成长期的营销策略 企业在成长期的营销重点应放在保持并扩大市场占有率，提高产品市场竞争能力，加速销售额的增长，提高产品知名度，树立良好的品牌形象方面。此外，企业还应注重成长速度的变化，一旦发现成长速度由递增变为递减时必须适时调整策略。这一阶段可以从以下几个方面考虑来制定营销策略。

（1）产品策略：继续改进产品质量，完善产品性能；不断增加新产品的特色，在产品的商标、款式、规格等方面做出改进，改良产品的包装和服务，增加产品新的用途，争创品牌药。

（2）渠道策略：进一步细分市场，进入新的分销渠道，创造新的用户。

（3）价格策略：企业可保持原价或适当调整价格，以保持声誉和吸引更多的消费者。

（4）促销组合策略：采取鼓励性促销措施，提高顾客对产品的信任度，使早期大众尽早地做出购买决策，更多地加入购买行列中来；市场部门可以适当减少整体促销费用，同时，在财力可以承受的前提下适当增加广告预算，通过公益性的公共宣传活动增强品牌的辐射力，配合人员推销等手段以扩大销售。

该阶段是医药企业销售的黄金时期，市场营销策略的重点应侧重一个“好”字。即企业在扩大产量和提高利润的同时应进一步提高产品质量和服务质量，切忌因产品的畅销而急功近利，疏于产品的质量管理。与此同时，企业应加强品牌宣传，力争创名牌，树立企业及产品的良好形象，保持良好的声誉。

3. 成熟期的营销策略 成熟期是企业获取利润的黄金阶段，随着销售量的增多，投入相对会减少。由于市场竞争激烈，企业应系统地考虑市场、产品及营销组合以调整策略，采取措施确保市场占有率和努力延长产品的成熟期。

（1）市场调整策略：又称市场多元化策略，即通过努力开发新市场、寻求新用户来保持和扩大自己的产品市场占有率。通常有以下几种方式。

1）通过努力寻找市场中未被开发的部分，开发产品的新用途，寻求新的细分市场。

2）通过宣传推广，刺激现有顾客，促使顾客更频繁地使用产品或每一次使用更多的量，以增加现有顾客的购买量。

3）通过市场细分，努力打入新的市场区域，进入新的细分市场。例如，对地理、人口、用途的细分，从广度和深度上开拓新市场。

4）重新为产品定位，寻求新的买主，赢得竞争者的顾客。

（2）产品调整策略：又称为“产品再推出”，指以产品自身的调整来满足消费者的不同需求，吸引有不同需求的消费者，从而提高销售量。产品整体概念的任何一个层次的调整都可视为产品再推出。产品的再推出可采用如下几种形式。

1）质量调整：增加产品的功能性效果，目的注重于增加产品本身的功能特性，如安全性、有效性、缓释性、控释性及口感等。例如，国外“青霉素”从需要做皮试到不需要做皮试，安全性更高。

2）特点调整：目的注重于增加产品的新特点，扩大产品的新适应证或新用途、新理论等，从而使这一成熟的老产品又以新的面孔推向市场，注入了新的活力。

3）剂型及包装调整：增加产品美感上的需求。如规格大小、重量、材料质量、添加剂及附属品等。目的注重于使每个厂家可以获得一个独特的市场个性，以获得忠诚度，改进后增加疗效或方便使用。例如，“硝苯地平”由普通片剂一日 3~4 次，到缓释剂一日 2 次，再到目前的控释片一日 1 次。

案例讨论

阿司匹林作为解热镇痛药跻身医药市场，但上市多年后解热镇痛药市场竞争十分激烈，市场份额逐渐被非阿司匹林类解热镇痛药抢占。就在这一关键时刻，研究人员发现小剂量“阿司匹林”可以抑制血小板凝集，能用来预防冠心病与心肌梗死，从而使其成功地进入了这一新的细分市场。目前小剂量的阿司匹林又成功地进入了癌症预防药市场，使其生命不断延长。

讨论：阿司匹林的生命周期是如何延长的？说出一个你熟悉的类似的医药产品例子。

（3）营销组合调整策略：指通过改变定价、销售渠道及促销方式来延长产品的成熟期。即企业通过调整营销组合中的某一因素或者多个因素，以刺激销售的增长，主要手段有：

1）通过降低价格来增强竞争力。

2）改变广告方式以引起消费者的兴趣。

3）采用多种形式的促销活动。

4）改进服务，为用户提供物流帮助、技术咨询、家庭门诊等服务。

5）扩展销售渠道，扩大顾客的数量，提高顾客的使用率。进入新的细分市场探求其中任何一个顾客群增加产品购买的可能性；争取竞争对手的顾客；设法使顾客更频繁地使用该产品；引导顾客在每次使用时增加该产品的使用量；努力发现该产品的各种新用途，并让顾客从使用产品的更多用途中受益。还可以发展集团购买市场，营销人员应考虑和（或）尝试工矿企业、政府机关团购及网上团购等大宗消费的可能性等。

该阶段市场竞争十分激烈，医药企业市场营销策略的重点是“改”和“长”。“改”即对原有医药产品市场和营销组合进行改进和调整；“长”即努力扩大原有市场份额，尽量延长医药产品的市场生命周期，推迟衰退期的到来。

4. 衰退期的营销策略 当产品进入衰退期时，销售额、利润、市场占有率等下降。产品进入衰退期的原因主要有：新的替代产品出现，消费者用药习惯改变，产品的副作用被认知，治疗效果不佳等。当然也有可能产品还具有发展潜力，只是企业的市场营销策略不当。因此，企业要正确地认识产品在市场中的地位，并及时制定合适的营销策略。

（1）维持策略：指企业在目标市场、价格、销售渠道、促销等方面维持现状。由于这一阶段很多企业会自行退出市场，因此，对一些有条件的企业来说，并不一定会减少销售量和利润。使用这一策略的企业可配以延长产品生命周期的策略。延长产品生命周期的途径主要有以下几种。

1）降低产品成本，利于进一步降价。

2）增加产品功能，开辟新的用途。

3）通过市场调查研究，开拓新的市场。

4）改进产品设计，以优化产品性能、质量、包装、外观等。

（2）缩减策略：指在保证获得边际利润的条件下，为满足部分老顾客的需求，有限地生产一定数量的产品。

（3）撤退策略：指企业决定放弃经营某种产品以撤出目标市场。

产品在此阶段出现了较大的生产能力与萎缩的市场之间的矛盾。因此，对大多数

在运用产品生命周期理论设计营销策略的过程中，我们会遇到这样的实际问题：如何识别现阶段某产品处于其生命周期的哪个阶段？该产品何时会进入下一阶段？

在实践中，我们还很难预计下一个产品生命周期阶段的销售水平、时间长度及相关曲线的形状。一种产品似乎可能进入了成熟期，而实际上它可能只是达到成长阶段另一个高潮以前的某一段暂时的低成长期。

假如某个品牌已被消费者接受，但是这几年销路不好，这可能是因为其他因素的影响。例如，广告太少，在主要连锁店中没有被陈列，或有大量“仿制”的竞争产品进入市场。如果管理层不去思考改正措施，反而认为它的品牌已经进入衰退阶段，撤回促销预算的费用，其结果只会越来越糟。显然，产品生命周期是一个由营销活动来决定的因变量，而不是一个要公司的营销方案来适应它的自变量。判断产品所处的生命周期阶段，通常需要运用定性分析（如特征分析、类比分析）和定量分析（如产品的普及率法、销售增长率法）相结合的办法。

企业而言，应当机立断及时实现产品的更新换代。营销策略的重点应抓好一个“转”字，即转向研制开发新药或有计划、有步骤地转入新的市场。

第三节　医药产品品牌策略

品牌在日常生活中常被称为“牌子”。品牌是企业产品策略的重要组成部分，也是企业的无形资产，有著名品牌的企业可获得高溢价。如辉瑞、葛兰素史克等著名医药企业建立了大量的品牌忠诚市场。

一、品牌与商标

美国市场营销协会（AMA）对品牌的定义：品牌是一种名称、术语、标注、符号或设计，或是它们的组合运用，其目的是借以辨认某个销售者或某群销售者的产品或服务。

从上述定义中可以看出，品牌是一个复合概念，主要由品牌名称、品牌标志和商标三个部分组成。

品牌名称是指品牌中可以用语言称呼的部分，可以是词语、字母、数字或词组等的组合，如“同仁堂”“胡庆余堂”“雷允上”“三精”“江中”等都是品牌名称。

品牌标志是指品牌中可以被识别的但又不能用语言称呼的部分，如符号、字体、图案、色彩等。如美国百时美施贵宝公司的“蓝色六边形宝石花”，瑞士诺华公司的“火焰”等。

在西方一些国家，商标是个法律术语，品牌或品牌中的一部分依法注册登记为商标。在我国商标的概念有所不同，商标即品牌，是个统称，商标又有注册商标与非注册商标之分。依法通过商标管理部门注册的品牌称为注册商标，受法律保护，依法享有专用权、转让权等，其他任何企业都不得仿效使用。使用注册商标应当标明“注册商标”字样或在其右上角加注“®”。

二、品牌的内涵、分类及作用

（一）品牌的内涵

品牌是向消费者传递的一种信息，其蕴含着丰富的市场信息。一个品牌的内涵具体来说主要包括以下六个方面的内容。

1. 属性　即该品牌产品区别于其他品牌产品的最本质的特征，如功能、质量、价格等，这是品牌最基本的内涵。

2. 利益　品牌不仅代表着一系列属性，而且还体现着某种特定的利益，或者说是使用该品牌产品能给消费者带来的实际利益。

3. 文化　品牌还蕴含着特定的文化内涵，是社会物质形态和精神形态的统一体。

4. 个性　品牌还能代表一定的个性，个性是品牌的灵魂，是品牌与消费者沟通的心理基础。不同的品牌会使人们产生不同的品牌个性联想。

5. 使用者 品牌往往暗示了购买或使用该产品的消费者类型。把消费者从年龄、心理等角度区分开来，有助于产品的市场细分、目标市场选择及市场定位。

6. 价值 品牌体现了生产者的某些价值感，是品牌向消费者承诺的功能性、情感性及自我表现的利益。

（二）品牌的分类

品牌的种类可从不同角度划分，如按品牌构成、品牌的使用者等分类。

1. 按品牌的构成分类

（1）文字品牌：指直接由文字构成的品牌，包括汉字品牌和字母品牌。如“江中”“善胃得”等。

（2）图形品牌：指仅由图形构成的品牌，如西安杨森制药有限公司的标志。

（3）符号品牌：指由各种符号构成的品牌。如我国的“太阳神”牌保健品以简练圆形（象征太阳）与三角形（“人”字形）组合而成。

（4）组合品牌：指数字、图形、符号相互组合而形成的品牌。

2. 按品牌的使用者分类

（1）制造商品牌：指制造商建立的品牌。如“江中”牌复方草珊瑚含片为江中药业股份有限公司生产，再如“同仁堂”“强生”等均为制造商品牌。

（2）经销商品牌：也称中间商品牌，指中间商创建的品牌。如“老百姓”“海王星辰”等。

（3）服务商品牌：指服务提供者为自己的服务设计的品牌。如“中日友好医院”等。

3. 按品牌辐射区域分类

（1）区域品牌：指在一个较小的区域内生产销售的品牌。

（2）国内品牌：指国内知名度较高，产品在全国范围销售的品牌。如哈药集团、云南白药集团等在国内都比较知名。

（3）国际品牌：指在国际市场上知名度较高，甚至辐射全球的品牌。如辉瑞、葛兰素史克、罗氏、默沙东等医药品牌。

品牌分类的方法除了以上几种外，还有许多其他的标准和方法。如按照品牌的本体特征可分为个人品牌、企业品牌、城市品牌、国家品牌、国际品牌等；按照品牌的原创性与延伸性可分为主品牌、副品牌等；按照品牌所在行业的不同可以划分为医药业品牌、家电业品牌、食品饮料业品牌、日用化工业品牌等。

（三）品牌的作用

在现代医药市场营销中，品牌的作用不断扩大，主要体现在以下几个方面。

1. 品牌有利于促进医药产品的销售 现代化的广告及其他宣传方式突出品牌的形象和地位，会给消费者留下深刻的印象，起着指示消费者购买行动方向的作用，从而稳定和扩大销量，增加企业的效益。

2. 品牌有助于监督和提高医药产品质量 药品生产企业、药品经营企业、医药产品本身的品牌依法注册为注册商标后，就有利于监督医药产品和服务的质量，维护消费者的合法权益。

3. 品牌可标明医药产品的出处　品牌属于企业的一种工业产权，通过品牌标示医药产品的来源，指明医药产品的出处。通用名相同的医药产品，通过品牌便可使消费者把医药产品与医药企业联系起来，品牌也成了医药企业有力的竞争工具。

4. 品牌是医药企业及其产品和服务质量的标识　由于医药产品的特殊性，其内在质量难以辨认。品牌可以代表医药企业及其产品和服务的质量、特色，这既便于医药企业订货，也便于消费者选购。随着 OTC 药品市场的发展，消费者往往是先参考药品的说明书，再"认牌购药"。如一谈及"北京同仁堂"，消费者马上会与"百年老字号""质量、信誉可靠"联系起来。

5. 品牌有利于法律保护　品牌还具有维护医药企业及其产品或服务的权利的作用。品牌也即商标，一经注册为注册商标，即受法律保护，享有商标专用权，可以防止他人模仿、抄袭或假冒。

6. 品牌有利于控制和扩大市场　品牌是控制市场的武器。相当一部分的医药生产企业为了扩大销售，往往在某种程度上依赖中间商分层分销，从而削弱了医药企业对市场的控制力。企业若有自己的品牌，就可以直接与市场沟通，从而有效地控制市场。

7. 品牌有利于新产品的开发　在日趋激烈的医药市场竞争环境中，医药企业不推出新产品，往往很难实现增长目标，甚至无法生存。推出医药新产品是一项艰巨而复杂的工作，医药企业若在原有品牌的生产线中增加新产品，则比较容易被市场接受。

三、成功品牌具备的条件

（一）成功品牌设计的基本要求

1. 必须符合《中华人民共和国商标法》规定　《中华人民共和国商标法》规定了商标和注册商标禁止使用的文字、图形：

（1）同中华人民共和国的国家名称、国旗、国徽、军旗相同或者近似的。

（2）同外国的国家名称、国旗、国徽、军旗相同或者近似的。

（3）同政府间国际组织的旗帜、徽记、名称相同或者近似的。

（4）同"红十字""红新月"的标志名称相同或近似的。

（5）本商品的通用名称和图形。

（6）直接表示商品的质量、主要原料、功能、用途、重量、数量及其他特点的。

（7）带有民族歧视的。

（8）夸大宣传并带有欺骗性的。

（9）有害于社会主义道德风尚或者有其他不良影响的。

2. 应易于识别与记忆，内涵丰富且能启发品牌联想

（1）品牌应易读、易记、易于识别：在医药产品品牌的汪洋大海中，要想使品牌被消费者记住，首要的一点是，品牌名称应让消费者易读、易记。品牌名称只有易读、易记，才能高效地发挥它的识别功能和传播功能。

（2）暗示产品属性，启发品牌联想：品牌名称还可以暗示产品某种性能和用途。如"999 胃泰"，它暗示该产品在医治胃病上的专长。

3. 体现医药企业、医药产品特色

（1）应与医药企业、医药产品相配：品牌标志设计应选择医药企业和医药产品特色的造型与色彩。

（2）应适应医药市场环境：不同国家或地区的消费者因民族文化、宗教信仰、风俗习惯、语言文字等的差异，使得消费者对同一品牌名称的认知和联想是截然不同的。因此，品牌名称要适应目标市场的文化价值观念。在品牌全球化的趋势下，品牌名称应具有世界性。

4. 能防止竞争产品抄袭、模仿 应加强品牌要素的受保护程度，不但要受到法律保护，而且要防止竞争产品抄袭、模仿等。

（二）常用的成功品牌决策

医药企业营销人员应依据医药产品及医药企业内、外部因素进行富有挑战性的品牌决策，这些决策主要有以下几种。

1. 品牌化决策——用品牌与不用品牌 时至今日，很少有产品不使用品牌，甚至食盐、鸡蛋、砖头也都冠以品牌。分销商把品牌作为一种手段，用以方便产品经营，增强消费者购买偏好。消费者要求有品牌，以帮助其识别产品质量。但有些情况下，一些日常消费品又回到了“无品牌”状态。如无品牌的阿司匹林价格通常低 30%左右。

一般来说，可以不使用品牌的产品主要有以下几类：①产品本身不具备因制造商不同而形成的质量特点的产品，如钢材、水泥等产品，这种产品只要规格相同，不同企业产品的质量是相近的；②生产工艺简单，没有一定技术标准，选择性不大的产品，如小农具、小商品；③习惯上不必认定品牌购买的产品；④临时性或一次性生产的商品。不使用品牌的营销者的目的主要是节约广告和包装费用，以降低成本和售价，吸引低收入的购买者，增强企业的竞争能力。

而对于医药产品来说，绝大多数必须使用品牌。要使一个品牌成功地打入市场，企业往往要花费巨额的费用，导致成本的大量增加。但是，这也可以使企业得到以下好处：规定品牌名称可以使经销商易于管理订货；注册商标可使企业的产品特色得到法律保护，防止别人抄袭、模仿；品牌化使经销商有可能吸引更多的品牌忠诚者；品牌化有助于企业细分市场；品牌有利于帮助企业树立良好的形象。

2. 品牌归属决策——制造商品牌与中间商品牌 品牌归属决策即产品选择谁的品牌来使用。对药品生产企业来说，可以用制造商品牌，也可以用中间商品牌，也可以二者并存。

（1）制造商品牌：也称生产者品牌，指药品生产企业使用自己的品牌。目前，绝大多数药品生产企业的产品还是使用制造商品牌，这样更有利于树立产品、企业品牌，体现企业的经营特色与经营优势。如北京双鹤、美国强生等。

（2）中间商品牌：指中间商向药品生产企业大量购进产品或加工订货，用中间商的品牌把产品销售到市场上。目前随着医药商业的不断发展，这种中间商品牌越来越多。比如，国内医药零售连锁药店海王星辰在药品销售领域已经开始向药品生产商贴牌海王星辰集团自有的商标，当然这些贴牌生产的药品都是由海王星辰集团严把质量关，控制进入渠道，并且只能在海王星辰的连锁药店内销售。这样不仅有利于药品生产企业，尤其是中小型药品生产企业的产品在市场上的销售，也有利于海王星辰连锁药店塑造自己的经营品牌，增强对供货商在产品质量和价格上的控制力。

（3）制造商和中间商共存品牌：药品生产企业将自己的产品一部分使用企业自身所赋予产品的品牌，另一部分则使用产品销往的中间商所属的品牌。这种产品品牌策略主要适用于一些中小型药品生产企业。当这些中小型药品生产企业在其产品专门供应像海工星辰这样的大型药品连锁经营企业或其他实力强大的中间商的时候，就采取搭便车的方式，用经销商的牌子；而在其他的销售渠道中，如在单体药店或者其他中小型药店时，就采用自己企业的牌子。一边自己创品牌，一边搭经销商的便车进行贴牌，以此收获产品利益及品牌利益的最大化。

一般当医药企业具有较好的实力、良好的声誉、较大的市场占有率的情况下，多使用制造商品牌，反之则适宜采用中间商品牌。尤其是中小型医药企业利用中间商的信誉，使自己的医药产品能更加迅速地进入市场。

3. 品牌名称决策　医药企业如果决定其大部分或全部医药产品都使用自己的品牌，它还必须给自己的医药产品选择品牌名称。这里有如下几种策略。

（1）个别品牌策略：企业对不同的医药产品分别使用不同的品牌名称。采用这种品牌战略的好处是，它没有将公司的声誉系在个别产品的成败之上，从而提高了企业的抗风险能力。若某一品牌医药产品失败或出现其他不利情况，不会损害制造商的声誉。

个别品牌策略主要有两种形式：第一种形式是对企业的各个产品项目分别采用不同的品牌；第二种形式是对企业的各类产品（即产品线）分别采用不同的品牌，以区别产品的大类，树立各自品类的形象。

（2）统一品牌策略：企业对所有的医药产品都统一使用一个品牌。采用这种品牌策略的好处是引进一个产品的费用较少，不用为建立品牌名称认知和偏好而花费大量广告费；当已有品牌在市场上有良好的形象和口碑时，有利于新产品迅速进入。在统一品牌下，各种产品能相互影响，扩大销售，比如江中集团旗下的草珊瑚含片、健胃消食片等产品也都统一使用“江中”这一品牌，这些产品在市场上的销售都非常不错。

使用统一品牌策略必须具备两个条件：第一，已有的品牌具有一定的市场基础和品牌知名度；第二，所有产品具有相同或者相近的质量水平，如果不同种类产品的质量水平不同，使用统一品牌就会影响品牌的信誉，从而损害具有较高质量水平的产品的声誉。此外，当各类产品之间差异性较大时，容易使消费者感到无所适从，甚至造成误会，不利于品牌形象的建立。

（3）企业名称与个别品牌相结合策略：指不同类别的产品分别采取不同的品牌名称，并且在品牌名称之前都加上企业的名称。运用这种策略的如丽珠集团的丽珠感乐、丽珠得乐等。企业名称可使产品正统化，而个别品牌又使产品个性化。这种策略用于新产品的开发。在新产品的品牌名称前加上企业名称，可以使新产品享受企业的声誉，而采用不同的品牌名称，又可使各种新产品显示出不同的特色，保持相对的独立性。

4. 品牌战略决策 常见的战略决策主要有产品线扩展策略、品牌延伸策略、多品牌策略、新品牌策略和合作品牌策略等。

（1）产品线扩展策略：指企业现有的产品线使用同一品牌，当该产品线增加新产品时，仍沿用原有品牌。这种新产品往往是现有产品线的扩展，如增加新的功能、规格、剂型等。

使用产品线扩展策略的原因是多方面的，如企业可以充分利用过剩的生产能力，以免造成生产资源的浪费；也可以是企业为满足新的消费者的需求；或者是推出新产品与其竞争者抗衡。一般来说，产品线的扩展可以提高新产品的存活能力，对新产品进入市场起到推动作用。

但是，产品线扩展策略也有一些弊端，比如它可能使现有品牌名称丧失它特定的意义。随着产品线的不断扩展，会淡化原有的品牌形象，增加消费者认知和选择的难度；有时因为原来的品牌过于强大，致使产品线扩展混乱，加上销售数量不足，难以冲抵它们的开发和促销成本；如果消费者未能在心目中区别出各种产品时，会造成同一种产品线中新老产品相互冲突的现象，而这一现象与企业使用产品线扩展策略的初衷是相悖的。

（2）品牌延伸策略：指企业将某一知名品牌或某一具有市场影响力的成功品牌扩展到与原产品或成名产品不尽相同的新产品上，以凭借现有成功品牌推出新产品的过程。

品牌延伸策略具有以下优点：①可以加快新产品的定位，保证企业新产品投资决策迅速、准确；②有助于减小新产品的市场风险；③有助于降低新产品的市场导入费用；④有助于强化品牌效应，增加品牌这一无形资产的经济价值；⑤能够增强核心品牌的形象，能够提高整体品牌组合的投资效益。比如北京同仁堂就成功地运用品牌延伸策略，在其所生产的各个药品、保健品及美容产品中，都运用“北京同仁堂”商标，取得了很好的效益。

当然，品牌延伸策略也存在一定的风险，主要表现在：过多的品牌延伸会淡化品牌的特性，模糊差异与定位，破坏产品间的销售关系；若品牌延伸策略使用不当，会损害原有品牌的形象，会与消费者现有的消费心理相悖；不恰当的品牌延伸，会引起株连效应，牵连无辜品牌。

品牌延伸策略从表面上看是扩展了新的产品或产品组合，实际上，从品牌内涵的角度看，品牌延伸还包含品牌情感诉求的扩展。一般来说，品牌延伸策略主要是在产业上延伸和在产品档次上延伸。从产业上进行品牌延伸，指从产业相关性分析，可向上、向下或同时向上向下纵向延伸。在产品档次上进行品牌延伸，主要包括以下三种方法：①向上延伸（即在产品线上增加高档次产品生产线）；②向下延伸（即在产品线中增加较低档次的产品生产线）；③双向延伸（即同时增加高档和低档产品以扩大市场阵容）。

（3）多品牌策略：是指一种产品赋予一个品牌，不同产品品牌有不同的品牌扩张策略。一个品牌只适合一种产品、一个市场定位，可最大限度地显示品牌的差异化与个性。多品牌策略强调品牌的特色，并使这些特色伴随品牌深深地植入消费者的记忆中。世界著名的日用化学品生产企业宝洁（P & G）公司率先成功地使用了这一策略。

多品牌策略可以满足消费者的不同需求，扩大企业销售；也有利于企业内部品牌之间的竞争，提高经营效率。但多品牌策略对企业实力及其管理能力要求较高，对市场规模的要求也较高。因此，企业采取此品牌策略应慎重。

（4）新品牌策略：指企业为新产品设计新品牌的策略。当企业在新产品类别中推出一个产品时，可能发现原有的品牌名并不适合这个新产品，或是对新产品来说有更好、更合适的品牌名称，企业就需要设计新的品牌名称。例如，原来生产保健品的养生堂开发饮用水时，使用了更合适的品牌名称“农夫山泉”。

（5）合作品牌策略：指两个或更多的品牌在一个产品上联合起来使用的策略。每个品牌都期望另一品牌能强化产品的整体形象、增强消费者的购买欲望，从而对品牌的影响力产生积极作用。

5. 品牌重新定位决策　由于销售者偏好的变化或新的竞争者的出现，企业可能必须对品牌重新定位。更新品牌包括两种类型：骤变型品牌策略和渐变型品牌策略。骤变型品牌策略即废弃原有的品牌而代之以新的品牌。渐变型品牌策略即逐渐改变原有的品牌，使新、旧品牌在某些方面保持一定的相似性，既通过不断改进完善新品牌又保持旧品牌的基本形象。

企业在进行品牌重新定位时，一定要综合考虑、慎重决策。要考虑两方面的因素：一方面要考虑品牌重新定位的成本费用，包括改变产品品质的费用、包装费用、广告费用等；另一方面要考虑品牌重新定位后的收益。企业营销管理者应对各种品牌重新定位方案可能的成本与收益进行综合分析，从而选择最佳方案。

四、品牌的传播

（一）品牌传播的概念及特点

品牌传播就是企业以品牌的核心价值为原则，在品牌识别的整体框架下，通过广告、公共关系、销售促进、人际等传播方式，将特定品牌推广出去，以树立品牌形象，建立消费者对企业品牌的偏好，从而促进市场销售。有效的品牌传播一方面可以使品牌为广大消费者和社会公众所认知，培养消费者的忠诚度，使品牌得以迅速发展；另一方面还可以实现品牌与目标市场的有效对接，为品牌及产品开拓市场奠定宣传基础，从而树立企业形象。

品牌传播具有以下特点：①受众的目标性。品牌传播需要有确定清晰的目标受众，必须结合产品的市场定位等针对目标受众决定品牌传播的方式、方法和内容。②信息的聚合性。虽然品牌的名称、图案、色彩、包装等所含信息有限，但构成了品牌传播的信息源，如“产品的特点”“品牌的认知与联想”等深层次的因素，凝聚了丰富的信息。③媒介的多元性。品牌传播的媒介非常广泛，日益多元化，如报纸、杂志、电视、广播、网络、车体、灯箱、路牌、海报、公交电视、移动通信等。④操作的系统性。在品牌传播过程中不但要追求近期传播效果，而且要追求长远的品牌效应，因此需要进行系统的操作。

（二）品牌传播的方式

药品品牌传播主要通过广告、公共关系、销售促进和人际四种方式进行传播。这四种方式既可以单独使用，也可以联合应用。

1. 广告传播 广告传播是品牌传播最重要的方式，指品牌所有者通过付费的方式，委托广告经营者通过传播媒介，以策划为主体，以创意为中心，对目标受众所进行的以品牌名称、品牌标志、品牌定位、品牌个性等为主要内容的广告宣传活动。

医药企业通过广告进行品牌传播时需要注意：①要对目标市场进行调查分析，充分了解消费者的消费心理和消费习惯，找到合适的广告诉求点。②在不同的时期，对广告的制作和发布采取不同的策略，以此达到品牌传播的最佳效果。③要选择好媒体，注意广告媒介的选择和资源投入的比例。④应有长远规划。由于广告效果具有滞后性，如果一个广告播放一段时间后，看到效果不明显就不播了，这是很不明智的选择。

2. 公共关系传播 公共关系是企业形象、品牌、文化、技术等传播的一种有效方式，指通过投资者关系、员工、事件管理及其他非付费方式进行传播。公共关系可为企业在品牌传播方面解决以下问题：①塑造品牌知名度、美誉度和信任感，树立企业在消费者心目中的形象。②促进品牌资产的增值。③通过危机公关或标准营销，化解组织和营销压力。

3. 销售促进传播 销售促进传播是指通过鼓励消费者对产品和服务进行尝试或促进销售等活动而进行品牌传播的一种方式，常用方式有礼品赠送、有奖销售、购物券赠送等。销售促进传播主要用来吸引品牌转换者，它在短期内能产生较好的销售效果，但从长远的角度来看，大量使用销售推广会降低消费者对品牌的忠诚度，使顾客对价格变得比较敏感，淡化品牌的质量概念。然而对小品牌来说，销售促进传播会带来较大好处，因为小品牌负担不起与市场领导者相匹配的大笔广告费，通过销售促进方面的刺激，可以吸引消费者使用该品牌。

4. 人际传播 人际传播指通过企业人员的讲解咨询、示范操作、服务等方式，使公众了解和认识企业，并形成对企业的印象和评价，这种评价将直接影响企业形象。

人际传播是形成品牌美誉度的重要途径，在品牌传播的方式中，人际传播最易为消费者接受。不过，人际传播要想取得一个好的效果，就必须提高人员的素质，只有这样才能发挥其积极作用。在医药产品，特别是处方药的品牌传播中，销售代表与医生之间的人际传播，对处方药的品牌传播有着比较重要的作用。

品牌传播与传播方式的选择及设计密切相关，如果传播方式选择不当、设计不合理，就不可能收到好的传播效果。因此，医药企业在进行药品品牌传播时，一定要把传播方式的选择和设计放在重要的位置。

五、品牌资产的管理

（一）品牌资产的概念及意义

品牌资产是一个系统的概念，指一种超越商品有形实体以外的价值，它与品牌名称、品牌标识物、品牌知晓度、品牌忠诚度相联系，是能够给企业带来收益的资产。品牌资产与品牌名称、品牌标识物密切相连。

品牌是一种价值的创造，能为消费者和企业提供价值。对于消费者来说，通过对品牌名称、品牌标识物的认知，有助于加工整理、存储有关产品及品牌信息；增强购买信心，缩短购买决策过程；提高使用产品时的满足感。对于企业来说，通过建立品牌资产，可以培养消费者的品牌忠诚度，以促使其产生重复购买的行为；能促使该品牌产品以溢价销售；在分销渠道中品牌资产能够起到杠杆作用；品牌资产为品牌扩张、延伸提供了有利条件；品牌资产提供了对竞争者来说是进入目标市场的一种障碍的竞争优势。

（二）品牌资产的特征

品牌资产是品牌所赋予的价值，是一种特殊的资产。作为企业资产的重要组成部分，品牌资产具有如下特征。

1. 品牌资产是一种无形资产　与厂房、生产设备等有形资产相对应，品牌资产属于一种无形资产。无形资产是以某种特有权利和技术等无形资源形态存在，并能为企业带来超过同行业一般收益能力的资产。品牌这一无形资产本身无法独立存在，必须依附于具体的物质实体，同时能产生经济效益和社会效益等诸多效益。

2. 品牌资产具有波动性　品牌资产并不像人们想象的那样总是直线上升，而是常常上下波动。造成波动的原因有很多，但最根本的原因是品牌之间的竞争日趋激烈。在国内的医药品牌中，有的医药品牌由于产品本身质量好、企业品牌运营成功等因素使其品牌资产逐渐上升；而有的医药品牌由于产品质量出现严重缺陷、品牌运作失策等因素导致其品牌资产维持不前，甚至出现了下降。

3. 品牌资产难以准确计量　品牌资产的评估比较复杂，是一项全面而又系统的工作，很难准确地进行计量。原因主要是：首先，它是一种无形资产，是高智力、复杂脑力劳动的成果；其次，品牌资产的主要构成为消费者的认知度、忠诚度等一些无法具体衡量的要素，也比较难衡量。

（三）药品品牌资产的构成

药品品牌资产由品牌认知度、品牌知名度、品牌联想、品牌美誉度和品牌忠诚度这五大要素构成，这些要素分别以其各自的方式影响着品牌资产。

1. 品牌认知度　品牌认知度指消费者通过品牌来认知、了解和选择公司产品与服务的程度。比如在感冒药市场，大部分消费者会选择像白加黑、新康泰克、泰诺等这些有很大认知度的品牌，而其他小品牌或新进入者虽然也能提供品质相同或相近、功能相似的产品，但由于缺乏品牌认知度，消费者就很少选择。

2. 品牌知名度　品牌知名度指目标消费者对品牌名称及其所属产品类别属性的知晓程度。品牌知名度越高，表明消费者对其越熟悉，而熟悉的品牌总是令人感到安全、可靠，使人产生消费倾向，也有助于赋予品牌更多的联想。然而，目前面临的问题是，随着大众媒体广告费用越来越高，市场进一步细分，利用大众媒体提高知名度的做法逐渐受到挑战。只有针对目标消费者开展一系列能凸显品牌特性的活动，使消费者在活动中亲身感受并体验到品牌特性，才能使其将品牌真正铭刻在心中。

3. 品牌联想 品牌联想指消费者由该品牌名称所能联想到的一切事物，代表了消费者认知、识别、记忆某品牌的能力，并形成有意义的品牌形象。品牌联想是品牌资产的重要组成部分，它主要包括功能利益联想、情感利益联想和体验利益联想三个方面。品牌联想的价值既可以通过其注册商标或专利等无形资产的价值体现出来，也可以通过有关品牌识别的调查或监测指标获得客观评价。

品牌联想不同，其市场地位、竞争优势通常也不同。借助品牌联想，有助于为自己的品牌和产品树立差异化，避免与同类品牌直接竞争，从而形成自身竞争优势。品牌联想还是创设品牌心理优势的关键，是品牌延伸的心理基础，是影响消费者心理的内在机制。例如，一想到“高钙片”，就能联想到该产品的钙含量高，能有效提高人体内钙的含量，强健骨骼；一想到“感康”，就能想到感冒后服用该药品就能康复了。

4. 品牌美誉度 品牌美誉度是市场中人们对某一品牌的好感和信任程度。与品牌知名度不同，品牌美誉度不能光靠广告宣传来实现，还要依赖于消费者自己使用后的经验，以及对所接触到的多种品牌信息综合认定的程度，它往往是消费者的心理感受。品牌美誉度通常与其提供的产品和服务的高品质密不可分。因此，为了获得更高的品牌美誉度，不仅要提高消费者的满意度，同时还要注意传播产品的正面信息，将负面效应降到最低程度，要精心呵护品牌的美誉度。

5. 品牌忠诚度 品牌忠诚度是品牌资产构成与增值的核心部分，指消费者在购买决策过程中，表现出来对某个品牌偏爱的心理和行为反应。品牌忠诚度作为消费者对某一品牌偏爱程度的衡量指标，它反映了对该品牌的信任和依赖程度，也反映出一个消费者由某一个品牌转向另一个品牌的可能程度。一般来说，主要有无品牌忠诚者、习惯购买者、满意购买者、情感购买者、忠诚购买者这五种不同的品牌忠诚度级别。

品牌资产的构成要从以上五个方面综合体现。品牌认知度、品牌知名度、品牌联想主要解决的是消费者如何认知品牌的问题，品牌美誉度与品牌忠诚度主要解决的是在消费者心目中该品牌地位稳定程度的问题。

（四）药品品牌资产的评估

药品品牌资产的价值评估是一项非常有意义而又复杂的工作。品牌资产价值的评估不管采用哪种方法，都只能是相对合理而无法做到绝对准确。目前对药品品牌资产评估的方法主要有以下几种。

1. 成本法 这是一种会计的方法，这种方法比较直接、方便。主要有历史成本法和重置成本法。

（1）历史成本法：历史成本法是依据药品品牌资产购置或开发的全部原始价值估价。主要包括对该品牌的设计、创意、研究、开发、广告、促销等一系列的费用与投资的估价。这种方法的主要问题是如何确定哪些成本需要考虑进去，又如何算。品牌的成功往往归于公司各方面的配合，很难计算出真正的成本。即使可以，历史成本法也存在一个最大的问题，即它无法反映现在的价值。

（2）重置成本法：重置成本法是按品牌的实际重新开发创造成本，减去其各项损耗价值来确定品牌价值的方法。重置成本法是假设存在第三方，其愿意出资相当于重新建立一个全新品牌所需的成本。

2. 市场价格法　这种评价品牌资产的方法是通过市场调查，选择一个或几个与评估品牌相类似的品牌作为比较对象，分析比较对象的成交价格和交易条件，并进行对比，高速估算出品牌价值。参考的数据主要有市场占有率、知名度、偏好度等。应用市场价格法来评估品牌资产价值，必须具备两个前提条件：一是要有一个活跃、公开、公平的市场；二是必须有一个近期、可比的交易对照物。

3. 收益法　收益法是通过估算未来的预期收益，并采用适宜的贴现率折算成现值，然后累加求和，得出品牌价值。在对品牌未来收益的评估中，有两个相互独立的过程：一是分离出品牌的净收益；二是预测品牌的未来收益。

运用不同方法对同一品牌进行资产评估得到的结果可能不一致，每种方法都有其合理性，不必强求统一，企业可根据实际情况选择不同的资产评估方法。

拓展阅读

英国的英特品牌集团公司是世界上最早研究品牌资产评估的机构，其所建立的资产评估模型在国际上具有较高的权威性。此外，美国加利福尼亚大学的大卫·艾格教授提出了“品牌资产评估十要素”指标系统，既兼顾了品牌认知度、忠诚度等品牌资产的重要组成部分，也兼顾了品牌在市场的运作状况。

第四节　医药产品的包装策略

成语“买椟还珠”是带有讽刺意义的，但从另一方面看，这也正体现了包装的重要性。随着商品流通形式的发展，作为实体产品重要组成部分的包装在营销中占有越来越重要的地位。

一、包装的概念及其作用

包装是指生产流通过程中，为保护药品、方便储存和运输、促进销售，按一定要求而使用的容器、材料及辅助物的总称；也指为达到上述目的，在采用容器、材料、辅助物的过程中施加一定技术方法的操作活动。

包装是产品实体的重要组成部分，一般分为三个层次：第一层次包装即直接包装，是指与产品直接接触的容器和材料，如安瓿、铝箔等。第二层次是间接包装，其作用是保护产品及促进销售，如装有注射剂的纸板盒。第三层次是运输包装，指方便产品储存、辨认、运输时必需的包装，如装有药品的大纸箱。据有关法规的规定，药品的包装分内包装和外包装，内包装指直接与药品接触的包装，外包装指内包装以外的包装。外包装由里向外又分为中包装和大包装，这种分类的方法与三层次分类法是没有本质区别的。

在医药市场营销中，包装的功能与作用越来越大，可概括为以下几个方面。

（一）保护医药产品

保护医药产品使其免受变质、污染、损坏等，对药品生产企业、药品经营企业、医疗机构和消费者都至关重要，这也是包装最基本的功能。为有效地保护医药产品，以实现其效用，包装应具有避免产品被腐蚀、霉变、爆炸、曝光、散落、变形的作用。因此，要求包装材料适宜，包装结构合理、坚实可靠。

（二）便于运输、储存、携带

药品生产出来后要经过运输、储存等中间环节才能到达消费者手中。良好的药品包装应充分考虑药品本身的理化属性及影响药品变质的因素，方便流通过程中运输、储存及携带。

（三）方便使用

方便使用既是药品包装的作用，也是对包装的要求。标签和说明书是药品包装的重要组成部分，通过对药品名称、功效、主治、用法用量、适应证、生产企业、生产批号、有效期等的简要介绍，便于消费者了解药品性能，方便用药。药品包装既要封严，又要好开启和再封；既要防伪，又要好携带，只有严格选择包装材料，精心设计包装结构，包装品的各部件都十分吻合，方可达到目的。药品包装应便于取用与分剂量。此外，还应重视小儿用药的安全包装，以防误食而造成事故。

（四）促进销售

包装具有媒体功能，是商品信息的载体。设计独特、美观大方、质地考究的药品包装，不但便于陈列和展示，集中有效地传递产品信息，而且能美化视觉、愉悦心情，起到促进销售的作用。消费者在零售药房购买疗效类似，尤其是通用名相同的药品时，很大程度上受到包装的影响，因此可以说“包装是立在货架上的广告”。包装作为无声广告，与其他广告形式相比，具有以下特点：①药品包装上有药品性能的各种信息，这些信息通过销售直接传递给消费者，却无须多花广告费，广告成本十分低廉。②药品包装广告极少给人以广告的味道，消费者对这样的广告更信任，印象也更深刻。③药品包装广告能随购买者一起进入家庭，药品使用后仍能通过各种方式、渠道进行流传，广告的效果更持久。

（五）增加价值

良好的包装不仅能扩大销售量，还可以增加医药产品本身的价值。同种药品包装的精致程度不同，得到市场认可的价格不同，精致包装的药品价格往往远高于改进包装前药品的价格。如我国名贵中药材人参，木箱包装，售价极低，后改用精美小包装，售价提高很多，销量也大增。再如，某品牌的阿胶礼品包装比普通包装每盒价格高出几十元，但销量十分好。

二、医药产品包装的基本要求

（一）医药产品包装应与医药产品的特性相适应

药品的安全性、有效性是最基本的药品质量特性，也是药品使用价值最根本的体现，然而由于药品理化性质不同，保持这种基本质量特性的能力也有很大差异。根据药物的性质，将药物制成适宜的剂型，如水溶液剂容易长霉，散剂容易受潮结块等。在这种情况下，药品包装对药品的防护性能就显得尤其重要。良好的药品包装应该对影响药品质量的外界因素如空气、湿度等有较好的阻隔效果，能有效地防止这些因素对药品降解过程的催化，而且这种防护性能还能在不同的地域条件下保持不变。

（二）医药产品的包装应与医药产品的消费需求相适应

（1）医药产品包装设计应符合消费者的心理要求，图案、造型、色彩等应充分考虑消费对象的年龄、性别、宗教信仰、风俗习惯等。

（2）医药产品包装应方便消费使用。例如，有的药品使用剂量要求严格，所以在包装上附带分剂量的量具；儿童不能使用的药品，采用儿童难以开启的包装结构，以防儿童误用药品；为防止涂抹液可能对皮肤、黏膜产生的机械性刺激，常采用带阀门系统的包装。

（3）医药产品包装应考虑消费者的消费水平，普通医药产品应力求实用性包装，单纯为了促销而采用生活用品式的包装是不可取的。

（三）医药产品包装应与标准化需求相适应

（1）包装的材质、容器、形式、标签与说明书的内容及有关标识应符合《药品管理法》及相关法规的规定。如新修订的《药品管理法》第四十六条明确指出“直接接触药品的包装材料和容器，应当符合药用要求，符合保障人体健康、安全的标准”。

（2）包装应符合储存、运输要求。例如，目前许多商品，包括药品都采用集装箱装运，如果外包装的规格设计不当，就会影响集装箱的装运效率，增加运输成本；如果采用的外包装结构不适合仓库的堆垛，也会增加养护成本，且不便搬运和保管。

三、医药产品包装的策略

包装策略是医药产品策略的重要组成部分。医药企业一般可采用以下包装策略。

（一）类似包装策略

医药企业所生产的全部医药产品的包装在材料、图案、色彩等方面十分相似，使消费者很容易发现是同一家医药企业的医药产品。这种包装策略的优点是既可扩大医药企业和医药产品的影响，又能减少包装设计，节省费用。西方一些大型制药企业和中外合资药品生产企业常采用这种包装策略，但类似包装策略一般只用于质量处于同样水平的药品，如果质量相差悬殊，则不宜采用这种包装策略。

（二）组合包装策略

组合包装策略指医药企业根据消费习惯，将几种有关联的产品配套在同一包装物中的包装方法。如临床上常用的救心药盒，把几种常用的心脏病急救药品组合包装。这种包装策略的优点是引发连带性购买行为，既便于消费者使用，也扩大了药品的销售。

（三）再使用包装策略

再使用包装策略也称双重用途包装策略，是指原包装的药品用完后，空的包装容器可做其他用途。这种包装策略的优点是利于诱发消费者的购买动机，同时能发挥广告宣传的作用。例如，驴胶补血颗粒用的铝盆，可以作为餐具使用。

（四）透明包装策略

透明包装策略指采用透明的包装材料，使得内容物一目了然，既便于顾客识别、选购，也能增强产品本身的自然美感。这种策略主要适用于一些名贵中药材的包装，如冬虫夏草大多数采用了这种包装策略，一方面能让消费者直接看到内容物，让消费者觉得货真价实；另一方面也能提高产品外包装的美观度。

（五）附赠品包装策略

附赠品包装策略指在包装里附有奖券或赠品以吸引顾客购买，扩大销售量。这种策略让消费者感到方便或有意外的收获，能激发消费者的购买欲望，也能刺激消费者重复购买。

（六）改变包装策略

改变包装策略是指采用改变包装材料、形式、技术等方法改变包装以达到扩大销售的目的。当医药企业的某种产品与市场同类产品质量近似而销路打不开，或者当一种药品的包装已采用较长时间时，可考虑采用这种策略。

重点小结

产品策略是市场营销组合策略的首要因素。学习本章，应充分理解医药产品的整体概念，医药产品生命周期的概念及特点，医药产品品牌的概念、设计、传播及品牌策略，医药产品包装的概念、设计及包装策略等知识；学会分析产品所处生命周期阶段并结合其特点制定相应的营销策略；具备一定的品牌设计与策划能力；能够进行药品包装的设计并结合实际采取相应的包装策略。

寄语青年

新时代的中国青年要以实现中华民族伟大复兴为己任，增强身为中国人的志气、骨气、底气，不负时代，不负韶华，不负党和人民的殷切期望！

目标检测

一、选择题

（一）单项选择题

1. 药品品牌属于药品整体概念中的哪个部分？（　　）

A. 附属　　B. 核心　　C. 形式　　D. 附加

2. 医药企业生产或经营的产品线的数目是医药产品组合的（　　）。

A. 深度　　B. 宽度　　C. 长度　　D. 关联度

3. 当药品销售增长缓慢，利润增长值接近于零时，说明该药品已进入（　　）。

A. 导入期　　B. 成长期　　C. 成熟期　　D. 衰退期

4. 在市场面比较小、市场上大多数消费者已熟悉该新药、购买者愿意出高价、潜在竞争威胁不大的市场环境下使用（　　）。

A. 快速掠取策略　　B. 缓慢掠取策略

C. 快速渗透策略　　D. 缓慢渗透策略

5. 品牌中可以被识别的但又不能用语言称呼的部分，称为（　　）。

A. 品牌标志　　B. 品牌颜色　　C. 品牌名称　　D. 商标

6. 企业现有的产品线使用同一品牌，当该产品线增加新产品时，仍沿用原有的品牌的策略是（　　）。

A. 产品线扩展策略　　B. 多品牌策略

C. 品牌延伸策略　　D. 新品牌策略

7. 企业所有的产品在包装外形、图案、颜色等方面采用同一形式，属于（　　）。

A. 配套包装策略　　B. 再使用包装策略

C. 类似包装策略　　D. 改变包装策略

8. 企业以品牌的核心价值为原则，在品牌识别的整体框架下，选择广告、公共关系、销售、人际等传播方式，将特定品牌推广出去，以建立品牌形象，建立消费者对企业品牌的偏好，从而促进市场销售的活动为（　　）。

A. 品牌标志　　B. 品牌策略　　C. 品牌资产　　D. 品牌传播

（二）多项选择题

1. 下列说法正确的是（　　）。

A. 医药产品的生命周期又称为医药产品的市场寿命，也就是医药产品的使用寿命

B. 医药产品的生命周期又称为医药产品的市场寿命，与医药产品的使用寿命无关

C. 医药产品的整体概念说明医药产品价值的大小是由生产者决定的，顾客无权裁决

D. 医药产品的整体概念说明医药产品价值的大小不是由生产者决定的，顾客才是最终的裁决者

E. 典型的医药产品生命周期一般可以分成导入期、成长期、成熟期和衰退期四个阶段

2. 下列关于品牌的内涵描述正确的是（　　）。

A. 功能的定位层次，包括品牌的利益和属性

B. 识别差异层次，包括品牌的文化、个性和使用者

C. 价值承诺层次即品牌的价值

D. 功能的定位层次与识别差异层次可相互转化

E. 资源层次即品牌的价值

二、简答题

1. 什么叫医药产品整体概念？医药产品的整体概念中包括哪些层次？

2. 什么是医药产品的生命周期？其各阶段有哪些特点？

3. 简述医药产品的品牌策略。

4. 简述医药产品的包装策略。

三、案例分析

李时珍医药集团教练品牌模式

李时珍医药集团从最初的专柜、导购模式，发展到“品牌联盟”“培训输出”模式。2014年，李时珍医药集团领悟到营销模式要针对零售药店所处的市场环境，因此结合企业内部的优势，组合最佳的营销合作方案，推出了“教练品牌模式”。该模式是通过培训员工把医药专业与营销规律相结合，来推动医药零售行业持续发展，为中医药行业做贡献。其目标是实现“三赢”，即消费者赢、药店赢、中医药赢。教练品牌模式一经推出就受到医药零售界的热捧。因为李时珍医药集团的模式是一个不断演化和经验积累的过程，所以其模式也越来越成熟，越来越完善。

李时珍医药集团从1993年至今，始终坚持以中医药为核心，坚持营销实战，最终创造消费者、药店、中医药三赢的终端合作模式。

该模式主要包括三个方面：①协助店员由“营业员”成长为“营销员”，进而良性扩大客单价；②协助店长由“普通管理型”成长为“营销管理型”；③协助药店培养培训师，建立一支优秀的培训师团队。

鉴于之前合作的连锁药店销量总上不去，店方销售业绩上升遇到瓶颈的情况，此次李时珍医药集团选择合作药店的要求是：店方了解“本草纲目”产品的疗程；店方重视品牌产品。李时珍医药集团的教练品牌培训的问世，填补了药店营销的缺陷，解决了员工怎么销的问题，这是一种专业理论和实战营销相结合的培训。其特点是可转化性强，把专业性理论知识和营销实战相结合；能够积累药店员工的执行能力。

店长、店员的学习兴趣及工作积极性都被调动起来，团队的凝聚力得到了提升。员工的销售习惯开始改变，已学会疗程销售和搭配销售，门店的客单价、营业额、绝对利润同时得到大幅度提高，整体业绩较去年同期比较有大幅度的提升。收入的提高增强了员工的信心，员工的流动性减少了。店长明显从简单的“管理型”转向“营销型”，具有带动及培训能力。李时珍产品的销量也随之提高。

成功的模式：培训＋品牌。而且“本草纲目”品牌系列中成药的品质，保证了药店的回头客。

成功的关键：教练品牌模式的成功关键是实现三赢，即消费者赢、药店赢、中医药赢。而在“三赢”当中，消费者赢是基础，主要通过产品质量过硬、安全有效来确保。

（本案例节选于中国医药联盟“2015年度中国医药十大营销案例：品牌经典传承，撬动药店发展的新支点”）

思考：

1. 李时珍医药集团的品牌有什么特点？

2. 李时珍医药集团在品牌传播方面是怎样做的？

参考答案

实训七　金嗓子喉宝的品牌营销

【实训目的】

（1）学会产品整体概念的策划。

（2）认识品牌在市场推广中的作用，能进行品牌策划。

（3）学会应用药品的包装策略。

【考核标准】

（1）金嗓子喉宝的产品整体概念的分析及其成功之处。

（2）金嗓子喉宝品牌推广分析。

（3）金嗓子喉宝维护品牌的建议。

（4）金嗓子喉宝包装策略的建议。

（5）实训报告。

【实训内容】

背景资料：金嗓子喉宝的营销策略分析。

金嗓子喉宝的营销策略是经常被业内的专家们指责批判的，或是针对其多年不变的广告语“保护嗓子，请用金嗓子喉宝”，或是针对其请名人做广告（认为没有必要）并且拍得极差。

金嗓子喉宝在营销手段方面似乎真的没有过人之处，但却能以每年6亿元的销售额和30%的市场占有率成为绝对的护咽产品的第一品牌。而且金嗓子的业绩并非像某些产品一样靠入市较早的先机之利，其在上市之初就面临着像江中草珊瑚含片这样的强大对手，但最终“不仅超越了自己，也超越了前辈”，着实让一些业内人士感到“困惑”。但笔者认为金嗓子喉宝能取得如此的成绩主要有以下几个原因。

其一，产品有个好名字。“金嗓子”可谓雅俗共赏，容易记忆，应该是同类产品中名字最好的一个，许多消费者一提到咽喉问题马上就想到金嗓子，这种先天的优势是其能后来者居上的原因之一。

其二，金嗓子喉宝应该算是好产品。这一方面得益于咽喉疾病的治疗容易见效；另一方面，其设计者在产品设计之初还是动了一番脑筋：当时的咽喉含片均为药粉压制而成，一含即溶，很难在咽喉部较长时间保持药效，且含片一般较小、药量不足，对急性咽喉炎或咽喉不适者起效较慢，而润喉糖无治疗作用。这样，两类产品之间存在一个空缺，金嗓子喉宝发现了这个空缺，推出了中间型产品。

其三，竞争医药产品也无出色表现。我们可以批评金嗓子喉宝的营销不够出色，但反观同类产品似乎也都乏善可陈，少有比金嗓子喉宝表现更出色者。亿利甘草良咽曾一度靠精准的定位、有效的广告宣传取得了很不错的成绩，让人眼前一亮。但最终也没能超过金嗓子喉宝的业绩，一定意义上有点像昙花一现的过客，究其原因是吸烟带来的咽喉不适似乎并不迫切，消费者一度比较愿意购买很大程度上是受那颇有诱惑力的广告的引导，换句话说，就是需求不稳定，对广告有依赖性。亿利甘草良咽的跟进产品、江中草珊瑚含片的同门兄弟江中亮嗓，虽说已在某些地方取得不错的业绩，但从目前情况看，还没有要超过金嗓子喉宝的趋势。

金嗓子喉宝的成功似乎比较轻松，没费什么周折。细细想来，金嗓子喉宝在上市之后并没有什么大手笔，但进一步了解才发现金嗓子喉宝成功是有必然因素的：选择了一个好市场、一个效果不错的产品、一个较容易被接受的剂型、一个雅俗共赏的名字、恰当的价位等。可见金嗓子喉宝在产品上市前期的“功课”做得是相当不错的，这些往往比产品上市之后的许多花哨技巧更有用，这一点和“白加黑”一样，是值得许多厂家借鉴和学习的。

但今日的领先理念，明日就可能成为企业发展的桎梏。大到行业的领跑者，小到品类的领跑者，领跑的角色具有极强的阶段性，在开放的市场环境下，谁都有后来居上的机会。咽喉药市场的成长空间还很大，今天具有20亿元的市场容量，伴随着整体消费水平的提高和保健习惯的成熟，明天可能就会发展到30亿元甚至更多。咽喉药品（保健品）类市场在催生中不断放大，一批行业新锐悄然杀入，市场变局已悄然发生：市场环境变了，商业规则变了，消费习惯变了，竞争对手变了，竞争强度变了，推广方式变了等。目前金嗓子喉宝既面临着成长和发展的瓶颈，又面临着市场被蚕食、消费者被分流的困扰。

（本案例来源于全球品牌网，引用时有删减及修改）

【实训过程与方法】

（1）学生阅读案例背景资料。

（2）将全班学生分成3~5个小组。

（3）学生通过网络搜集与本案例相关的背景资料。

（4）课堂上分组讨论：

1）分析金嗓子喉宝的整体产品概念及其成功之处。

2）分析金嗓子喉宝在品牌推广中的成功之处。

3）金嗓子喉宝该如何维护其品牌？请提出建议。

4）在金嗓子喉宝的包装策略上你有何建议？

（5）写出实训报告。

【考核内容】

过程考核（讨论情况）+结果考核（实训报告）。

（张　平）

第八章

策划与实施药品价格策略

学习目标

知识目标

1. 掌握药品价格的构成及影响因素。
2. 熟悉药品定价的方法与技巧。

能力目标

1. 能运用各种方法计算产品的价格。
2. 能根据情境运用各种定价技巧（核心技能）。

素养目标

1. 弘扬社会主义法治精神，增强民族自豪感。
2. 具备爱国守法的职业意识和认真细心、精益求精的职业态度。

价格是价值的货币表现，然而价格常常受到商品市场供求关系的影响，并不简单地等同于价值。药品定价十分关键，它涉及药品生产企业、药品经营企业、消费者和政府部门等各方面的利益。药品定价也是国家政府部门从总体上降低医疗费用、有效利用国家卫生资源、合理调控医药生产经营企业收入、杜绝药品营销活动中的不正之风，促进我国医药事业健康发展的重要宏观调控手段。总之，价格策略是医药企业最重要的决策之一。

案例导入

第一节 概 述

一、药品价格的构成

通常情况下，药品的零售价格由药品生产企业的出厂价和流通差价构成，而出厂价由生产成本、流通费用、国家税金和企业利润四要素构成。

（一）生产成本

生产成本是指药品生产过程中所发生的各项支出，是影响、决定药品价格最重要的要素。具体包括：①原料及各种辅料成本。②包装材料支出。③燃料动力的消耗费用支出。④生产工人工资。⑤制造费用，即企业厂房和机械设备等固定资产的折旧。⑥其他直接支出。

（二）流通费用

流通费用是指药品在流通过程中发生的各种费用，包括销售费、财务费和管理费。其中销售费主要包括市场调研费用、广告费、市场宣传推广费用、产品注册费、销售人员差旅费、运输仓储费等，其对药品价格、药品市场影响最大。严格控制销售费对稳定药品价格、促进药品市场健康发展具有积极意义。

（三）国家税金

税金是国家通过税收形式，按规定的税率进行征收而取得财政收入的主要方式。企业应缴纳的税金主要是所得税和增值税等。所得税属价外税，不能转嫁到商品价格中，直接由企业利润负担；增值税属价内税，随药品出售而转嫁出去，可以加入药品价格中。因此国家税金是药品价格的重要组成部分，税率的高低将直接影响药品价格。

（四）企业利润

企业利润是药品销售额与制造成本、期间费用和税金的差额。它是药品价格重要的构成因素，也是药品生产、经营企业追求的终极目标。药品利润水平高低直接影响药品的价格水平，关系到药品的市场竞争力和广大消费者的利益，因此合理确定企业利润十分重要，对于政府定价药品可在其规定的最高销售利润率内确定；对于实行市场调节价的药品，可根据市场供求情况，依据企业定价目标来制定。

药品的差价

药品流通差价是指药品在流通过程中形成的价格差额。具体又可分为药品进销差价和药品批零差价两部分。

药品进销差价是指药品批发商经营同一种药品时的购进价格和销售价格之间的差额，通常是指药品出厂价和批发价之间的差额。其计算公式是：

$$药品进销差价 = 药品批发价 - 药品出厂价$$

药品批零差价指同一种药品的批发价格和零售价格之间的差额。药品批零差价可用批零差价额和批零差价率两种形式表示。批零差价率又称批零差率，是指批零差价额占批发价的百分比。其计算公式是：

$$批零差价率 = 批零差价额 / 批发价 \times 100\%$$

近年来，我国的一些城市陆续开始药品“零差率”的探索。药品“零差率”是指在社区卫生机构中，将基本能满足居民健康需求的药品实行政府集中采购，统一配送，并以购进价格销售给就诊患者。

二、影响药品定价的因素

目前我国除麻醉药品和第一类精神药品外，其他药品已经取消政府定价，药品定价全部由市场调节，企业自行定价，这有利于医药行业的发展。药品价格的制定需要综合考虑以下几点因素。

（一）产品成本因素

产品成本是构成价格的关键因素，是企业定价的重要基础。

营销学中的产品成本包括药品在生产过程及流通过程中发生的各项支出和费用。成本是一个综合概念，根据其不同的支出项目和特征，可以将成本分为以下几种类型。

1. 固定成本　不随药品种类及数量变化而变化的成本为固定成本，如厂房、设备、机器的折旧费，管理费和市场调研费用等。这些费用即使企业没有生产也依然发生。

2. 变动成本　随着药品种类及数量变化而变动的成本为变动成本，如原辅材料、包装材料、燃料动力费用、销售费用等，这些成本随着产量的变化而变化。

3. 总成本　生产成本加流通费用组成了产品的完全成本，即总成本。它可分为固定成本与变动成本两部分。

4. 平均固定成本　指每单位产量所付出的固定成本，即总固定成本除以产量，它随着产量的增加而减少。

5. 平均变动成本　指每单位产量所付出的变动成本，即总变动成本除以产量。平均变动成本大小是不固定的，它会随着原材料价格、设备维修费、工人劳动技能等变化而变化。

6. 平均总成本　指每单位产量所付出的成本，即总成本除以产量，它随着产量的增加而降低。

7. 边际成本　指在现有产品数量基础上，每增加或减少一单位产量所引起的总成本的变动量。

8. 机会成本　指企业因经营某项经营活动而放弃另一项经营活动的机会，而另一项经营活动所应取得的收益即为该项经营活动的机会成本。

区分成本的不同种类，特别是总成本中固定成本与变动成本的确定，有利于企业做出正确的药品定价和经营决策。

格言名句

强本而节用，则天不能贫；养备而动时，则天不能病；修道而不贰，则天不能祸。——荀子

现实意义：一是厉行节约，加强成本费用核算和成本管理，要有增强成本效益的意识，把有限的资金花在刀刃上，提高经济效益；二是坚持谨慎性原则，充

分估计可能的风险和不利因素，主动提取各种准备资金，以应对不测风险的影响；三是不仅要认识和掌握客观事物规律，而且要坚定理念和信仰，提升自己的职业素养和职业操守。

（二）药品的市场供求状况及药品需求价格弹性

1. 药品市场供求状况 药品生产企业在制定药品价格时必须考虑市场供求状况的影响。市场供求规律表明，市场供求决定市场价格，反过来市场价格同时又影响市场供求。当某种药品供大于求时，价格会下跌；当药品供不应求时，价格会上涨。同时，价格下跌会引起需求量增加，供给量减少；药品价格上升会引起需求量减少，供给量增加。因此，药品生产企业制定价格时必须进行药品市场供求调研，并能够根据市场供求关系预测不同价格水平下的药品需求量，以制定出合理的药品价格。

2. 药品需求价格弹性 需求价格弹性是指因价格变动而引起需求量变动的比率。药品需求价格弹性反映了药品价格变动对药品需求量变化的影响。如果某药品价格稍有变化，需求量就发生很大变化，说明该药品的需求量对价格变化反应非常灵敏，该药品富有需求价格弹性，对这类药品，企业应采用低价销售；如果某药品价格变化幅度很大，而需求量变化较小，说明该药品的需求量对价格变化反应比较迟钝，说明该药品缺乏需求价格弹性，如处方药，对这类药品，企业可采用高价销售，以获得较高利润；如果某药品价格变动幅度与药品需求量变化幅度基本一致，则该药品需求价格弹性近似1，对这类药品，企业一般采用平均价格。

一般来说，药品的价格需求弹性都比较小。影响药品需求价格弹性的因素主要有以下几个方面。

（1）替代药品的数量和相近程度：如果某种药品有许多相似的药物可以替代，则这种药品的需求价格弹性就大。

（2）药品临床应用范围：某种药品临床应用范围越广，其需求价格弹性就越大；反之，就缺乏弹性。

（3）药品的重要性：某些治疗类药品虽然价格高，但是消费者患病后必须购买，

某咽喉类药品生产企业经市场调研，该企业所生产的药品不仅可以用来缓解慢性咽炎、上呼吸道感染引起的声音嘶哑、咽喉肿痛等症状，还可以作为烟民、教师等人群日常休闲润喉糖，其消费特征已接近于日用消费品，价格变化对需求量的影响较大。

讨论：（1）该产品的需求价格弹性是大还是小？

（2）采取什么样的价格策略有利于该产品的销售和利润的增长？

这些治疗类药品的需求价格弹性就相对较小。

（4）上市时间对药品需求价格弹性的影响：上市时间越短，药品的需求价格弹性越小。

（三）企业定价目标

药品生产经营企业制定药品价格，除了需要核算药品成本之外，还必须从战略的角度，根据企业的营销目标来定价。

1. 以维持企业生存为定价目标　如果药品生产企业生产力过剩、市场竞争激烈、药品积压滞销，为了确保企业继续经营下去和减少库存，企业就必须制定较低的价格，以维持企业生存。制定价格的最低底线是变动成本，只要售价高于变动成本，其价格就能弥补变动成本和部分固定成本，尽可能减少亏损，以维持企业的生存。

2. 以获取利润为定价目标　利润是药品价格重要的构成因素，药品利润水平高低直接影响药品的价格水平。获取利润是企业生产经营的主要目的，也是企业追求的主要定价目标，它又可分为以下三种情况。

（1）以获取最高利润为定价目标：以获取最高利润为定价目标的企业，为保证尽可能多地获取利润，短期可通过提高药品价格，增加单位药品中所含利润来实现，如独家生产的专利药品采用高价销售获得高利润。而在激烈的市场竞争中，长期高价格、高利润必然会吸引更多的竞争者加入和参与，致使产品市场销量减少，反而影响了企业利润的实现。

（2）以获取预期利润为定价目标：以获取预期利润为定价目标，是指药品定价时在总成本基础上加上一定比例的预期利润。在生产成本固定不变的情况下，药品价格的高低往往取决于药品生产经营企业确定的预期利润率的大小，确定预期利润率应考虑药品临床疗效、质量层次、同期银行利率、竞争状况、药品购买决策者对价格的反应程度等多方面因素。一般来说，预期利润率不能低于同期银行利率。

（3）以获得适当利润为定价目标：以获得适当利润为定价目标，是指在药品定价时在总成本基础上适当加上一定的利润。这是大多数企业愿意采取的定价目标。采用此种定价目标制定的药品价格比较公道，消费者乐于接受，能起到稳定药品价格、避免市场恶性竞争、维护行业稳定健康发展的作用。

3. 以追求销售增长为定价目标　是指药品生产企业在制定药品价格时以是否利于促进销售增长、扩大市场占有率为定价目标。这种定价目标主要适用于企业生产的药品需求价格弹性较大、分摊的单位固定成本比较高的情况。

4. 以适应竞争需要为定价目标　目前在我国医药市场上企业间的竞争无可避免，而价格是竞争中最重要、最敏感的手段。许多药品生产经营企业制定价格时，往往以竞争产品的价格为参照，综合权衡企业自身实力采取相应的竞争策略。一般情况下，竞争实力相当的企业可采用与竞争者接近或相同的价格；竞争实力相对较弱的企业可采用低于竞争对手的价格；竞争实力雄厚的企业多采用高于竞争者的价格。

（四）市场竞争因素

我国医药行业发展迅速，国有企业、私营企业与“三资”企业提供的药品品种、数量基本上能够满足国内市场的需求。由于《药品生产质量管理规范》（GMP）、《药品经营质量管理规范》（GSP）的推行，医药产品的质量得到了提高。然而与国际医药行业相比，我国医药企业仍存在数量偏多、规模较小、规模经济不明显、企业技术创新能力薄弱等问题，以生产技术含量较低的仿制药物为主，创新药物相对较少，市场竞争异常激烈。一般来说，竞争越激烈，对药品价格的影响越大。因此，企业在制定药品价格时，需要进行充分的市场调研，通过深入了解企业面临的每一种竞争力量势态，确认企业竞争优势，才能制定出更为合理的药品价格。

根据竞争状况对药品价格产生的影响程度不同，可将其分为完全竞争、完全垄断和不完全竞争三种状态。企业产品在不同的竞争状态下，可采取不同的药品定价策略。

1. 完全竞争状态　是指在市场上有众多的药品生产经营企业，生产同种质量层次的相同药品，每个生产者供给量只占市场供给总量的一小部分，市场价格由市场供求关系决定，每个药品生产经营者不能左右现行市场价格。在这种竞争状态下，企业通常只是价格的接受者，一般采取随行就市的价格策略。

2. 完全垄断状态　是指某种药品由某个企业独家生产经营，且在市场上还没有替代品，企业产品没有竞争对手。对于这类产品，可根据我国的药品价格管理政策采取政府定价。

3. 不完全竞争状态　介于完全竞争和完全垄断状态之间，是绝大多数药品普遍面临的竞争状态，具体又分为垄断竞争和寡头垄断两种状态。

（1）垄断竞争状态：垄断竞争状态的药品市场中，至少有两家生产企业生产同一药品，少数企业在一定时间内处于优越地位，各个企业提供的药品在临床疗效、原料、生产工艺、质量控制、包装、广告宣传和售后服务等方面存在差异。在垄断竞争环境中，每个生产企业可以根据企业不同的经营策略决定企业产品价格。如某些企业生产的药品通过人员推广和广告在公众中慢慢形成品牌效应，培养购买者对品牌的偏爱，从而制定较高的价格；或者通过各种措施降低产品成本，制定较低的产品价格，通过价格竞争来开拓市场，提高市场占有率。

（2）寡头垄断状态：寡头垄断状态的药品市场中，有少数几家规模较大的药品生产企业共同控制并操纵着某种药品的生产和销售，其他企业的市场影响则微不足道。这些规模较大的药品生产企业即为寡头。寡头们往往以共同利益为基础，通过协议和默契来决定产品价格，任何一个都不会轻易调价，其他小企业的价格对市场影响很小。

（五）消费心理因素

药品价格是决定消费者是否购买的一个重要因素。消费者在购买自己所需要的产品时，只有感到物有所值才会购买。而面对不太熟悉的医药产品时，消费者往往从价格上判断药品的好坏，这是消费者消费心理的一种重要表现。作为企业定价依据的药品实际价值往往和消费者所感受的价值不符。在研究消费者心理对定价的影响时，一定要认真研究消费者心理及其变化规律。

（六）法律法规、政策因素

企业在药品定价时必须考虑国家法律法规、政策的影响。药品生产经营企业无疑必须严格执行国家药品价格政策，同时，企业经营决策者需要不断学习和研究国家药品价格政策及发展趋势，只有这样才能制定出既顺应市场又符合国家价格政策的价格。

案例解析

第二节　药品的定价方法

药品生产企业在制定药品价格时必须至少考虑以下三个因素：产品的成本、市场竞争状况及消费者的心理预期。产品成本是价格底线，价格若低于成本，则企业无利可图；消费者的心理预期是价格的最高上限，价格若高于消费者的心理预期，则可能无人问津。因此，药品生产企业在制定药品价格时应充分考虑药品生产成本、费用、税收、利润等要素，同时还必须考虑竞争者及消费者心理等相关因素。下面介绍几种常见的药品定价方法。

一、成本导向定价法

成本导向定价法是指企业以药品的各种成本或投资额作为定价依据的一种定价方法，其可以分为以下五种类型。

（一）成本加成定价法

成本加成定价法是指采用药品成本加上预期利润来制定药品价格的方法。其计算公式是：

药品价格 = 平均总成本 ×（1+ 预期利润率）

例如：某药品生产企业生产的某药品，其固定总成本为 200 000 元，单位变动成本为 10 元 / 盒，预计该药品产量为 10 000 件，企业期望获得的利润率为 20%，计算其药品价格。则：

平均总成本为（200 000+10 × 10 000）÷ 10 000=30（元 / 盒）。

药品价格为 30 ×（1+20%）=36（元 / 盒）。

成本加成定价法是最简单、最基本的定价方法。其优点是准确性高、简单易行；缺点是只从生产者的主观利益出发，盲目性较大，灵活性欠佳，忽略了市场需求和竞争对价格的影响。

（二）目标利润定价法

目标利润定价法是指在产品总成本的基础上，加上一定的企业目标利润，再根据市场预测的目标销售量计算出单位药品价格的定价方法。其计算公式是：

药品价格 =（总成本 + 目标利润）÷ 销售量

例如：某药品生产企业生产某药品的固定总成本为 100 万元，单位变动成本是 6 元 / 支，预计其目标销售量可达 50 万支，企业计划该产品每年能稳定实现利润 100 万元，计算其药品价格。则：

药品价格为（100+6×50+100）÷50=10（元/支）。

目标利润定价法比较适合企业有发展前途的新产品。因为新产品刚上市时往往销量很少，如果根据生产成本定价，制定出来的价格可能会高出市场能够接受的水平，产品销路打不开；而根据预测销售量为基础制定药品价格，价格水平会低许多，也较易被市场接受，还能为企业实现目标利润提供保障。

（三）预期投资收益率定价法

预期投资收益率定价法是预先根据投资回收期的长短，确定每年相对于总投资的投资收益率，然后根据产品产量计算单位产品价格的定价方法。其计算公式是：

投资收益率 =（总投资额 ÷ 投资回收年限）/ 总投资额 ×100%

药品价格 =（总成本 + 总投资额 × 投资收益率）÷ 年产量

例如：某药品生产企业总投资为6 000万元，预计5年收回投资。假设该药品的总生产成本为300万元，年产量为50万件。计算其药品价格。

投资收益率为（6 000÷5）/6 000×100%=20%。

药品价格为（300+6 000×20%）÷50=30（元/件）。

企业采用这种方法能保证收回投资，获取预期利润。但这种方法只适用于企业所生产的产品具有较大的市场垄断性或在市场中处于领导者地位，其所制定的价格不易引起消费者的反感。

（四）盈亏平衡定价法

盈亏平衡定价法（图8-1）也称量本利分析法，即在假定企业生产的产品全部可销的情况下，保证企业既不盈利也不亏损时的产品价格水平。其计算公式是：

药品价格 =（固定成本 ÷ 销售量）+ 单位变动成本

例如：某药品固定成本为100万元，单位变动成本为6元/瓶，根据市场调查，预计该药品年销售量约为10万瓶，则其保本价格为多少？

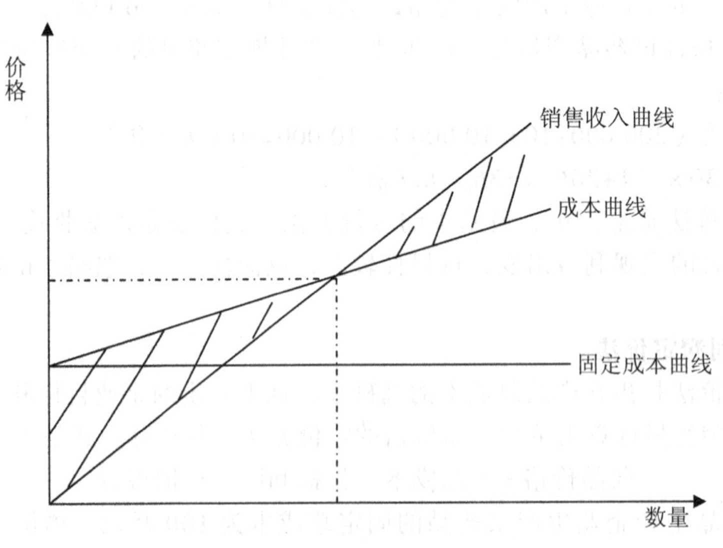

图8-1 盈亏平衡定价法

保本价格为 6+100 ÷ 10 = 16（元 / 瓶）。

运用量本利分析法，在销售量和成本已经确定的情况下，还可以求得实现某目标利润下的最低产品价格。

案例讨论

某药品生产企业某药品的固定成本为 200 万元，单位变动成本为 9 元 / 瓶。根据市场调查年销售量大概有 20 万瓶。

讨论：（1）若该药品消费者能接受价格最高为 12 元 / 瓶，企业能否接受该价格？为什么？

（2）若该药品消费者能接受价格最高为 8 元/瓶，企业能否接受该价格？为什么？

（五）变动成本定价法

变动成本定价法是以单位变动成本为价格底线，根据市场竞争情况，只要售价高于变动成本，其价格就能弥补变动成本和部分固定成本，以尽可能减少亏损。

二、竞争导向定价法

竞争导向定价法就是企业以竞争者的同类药品价格为参考依据，充分考虑企业自身产品的竞争能力，选择有利于在竞争中获胜的定价方法。其又可分为以下三种类型。

（一）随行就市定价法

随行就市定价法又称为“流行水准定价法”，是指企业按照同行业平均价格水平来制定药品价格的方法。采用这种定价方法容易被市场接受、风险小，同时也避免了价格竞争带来的市场波动，这是一种较为普遍的定价方法。

（二）竞争定价法

竞争定价法又称为“差异定价法”，是指企业根据市场竞争策略有意将药品价格定得低于或高于竞争者价格，一般分为以下两种不同情况。

1. 低于竞争者价格　企业为了增强产品在市场竞争中的竞争力，促进销售，提高市场占有率，可采用低于竞争者价格的定价方法。

2. 高于竞争者价格　当企业的产品在原材料、工艺质量控制、临床疗效等方面有明显的优势，或者具有一定的品牌效应，消费者愿意支付更多的费用来购买该产品时，企业可制定高于竞争者的价格，以取得相对高的利润。

（三）密封投标定价法

近些年来，我国医疗机构普遍实行集中招标采购。对参加集中招标采购的药品生产经营企业采用的药品定价方法即称为密封投标定价法。

企业根据医疗机构采购中心公开发布的招标方案，对同层次竞争者的可能报价进

拓展阅读

中成药“六味地黄丸”市场需求空间很大，然而竞争十分激烈，有北京同仁堂、河南宛西制药、湖南九芝堂、三九医药、太极集团等十几家企业生产。很多企业都采取了随行就市定价法，不同企业的产品价格水平相当，价格竞争激烈，利润空间很低。河南宛西制药以其“药材好，药才好”的优势，制定出比竞争者稍高的价格。实践证明企业的这种做法十分正确，不仅取得了较高的利润，也提升了企业的品牌优势。

行预测，并在规定时间内密封企业产品报价提交给招标部门；然后，招标部门进行集中统一开标，主要参考价格优势确定中标者并签订销售合同。

三、需求导向定价法

需求导向定价法是企业根据消费者对产品价值的理解程度和需求强度来制定产品价格的一种定价方法。需求导向定价法主要有理解价值定价法和需求差异定价法两种类型。

（一）理解价值定价法

理解价值定价法又称反向定价法，是指企业通过市场调查分析，根据产品的市场需求状况及消费者对其产品价格的接受程度来确定药品价格的方法。理解价值定价法计算公式为：

$$批发价格 = 零售价格 \times（1+增值税率）- 批零差价$$

$$出厂价格 = 批发价格 - 进销差价$$

理解价值定价法的关键在于能否对消费者的理解价值做出准确判断。定价低于消费者的理解价值，不仅会减少企业应得的收益，还可能给企业的产品品牌带来负面影响；定价高于消费者的理解价值，则可能面临产品滞销的局面。因此，企业在运用理

某药品企业集团所生产的滋补类中成药一直以来深受消费者的青睐，销路一直较好。但近些年由于原材料资源日益减少，生产成本渐涨，企业利润不高。企业派出了专门的调研人员到全国几个大城市进行市场调查，惊喜地发现由于生活水平的提高，消费者的自我保健意识日益增强，消费者对该产品的心理接受价格远远高于现有价格，该企业以道地药材为原料生产的该滋补类中成药的价格上涨空间很大。于是企业摒弃了传统的成本导向定价法，运用理解价值定价法将产品价格从98元/盒上调至168元/盒。实践证明该企业的这种定价方法十分正确，不仅为企业带来更多的收益，也扩大了产品的知名度和品牌影响力。

解价值定价法前一定要做好充分的市场调研工作，把握消费者的消费心理及市场竞争状况等因素，以便对消费者的理解价值做出准确判断。

（二）需求差异定价法

需求差异定价法是指企业根据不同市场、不同消费者药品购买能力和购买意愿的不同而对同一药品制定不同价格的定价方法。该定价方法可以为企业获取尽可能多的利润，灵活性大。需求差异定价法在实际应用中还可分为以下几种。

1. 以顾客为基础的差别定价　根据消费者的不同制定不同的价格。例如，目前很多药品零售连锁企业实行了会员制，在规定的会员日会员消费者购买某些药品可享受比一般消费者更低的会员价格。

2. 以地理位置为基础的差别定价　由于各地区经济发展水平不一致，药品企业可结合实际差别定价，经济相对发达地区的价格可适当高于经济发展相对落后的地区的。

3. 以时间为基础的差别定价　药品生产、经营企业可根据同一商品在不同时间、季节的不同需求强度制定不同价格。如某些滋补类药品在几大传统节日前可适当提价。

4. 以产品为基础的差别定价　对同一产品根据不同剂型、规格、包装制定不同价格。例如，某药品企业根据大医院终端及私人诊所、药店终端两个分销渠道的价格需求不同，对同种药品设计两种不同的包装，对专供大医院终端的产品制定出较高的零售价格；而对供私人诊所、药店终端的产品制定出相对较低一些的价格。

第三节　药品定价策略

药品定价策略，是指药品经营决策者在研究企业内、外部环境后，依据企业的定价目标及运用相应的定价方法制定药品价格，以实现企业经营目标。下面介绍几种常用的药品定价策略及药品价格的调整策略。

一、折扣与折让定价策略

药品是特殊的商品，国家规定药品不允许直接面对医生、消费者进行折价销售。药品的折扣与折让主要针对药品批发企业和零售企业，也是促进中间商更多地销售本企业药品常采用的激励方法。常见的折扣与折让形式主要有以下几种。

（一）数量折扣

数量折扣是指对经销药品达到一定数量的商业企业给予一定的折扣优惠。在实际操作过程中可分为累计数量折扣和非累计数量折扣两种。生产企业对长期业务往来的客户常采用累计数量折扣，一般在年初会与相应的药品批发企业签订年销售总量协议，对完成年销售量的企业，年底给予一次性返利；对零售企业常采用非累计数量折扣，以鼓励客户大量购买，促进销售。

（二）交易折扣

交易折扣是指企业根据各类中间商在市场中的各种不同地位和功能，给予不同的折扣，故又称功能折扣。折扣的大小随行业与产品的不同有所区别，一般给予批发商的折扣较大，给予零售商的折扣较小。通常的做法是先定好零售价，然后再按相应的折扣制定各环节的价格。

（三）现金折扣

现金折扣是药品生产企业为减少经营风险，加快资金周转，对以现金或在规定期限前付款的药品商业企业给予的一种折扣。它一般体现在销售合同中。如一般药品的正常回款期限为3个月，现款客户可给予3%现金折扣；一个月回款，给予2%现金折扣；2个月回款，给予1%现金折扣等。

（四）推广折让

推广折让又称促销让价，是指在新药导入期，为了鼓励药品中间商帮助企业开拓产品市场而给予的价格优惠。

某药品生产企业与某药品零售连锁企业签订的某种新药的销售合同中约定：若该药品零售连锁企业年终累计销售额达到2 000万元，则年终给予3%返点。此外，为鼓励该药品零售连锁企业帮助其开拓市场，还给予每盒1.2元的新品推广费。

讨论：该药品生产企业应用了哪些折扣与折让定价策略？

二、心理定价策略

心理定价策略是指针对不同类型消费者在购买过程中的心理状态来制定药品价格的一种策略，一般药品零售企业针对最终消费者应用得比较多。下面介绍三种常用的心理定价策略。

（一）尾数定价法

尾数定价法又称非整数定价或零头定价，即针对消费者求廉、求实心理，定价时在整数价格的基础上稍微降低一点变成零头价格。如某一药品零售价格定为9.9元，消费者感觉价格不满10元，处于10元以下档次，产生便宜感，从而产生购买欲望。这种定价法一般适用于价格需求弹性较高的普通药品零售价格的制定。

（二）整数定价策略

整数定价策略也称声望定价，即针对消费者“一分价钱一分货”“价高质必优”的心理，将价格定为整数。如将某冬虫夏草礼盒定价为10 000元，而不会定价为9 900元。这种定价策略迎合了消费者显示炫耀和按质论价的心理，消费者愿意支付较高的价格购买。一般适用于高档保健品、新特药品及著名药品生产企业的名特优药品价格的制定。

（三）最小单位定价策略

同样的价格采用不同的标价单位，对消费者的心理会产生不同的影响，一般来说，用较小的单位标价，会给人以便宜的感觉。如某注射用小水针，包装规格为 6 支/盒，原来采用每盒 48 元定价，后改用每支 13 元定价后更容易被市场消费者接受。

三、药品生命周期阶段定价策略

药品生命周期阶段定价策略是指企业根据药品生命周期中不同阶段采用不同的定价策略。由于药品在市场生命周期的不同阶段，其质量与成本、市场竞争程度、消费者需求及评价等都存在着较大差异，因此利用阶段定价策略能使其价格准确地反映出价格与供求间的关系。

（一）新药定价策略（导入期的价格策略）

新药的定价是新药能否顺利进入市场并取得成功的关键因素。一般来说，新药的价格必须为市场所接受，并能给企业带来一定的利润，以弥补新品导入期的成本，利于企业健康发展。新药定价策略主要有以下三种。

1. 撇脂定价策略 撇脂的原意是煮牛奶时，先把浮在表面的奶脂撇取出来。撇脂定价策略又称高价掠取策略，是一种先高价后低价的定价策略。即在新药上市初期，价格尽量定得高一些，以便在短期内获得高额利润，尽快收回投资，以后再根据产品生命周期的变化分阶段降价。

采用这种定价策略的新药必须具备一定的独特性、短期内市场无有效的替代品、药品的需求价格弹性较小等条件。高价厚利可以使企业有实力进行全面的新品推广，让消费者尽快了解新药，形成品牌效应。但是高价会将部分消费者排斥在外，不利于新药开拓市场、扩大销量，同时厚利也会吸引更多的竞争者加入。

2. 渗透定价策略 渗透定价策略又称低额定价策略，指采取先低价投放、后涨价的策略。即新药上市之初，把价格定在相对较低的水平上，以“价廉物美”的形象吸引更多购买者，迅速抢占市场，取得在市场的支配地位，以期将来获取更大的利益。

这种定价策略应用必须满足三个条件：①该药品的需求价格弹性大，以便降低价格能促进市场的增长。②生产和销售成本必须随销售量的增加而减少。③市场规模较大，存在强大的竞争潜力。

采取这种定价策略可使药品迅速打开销路，扩大市场占有率，还能帮助排除竞争，使潜在竞争者望而却步。但是定价过低，即使有市场也没有足够的利润，企业的投资回收期限过长，导致企业缺乏可持续发展的动力。

3. 中间价格策略 中间价格策略又称为满意定价策略、反向定价策略。是指企业将产品价格定在高价和低价之间，兼顾生产者和消费者利益，使两者都能得到满意的价格策略。即企业通过市场调查，先拟定出能为市场接受的销售价格，再反向求出各环节的价格，以决定企业在生产药品时的最大目标成本和销售费用。也就是说在药品生产出来前就已经确定了药品的市场销售价格，这样的价格消费者能够接受，企业也能在长期稳定的增长中获取足够的利润。因此这一策略为广大企业所重视。

（二）成长期的价格策略

新药经过一段时间的推广和销售，逐渐被市场所接受，销售量不断增长。这个时期企业所采用的阶段价格策略是目标价格策略。目标价格是企业根据一定的目标利润而制定的价格。企业在这一阶段，可利用机会适当提价，加速实现企业利润，等到药品进入销售困难时期，企业就有了降价促销的潜力，从而保证企业目标的实现。

（三）成熟期的价格策略

药品进入成熟期，随着竞争者的加入、销售增长速度减慢甚至开始走下坡路。这一阶段通常使用的价格策略就是降价销售，以维持和扩大企业药品的市场占有率，保持竞争优势和稳定的利润收入。

（四）衰退期的价格策略

药品在进入衰退期后，企业要尽量在保有微利的基础上将药品全部销售出去，避免积压，发挥药品对企业的最后贡献。因此，这一阶段主要采用维持价格和驱逐价格策略。

1. 维持价格策略 指在药品进入衰退期时不做大幅度降价，而是基本维持原有价格水平。这样做利于保持药品在消费者心中的形象，最大限度发挥药品在生命周期最后阶段的经济贡献。

2. 驱逐价格策略 指药品进入衰退期后采用最低价格，阻止企业药品销量下降，将竞争者逐出市场的价格策略。驱逐价格一般不含利润，甚至可以用平均变动成本作为最低价格界限来定价。

四、营销组合定价

为避免产品单一化而引起的周期性经营危机，企业通常会采用多元化、多品种的生产经营模式，而这些品种之间往往具有替代或互补关系。

所谓组合定价，是指企业从全局出发，对相关产品根据使用特性不同制定不同的价格，以促进各种相关产品的整体销售。

对有替代关系的组合产品，新产品的定价高低将直接影响老产品的销量，存在正相关关系，即新产品的价格定得较高，老产品的销量会增加，其市场寿命周期可能会延长；反之，则老产品销量减少且有可能被淘汰。因此，企业在制定有替代关系的新老组合产品价格时，应保持新产品与被替代老产品之间的合理比价，可以通过调整新老互替产品之间的价格比例，利用畅销新产品的提价来刺激被替代老产品的销售。

对有互补关系的组合产品，一般的做法是将价值相对高、使用时间长、购买频率低的主要产品价格定得低一些，而将配套使用的价值相对低、购买频率高的辅助产品价格定得高，使企业获得长远和整体的利益。

五、药品价格调整技巧

由于企业所面临的内、外部环境处在不断变化中，因此，企业通常需要在掌握上述定价策略的基础上根据市场变化对价格进行调整。主要有以下三种价格调整策略。

（一）降价策略

一般来说，企业在以下几种情况下可能会考虑降价。

（1）企业需要解决生产能力过剩问题，但通过加强药品促销或改进产品等手段，仍不能提升销售业绩。

（2）在当前激烈的医药市场竞争环境中，国产药品受到进口、合资企业药品的大规模冲击，为了保持市场占有率，企业可采取降价策略。

（3）企业期望通过降价扩大市场占有率，从而降低药品的成本。

（4）企业所生产的药品处于经济衰退期，愿意购买高价产品的顾客减少，企业不得不考虑降价。

（二）提价策略

成功的提价能够给企业增加相当大的利润。引起提价的主要原因有：

1. 成本的增加 成本增加挤压了利润空间，也导致了企业的提价。企业的提价幅度通常要比成本增加得多。

2. 供不应求 当市场供不应求时，企业可通过提价来调节市场供需状况。企业为了避免直接提价带来麻烦，通常也采用其他一些方法来弥补高额成本或满足大量需求。如改变药品包装但价格不变，原来每盒 60 片，现改为 30 片；使用更大包装的产品或低廉的包装材料以降低包装成本等。

（三）应对竞争者调价策略

在市场竞争中，企业应对竞争者的调价，必须全面了解竞争者价格调整的目的和可能持续的时间，并及时采取相应的措施。譬如，市场领先者受低价竞争者的进攻时，可维持原价格，通过提高产品质量，加强产品推广力度，树立产品企业品牌形象等方式来增强市场竞争力。当然也可以跟着同时调低价格，以保持企业的市场占有率；或推出廉价产品线来反击等。

价格是一个十分敏感而又最难控制的因素，它直接关系着市场对产品的接受程度，影响着产品销量的大小和利润的多少，价格策略是市场营销组合策略中极其重要的组成部分。学习本章，应在弄清价格的组成和影响价格的因素的基础上，着重掌握企业的定价方法和定价策略，并初步学会这些方法在实际中的应用。

寄语青年

党的二十大对建设农业强国做出部署，希望同学们志存高远、脚踏实地，把课堂学习和乡村实践紧密结合起来，厚植爱农情怀，练就兴农本领，在乡村振兴的大舞台上建功立业，为加快推进农业农村现代化、全面建设社会主义现代化国家贡献青春力量。

目标检测

一、选择题

（一）单项选择题

1. 随着品种及数量的变化而变化的是（　　）。

A. 总成本　　B. 变动成本　　C. 固定成本　　D. 边际成本

2. 需求价格弹性较大的药品，通常情况下应采用销售价格水平为（　　）。

A. 低价　　B. 高价　　C. 平均价格　　D. 中间价格

3. 在目前我国医药市场上，最常见的一种竞争状态是（　　）。

A. 完全竞争　　B. 完全垄断　　C. 垄断竞争　　D. 寡头垄断

4. 某药品固定成本为200万元，单位变动成本为8元/瓶，根据市场调查，预计该药品年销售量约为20万瓶，则其保本价格为（　　）元/瓶。

A.8　　B.10　　C.12　　D.18

（二）多项选择题

1. 药品的折扣通常分为（　　）。

A. 数量折扣　　B. 组合折扣　　C. 交易折扣

D. 现金折扣　　E. 推广折让

2. 下列属于药品的生产成本的是（　　）。

A. 运输仓储费　　B. 原料及辅料支出　　C. 包装材料支出

D. 广告费　　E. 生产工人工资

3. 药品差比价是（　　）而形成的价格之间的差额或比值。

A. 同种药品剂型不同　　B. 品种不同　　C. 同种药品规格不同

D. 同种药品包装材料不同　　E. 不同企业生产的同一品种

4. 以下属于成本导向定价法的是（　　）。

A. 预期投资收益率定价法　　B. 成本加成定价法　　C. 目标利润定价法

D. 盈亏平衡定价法　　E. 变动成本定价法

5. 以下属于新药定价策略的是（　　）。

A. 撇脂定价策略　　B. 渗透定价策略　　C. 整数定价策略

D. 中间价格策略　　E. 尾数定价策略

6. 企业可选择的定价目标有（　　）。

A. 维持生存　　B. 适应竞争需要　　C. 追求销售成长

D. 获取最高利润　　E. 获取预期利润

二、简答题

1. 简述药品价格的构成因素。

2. 企业常用的药品定价方法有哪些？

3. 简述药品的定价策略。

三、案例分析

美国基因技术公司是首家出售生物药品的公司，公司成立于1976年。1985年3

月，一项重要的研究成果表明，TPA 在溶解致命的血凝块方面，比当时的其他药品更为有效。通过进一步的研究，公司宣传 TPA 不仅可以溶解血凝块，同时也能增强心脏功能，延长寿命。鉴于此，基因技术公司指出不用这种药医治心脏病患者是极不道德的行为，专家们也对此表示赞同，他们认为没用 TPA 的医生是不会医好患者的。然而，美国食品药品监督管理局（FDA）却持相反态度。但是基因技术公司仍坚持提出申请并通过有关中介对 FDA 施加强大压力。11 月，FDA 终于妥协。该公司最新研制的心脏病良药 TPA 经 FDA 反复研究后，被允许在美国各地销售。

为此，基因技术公司举行了盛大的庆祝会，并且在 15 天之内，召开了一次全国电话会议。在这次电话会上，公司对全国 1.2 万名内科医生、药剂师和护士进行了宣传。TPA 能够迅速地清除导致心脏病的血凝块。当心脏主动脉被血凝块阻塞时，人们会因心脏缺氧而死亡。通过注射 TPA 以后，血凝块可以在半个小时之内溶解。由于 TPA 的特殊效用，公司认为这种药应是无价之宝，于是决定每剂 TPA 定价为 2 200 美元。

这种新药的市场潜力看来是诱人的。在美国每年估计有 150 万人患心脏病，其中近百万人要住院治疗。其中至少有一半的人受益于血凝块的溶解。以一剂药 2 200 美元的价格计，市场容量可达近 10 亿美元。基因技术公司最初估计其销售额为 5 亿美元，这看来是保守的估计。

TPA 的主要竞争对手是由霍切斯特公司生产的斯特普金塞。这种药比 TPA 更早进入市场，定价仅为一剂 20 美元。虽然它也有同样的疗效，但却有一些致命的副作用：明显的过敏反应和降低血压。1990 年年初，又出现了一种新的血块分解药品爱米勒斯。这种药品定价为每剂 1 700 美元，它较 TPA 更易注射，且疗效更长。但是它同斯特普金塞一样也有明显的副作用。不过，TPA 也有它的致命缺陷，它可能引起脑出血。

由于 FDA 的认可及巨大的潜在市场，公司对这一产品的未来极其乐观。公司指望 TPA 的销售达到公司总销售额的一半，投资分析家的判断则更为乐观。公司在股市上的表现也极其良好，仅在两周之内，股票价格就暴涨了 47%，许多雇员因购买该公司的股票，一夜之间就变成了富翁。但是，出人意料的是，TPA 推出的第一年，实际的销售额只有 1.89 亿美元，远远低于原先估计的水平，基因技术公司的股价也降至原来的 1/3，许多雇员和其他股民对之惊愕不解。

到底是哪里出了问题？是由于基因技术公司过于贪心而对前景估计过高，还是由于其价格过高使之不能占领这个巨大的潜在市场？这种不如预期的低销售增长率可能要归于几个因素，而这些因素归根到底都是 TPA 的价格问题。约 90% 的 TPA 都是供给医院药房，由医生开处方后使用。但是医生只为 1/3 能用血凝块溶解药品的患者开这类药品。许多心脏病医生也不愿开新的药品，更何况这种药可能引起生命危险。另外，在医疗保险制度和保险公司的压力下，医院药房也不得不采用价格仅为 20 美元的斯特普金塞。斯特普金塞仍继续广泛地为许多公费保险的患者所接受，而 TPA 只能提供给办理私人保险的心脏病患者。

TPA 的功效真的如其价格一样比斯特普金塞好过百倍吗？基因技术公司自然持肯

定态度，但许多研究表明，TPA并不像基因技术公司所宣传的那么有效。1988年4月，安大略医药协会建议停止使用TPA，因为它实在太贵了。

（本案例来源于《兰德诊断》）

思考：

1. 你认为基因技术公司采用了什么定价策略？
2. 造成基因技术公司销售额不如预期的主要原因是什么？

参考答案

实训八　药品价格的制定

【实训目的】

能根据调查分析影响药品定价的因素，结合企业定价目标，选择合适的定价方法和定价策略，为企业药品制定出科学、合理的价格。

【考核标准】

（1）影响药品定价的因素分析。

（2）定价方法的选择。

（3）定价策略的选择。

（4）实训报告和具体药品价格的制定。

【实训内容】

某药品生产企业新推出了一种纯天然中草药单体有效成分冻干粉针，该药品具有良好的抗菌、消炎、抗病毒、抗肿瘤、提高机体免疫力的作用。临床主要用于上呼吸道感染、肠道感染，以及肝炎、肿瘤患者的辅助治疗。与同类品种相比，该产品具有明显的优势，主要体现在以下两方面：一是稳定性高，过敏反应的发生率非常低，可以放心使用；二是同时具有提高机体免疫力作用，临床应用范围扩大到肝炎、肿瘤患者的辅助治疗。同时针对目前市场上同类品种规格较大、不方便儿童使用的情况，该产品推出了100毫克/支的小规格，其单位成本为5元/支。由于该药品没有列入医疗保险目录，属于企业自主定价品种。企业该如何给该新药定价，才能使企业利润最大化？

【实训过程与方法】

（1）将全班学生分成3~5个小组，每组推选一名组长。

（2）以小组为单位，各组员分工合作，在规定时间内完成市场调查分析。

（3）根据调查分析的结果，结合企业定价目标、成本和国家价格政策选择合适的定价方法和定价策略，制定合理的价格。

（4）班级交流，每组派代表对整个定价实施过程进行阐述。

（5）写出实训报告。

【考核内容】

实训报告和具体药品价格的制定。

（梁春贤）

第九章

建立和管理药品分销渠道

学习目标

知识目标

1. 掌握药品分销渠道的概念、渠道类型、渠道模式、中间商概念、中间商类型。

2. 熟悉渠道管理的内容。

能力目标

1. 能够区分不同类型的药品分销渠道，能够区分不同类型的渠道冲突。

2. 学会选择渠道成员和管理渠道成员（核心技能）。

素养目标

1. 激发爱国热情。

2. 培养学生的团队合作精神。

第一节 概 述

案例导入

一、药品分销渠道的含义

药品分销渠道是市场营销组合策略中的一部分，英文为place，表面含义是消费者购买产品的地点。在经济活动中，药品自身的特殊性使得生产商与消费者之间是分离的，买卖双方在信息、产品所有权、时间和空间等方面不能有效衔接。医药企业需要搭建买卖双方之间联通的桥梁，将产品传递给终端消费者，选择一种（或多种）方式完成产品的流通、分销。医药生产者和消费者分别成为医药渠道运行的始点和终点，在医药渠道中扮演着重要角色。

药品是一种特殊的商品，关系到人民的生命财产安全，受到国家政府部门严格的监控，如我国关于药品流通有专门的法规和规定（新版GSP），以规范药品的流通和销售等。药品分销渠道具有特殊性，与一般产品的分销渠道有显著区别。

在我国药品市场中，80%以上的药品具有同质化，药品竞争的焦点集中在产品的分销渠道上。分销渠道是实现药品交换过程、价值体现、提高效益、信息传递、服务保证等方面的重要载体，是医药市场营销的核心环节之一。医药企业能否拥有通畅、高效的分销渠道，是现今瞬息万变的市场竞争中，决定企业成败的关键因素。

（一）药品分销渠道的内涵

对于药品分销渠道内涵的理解要以分销渠道内涵的理解为基础。分销渠道内涵有以下多种描述。

美国市场营销协会（AMA）认为：“分销渠道是企业内部和外部的代理商和经销商（主要指批发和零售）的组织机构，通过这些组织，商品（产品、服务或劳务）才得以上市销售。”

美国营销学家菲利普·科特勒认为：“渠道是促使产品或服务顺利地被使用或消费的一整套相互依存的组织。”

经济学家、市场营销学家斯特恩对分销渠道内涵的解释是：“渠道是促使产品或服务顺利地被使用或消费的一系列相互依存的组织。”

美国营销学者爱德华·肯迪夫和理查德·斯蒂尔认为：“渠道是产品从生产者向最终消费者或用户转移时，直接或间接转移所有权经过的途径。”

分销渠道是指产品从生产商向最终消费者转移过程中取得产品所有权或帮助所有权转移的所有组织或个人，即产品从生产领域向消费领域转移过程中经过的所有路径和通道，包括生产商、终端消费者，以及生产商和消费者之间的各种组织实体和个人。对于药品分销而言，渠道主要包括药品生产商、药品经销商、药品代理商、药品批发商、药品物流企业、药房（包括网上药店）、医院、诊所、社区医院、药品消费者等。

分销渠道与营销渠道的区分

有学者认为分销渠道就是营销渠道，营销渠道也称为分销渠道；也有些学者将营销渠道与分销渠道区分开，认为二者是有区别的。

后者认为营销渠道包含产品生产和流通的所有环节，应包括供应商在内。原因是供应商为生产企业提供原材料，参与企业的生产环节和营销活动，对分销渠道的理解具有延伸性。而分销渠道是针对产品生产环节后的产品流通部分，不包含供应商范畴。本书拟采用后者观点，将分销渠道内涵与营销渠道内涵区分开。

（二）药品分销渠道的流程

医药企业的分销渠道在运行时，涉及渠道成员的每一项活动，这些活动构成不同的药品分销渠道流程，主要包括产品实体流、所有权流、促销流、信息流、付款流、谈判流和风险流等流程，这里主要介绍前五个流程，如图9-1所示。

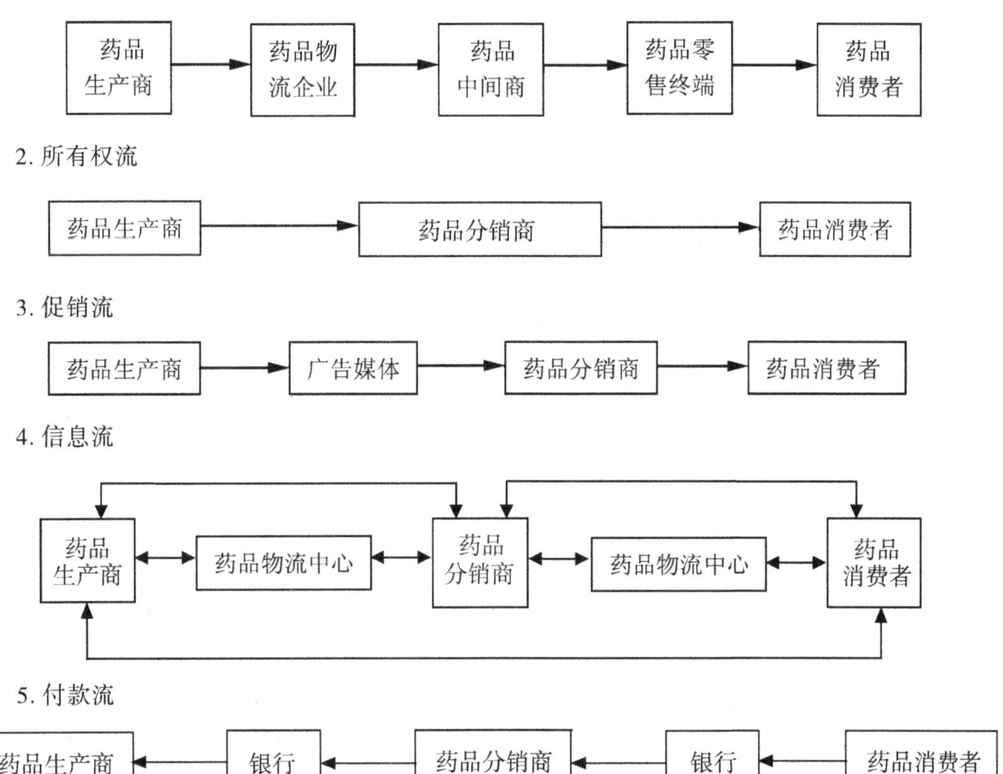

图 9-1　分销渠道的前五个主要流程

以上流程可以在任何渠道成员间进行，其中产品实体流、所有权流、促销流是正向的，付款流是反向的，信息流是双向的。每一个药品在分销过程中，都会在渠道成员之间表现出非常复杂的相互关系。

二、药品分销渠道的特点

（一）药品分销受到国家严格监管

医药产品是特殊的商品，关系到公众的生命健康。国家相关部门对药品的分销过程实施严格的市场监管，并以立法形式实现药品流通环节对产品质量的保证。相关法律法规如《中华人民共和国药品管理法》《中药品种保护条例》《处方药与非处方药分类管理办法（试行）》《医疗器械监督管理条例》《中华人民共和国药品管理法实施条例》《药品经营许可证管理办法》《药品说明书和标签管理规定》等。

（二）医药卫生体制改革对药品分销渠道影响深远

2016 年，国务院发布了《国务院深化医药卫生体制改革领导小组关于进一步推广深化医药卫生体制改革经验的若干意见》，开始了新一轮的医药卫生体制改革，对医药行业产生了深远影响。该意见中提到，全民医保制度基本建立，基本医疗保险参保率稳固在 95% 以上，覆盖人口超过 13 亿人。国家医疗保障局会同财政部、国家税务总局制定印发的《关于做好2020年城乡居民基本医疗保障工作的通知》规定，2020年城乡居民基本医疗保险人均财政补助标准新增30元，达到每人每年不低于550元。城乡居民大病保险全面推开，保障水平大幅提升，在建设覆盖城乡的公共卫生服务体系、医疗服务体系、医疗保障体系和药品供应保障体系的同时，将带动药品市场规模的整体增加，为药品流通行业带来新的发展机遇。

（三）医药商业企业的竞争格局面临整合以提高行业集中度

目前，全球药品流通行业集中度和流通效率继续提高，中国在全球医药市场中，是增长潜力最大的市场。目前我国大部分制药企业、药品批发企业和零售企业各自建造物流配送，缺乏交流和联盟，资源不能共享、互补，医药产品的供应和需求没有对接，物流中心空置率高达60%，医药分销效率低。因此，需要整合医药商业企业的竞争格局以提高行业集中度。

（四）我国药品分销以医院渠道为主

我国现有药品分销渠道中，医院的药品分销能力在众多医药企业中发挥着重要作用。保守数据显示，医院渠道的药品分销占药品全部分销渠道销售的80%以上。药店在药品的各类分销中占有20%左右的份额，其中网上药店的分销份额更是微乎其微。

（五）医药分销行业的利润率水平较低

目前我国很多药品生产商仅以一款药品为主营业务，药品经营企业更是多而小，更显散乱，市场集中度较低，没有形成规模化、集成配送体系。药品流通效率低，药品分销成本高。医药行业的整体利润率仅维持在1%~5%，医药商业企业的利润率及净利率也较低。

（六）一些特殊的医药产品实行垄断经营

具有放射性、毒性的药品，以及麻醉药品和精神药品等，要按照国务院、国家市场监督管理总局的要求严格管理，并统一由国家确定的医药公司分销。其中，上海医药、重庆医药和国药股份医药公司具有精神药品、麻醉药品的经营权。

三、药品分销渠道的类型

医药生产企业总是希望把自己的产品直接卖给消费者，消费者也同样希望能够从生产者那里直接买到自己需要的商品。但是，在现代商品经济社会中，绝大部分药品还是要经过中间商转手，才能输送到市场，这是由市场环境和企业内部因素及商品经济内在的规律决定的。分销渠道按其是否有中间环节和中间环节多少的不同，也就是按渠道长度的不同来划分基本形式，可分为直接分销渠道和间接分销渠道。

（一）直接分销渠道

直接分销渠道是药品从生产者流向终端消费者或用户的过程中不经过任何中间商的分销渠道。这是最简单、最便捷的只有两个环节的分销渠道，即由生产者将其药品直接销售给终端消费者或用户（生产者→终端消费者或用户）。这种分销渠道适合技术性强、资金密集的大型药品生产企业的医药产品，尤其是原料药的营销，可以减少仓储和中间运输成本，提高医药产品的使用效率。

（二）间接分销渠道

间接分销渠道是医药产品从生产者流向终端消费者或用户过程中经过若干中间（零售）商转手的分销渠道。间接分销渠道是两个层次（环节）以上的分销渠道，同直接分销渠道相比，是较长的分销渠道，过程比较复杂。大多数医药产品从生产者流向终端消费者的过程中都要经过若干中间商转手，也就是说，间接分销渠道是医药产品分销途径的主要类型，这些类型的存在使医药产品的营销呈现生机勃勃的景象。

拓展阅读

直接分销渠道——天士力集团的大健康网上商城

天士力集团于1994年成立，企业的经营理念为“追求天人合一，提高生命质量”，坚持打造现代中药第一品牌，不断推进大健康产业的持续快速发展。天士力集团形成了药物研发、药材种植、中药提取、制剂生产和市场营销等各环节一体化的现代中药产业链。

作为中国制造业500强企业之一，公司旗下的天士力大健康网上商城，依托集团大健康产业，以互联网为平台，提供中西成药、保健食品、健康茶饮、健康护理、健康器械、健康家居等大健康管理产品，为全国及全球消费者提供领先的全面健康管理、资讯、商城为一体的医药健康电子商务服务。

（资料来源于天士力集团大健康网站）

四、分销渠道系统结构的发展趋势

（一）渠道扁平化

传统的分销渠道系统结构一般都遵循“制造商→总经销商→二级批发商→三级批发商→零售商→消费者”的模式，从制造商到零售终端至少需要经过2~3个中间环节，这使产品在最终零售市场上的竞争力被大大削弱。随着市场的发展，渠道逐渐出现扁平化的趋势，这是对多层次分销模式的变革。渠道扁平化产生的原因主要有以下几个方面。

1. 强化成本控制　出于竞争需要，制造商强化对渠道成本的控制，希望通过渠道扁平化，减少甚至清除过多的中间分销环节，以削减渠道成本和加强对渠道的控制，保持和提高产品竞争力。

2. 掌握渠道主动权　掌握渠道主动权已经成为制造商在市场竞争中获胜的重要手段，制造商为了摆脱对经销商的依赖，就要提高渠道辐射力，还要加强对渠道的控制，而扁平化正是实现这些目标的有效办法。

3. 信息技术支持 信息技术的发展为渠道扁平化提供了基础。电脑、智能手机和通信技术的发展大大提高了沟通和管理能力，使制造商能够及时方便地与更多的渠道终端保持沟通。制造商利用企业内部网和互联网、手机就可以迅速对渠道终端的订单、应收账款和产品配送情况进行处理和控制，降低销售成本，提供实施渠道扁平化的现实可能性。

（二）渠道多元化

渠道多元化是企业主动采取的一种管理和控制行为。随着消费行为日益多样化、个性化，市场中必然会出现更多的细分市场。任何单一的营销渠道都不足以覆盖大部分的目标市场群体零售网点，只有采取渠道多元化的策略，以不同的渠道来覆盖和占领不同的目标市场，才有可能覆盖更大的市场范围。从实践上看，环境也迫使企业不断引入和增加新的销售渠道。渠道多元化在很多行业中都呈现出非常流行的趋势，企业既有直销又有分销，分销体系中又可能有多种渠道模式体系。

（三）商流与物流分离

商流与物流分离是指企业设立两套不同的分支机构体系，分别处理商流与物流业务，同时实施自上而下的统一管理。对于每个销售订单，都需要两套体系中的相关部门相互配合、相互监督、共同执行。商流与物流分离的多渠道模式是未来渠道发展的方向和趋势。

商流和物流本身并没有包含销售业务的全部处理环节，它只是销售业务开始的两个环节，后续还有结算、售后服务等环节。在商流与物流管理分别由不同的部门承担的情况下，后续的结算环节将由商流管理部门与物流管理部门共同承担，其典型的运作模式是先由商流管理部门发起结算、物流管理部门开发票执行结算，再由商流管理部门催收货款，最后由物流管理部门实收货款并转回本部。物流管理本身是非常容易实现标准化的，基本上不存在不同产品线需要不同部门来支持的问题，也极少涉及诸如价格谈判之类的涉及商业秘密的问题，所以许多企业将物流管理完全外包给第三方物流公司，而自己的分支机构则集中精力处理销售支持和市场支持等关键业务，这就是国际上非常流行的企业非核心业务外包策略的典型体现。

商流与物流分离的好处包括以下四点。

（1）降低非法侵占的风险：当商流与物流分离后，任何一笔业务的执行都需要经过至少两个不同体系部门的共同操作才能完成。这些部门互不隶属、相互监督、定期对账，大大增加了非法侵占的难度。

（2）降低挪用货款的风险：当商流与物流分离后，货款的回收需要这些部门共同参与、相互监督，大大增加了任何一方挪用货款的难度。

（3）提高库存周转率，降低库存压力：当商流与物流分离后，可以实现商流分散管理，从而优化仓库设置结构，集中调度库存商品，在保证交货及时的同时，减少了企业总体安全库存量。

（4）减少无效运输：物流集中管理可以明显减少由于销售部门争抢货源而造成的

重复运输现象，从而降低运费支出，减少运输破损。将物流业务外包，利用第三方物流企业专业化、规模化的优势，可以大大降低物流管理成本。

第二节　分销渠道的中间商

一、中间商的概念

（一）分销渠道成员

分销渠道成员是指产品从生产商转移到终端消费者的流通过程中，与产品所有权有关系的所有组织和个人，即构成渠道网络的每一个组织和个人，包括生产商和终端消费者。分销渠道成员具体包括生产商、渠道中间机构、物流中间机构、零售商、广告商、金融商和终端消费者等。对于医药生产商而言，渠道下游企业和个人均构成渠道成员；对于医药中间商而言，渠道上游企业，即生产商也属于渠道成员范畴。

（二）中间商

中间商是指在医药生产商与终端消费者之间转移的过程中，促使交易产生和实现的渠道中间机构。中间商一头连接着生产商，另一头连接着终端消费者，完成药品从生产领域向消费领域的转移。

我国大多数的医药生产商不能直接把药品销售给终端消费者，需要医药中间商帮助分销药品，以方便消费者购药。医药消费者购买药品的渠道有局限性，只能通过医院、药房、诊所或网上药店购买。国家对药品流通有着严格的法律法规（如新版GSP）限制，生产商药品的分销更加依赖于中间商。

目前，我国消费者购买药品的主要渠道是医院和药店。药店分为实体药店和网上药店两种。相比之下，由于我国的医药流通业还没有形成大规模的集成配送体系，药品流通的成本也较高，消费者网上购药比在实体店购药的费用高。

B2C

B2C是英文Business-to-Customer的缩写，即指商家对顾客的意思。“商对客”是电子商务的一种模式，是产品零售中商家通过互联网在线直接面向消费者销售产品和服务的一种销售模式。B2C是企业通过互联网为消费者提供一种新型购物方式——网上在线商店，消费者通过网络在线购物。这种模式节省了企业和顾客的时间和空间，节约了企业的产品分销费用，提高了销售效率，适合工作忙碌、不方便到实体店铺购物的消费者。

二、中间商的类型

中间商的类型主要指渠道中间机构的类型。中间商按照企业是否拥有产品的所有权，分为商人中间商和代理中间商。商人中间商又称为经销商，经销商拥有产品所有权，需要付出资金购买产品；代理中间商又称为代理商，没有产品所有权，不需要购买产品，只是商业中介，收取佣金。

（一）经销商

经销商是指取得产品所有权的渠道中间机构。经销商可分为医药批发商和医药零售商。

1. 医药批发商　是指以供应给其他医药生产企业或商业企业生产资料为基本业务的商业企业。

2. 医药零售商　是指把药品销售给终端消费者的渠道中间机构。医药零售商处在药品流通的最终环节。常见的有店铺的医药零售商包括医院、药店、社区医院、诊所、超市、商场和宾馆等；无店铺的医药零售商如网上药店等。

集中采购

从 2019 年 4 月，国家组织药品集中采购和使用试点正式启动后，全国开始陆续进行集中采购。2022 年 6 月 20 日，上海阳光医药采购网公布《全国药品集中采购文件（GY-YD 2022-1）》，第七批国家组织药品集中采购正式启动。2022 年 7 月 12 日，第七批国家组织药品集中采购在南京开标。该次采购涉及 61 个品种，包括高血压、糖尿病、消化道疾病等常见病、慢性病用药，以及肺癌、肝癌、肾癌、肠癌等重大疾病用药。拟中选药品平均降价 48%，按约定采购量测算，预计每年可节省费用 185 亿元。2023 年 3 月 29 日，第八批国家组织药品集中采购在海南陵水开标，拟中选产品平均降价 56% ，按约定采购量测算，预计每年可节省费用 167 亿元 。

集中采购是近年医药产品购销的一个重要组成部分，极大地压缩了中间代理商的利润空间，生产厂家、代理商需要尽快适应趋势并且找到自己的应对策略。

（二）代理商

代理商是指帮助转移产品所有权但没有取得产品所有权的渠道中间机构。代理中间商分为医药企业代理商、医药销售代理商、医药寄售商、医药经纪商和医药采购代理商。

1. 医药企业代理商　又叫医药生产代理商，是指受药品生产企业的委托，与生产商签订销货协议，在一定区域内负责代理销售该企业药品的医药中间商，收入是根据订单金额和双方协商的比例提取佣金。此类型代理商负责销售产品，不需要支付药品的采购费用，即不需要资金垫付，不承担产品仓储任务，只办理药品销售的业务手续，由渠道下游的商业企业直接向医药生产企业提货或由生产商直接发货。

2. 医药销售代理商　是一种独立的代理商，通过签订长期合同而受医药生产商全权委托独家代理其全部药品。医药销售代理商提供信息咨询、技术支持、仓储、物流配送、促销、品牌宣传、售后服务、培训销售员等营销职能，扮演着生产商营销部门的角色。这种类型的代理商拥有一定的渠道权力和销售价决定权。

3. 医药寄售商　是指医药代理商以代销的方式销售医药生产商的产品。医药寄售商通过自建实体店销售产品，通过自建仓库自己陈列、储存药品，使消费者可以及时购买到药品。目前，我国医药托管的销售模式属于寄售商范畴。

4. 医药经纪商　是指在买卖双方交易洽谈中，起到媒介中间作用的代理商，既不拥有药品的所有权、定价权，也不控制销售条件。医药经纪商在买卖双方中均有良好的信誉，买卖双方基于对经纪商的信任，在其安排下与对方接洽、谈判，经纪商待交易成功后向雇佣方收取佣金。

5. 医药采购代理商　是药品采购方的代理人，与买方有长期的友好关系，代替他们进行药品的采购，提供信息搜集、验货、收货、储存、送货、价格咨询、产品质量鉴别等服务的机构。

三、中间商的功能

中间商是医药生产者和消费者之间的桥梁，使双方在生产和消费之间可以有效衔接，为药品可以顺利、高效地到达消费者手中提供分销网络支持，也为消费者能够方便、快捷地获得药品提供帮助。中间商既可以实现医药生产者的药品流通、药品销售，又可以满足消费者获取医药信息咨询、医药服务等需求。中间商在药品分销中具有以下功能。

（一）产品转移

药品分销商可以帮助产品在生产商和消费者之间进行转移，或者进行产品所有权的转移。在药品流通中，如果仅依靠医药生产企业自身的力量，无法实现终端的全面铺货，并且其分销成本也较高。药品零售终端市场范围广泛，涉及的消费者人数众多，药品送达到消费者手中需要复杂的流通过程。药品分销商经过多年的医药产品分销网络的建设，可以与医院、连锁药房、诊所等零售终端保持良好的业务往来和合作关系，使生产商在药品有效期内，以最短的时间完成分销任务。

（二）信息传递

在生产领域和消费领域之间，伴随药品的转移信息也在进行传递、搜集和整理加工等活动。分销商在药品分销过程中搜集消费者、竞争产品、药品的市场反馈、品牌形象、企业知名度等商业信息，而药品分销商搜集的具有实时性、高效性、准确性、全面性的信息，可以及时反馈给生产企业，为企业的市场营销活动提供支持。

（三）促销

药品分销商在发挥产品分销功能的基础上，同样具有对药品促销的功能。在促销方面，医药分销商比医药生产商更有优势，他们可以发展和传播关于药品富有说服力的可以吸引顾客的沟通材料，使企业分销的药品在终端市场中具有良好的表现，以实现企业的销售目标和利润目标。

（四）物流配送

一个终端网络完善、覆盖率高、渠道效率高、信誉度良好的分销商是生产商非常宝贵的资源，是其他生产商所不具有的，更是其他企业不可复制的竞争优势，尤其是在微利的医药行业中显得尤为重要。

（五）财务功能

分销商可以帮助药品生产商实现企业融资、承担风险、账款收付等财务功能。例如，医药商业企业可以通过加盟、代理、产权转移等形式向生产商注入资金。药品分销商通过银行和其他金融机构向买方收取账款，在账款、资金的流转过程中，分销商承担着财务风险。并且，分销商还承担着产品传递过程可能引起的产品磨损、保修等风险。

（六）拆零销售

医药生产商的经营模式是大批量地生产、大批量地销售，而消费者是少量、重复地购买，在解决这个矛盾方面，药品分销商发挥了关键作用。分销商将药品拆零、组装、搭配等，以消费者喜欢的模式销售，既能够解决供求之间的矛盾，又能更好地达到消费者的满意。

（七）谈判及订货

药品分销商能够促成产品的价格、服务和其他条件的最终协议，促成买方向卖方订购商品，为渠道两端的成员（买方和卖方）搭建对话、交流的平台，以实现药品所有权转移或者帮助药品所有权转移。

第三节　分销渠道的选择

一、影响药品分销渠道选择的因素

（一）企业内部因素

影响药品分销渠道选择的因素主要包括药品分销渠道设计的目标、渠道设计的限制因素、企业自身因素、企业产品因素四个部分。

1. 药品分销渠道设计的目标

（1）确定渠道设计目标的程序：先罗列出企业的全部渠道目标；然后结合企业的总体营销目标和总体经营目标，分析列出的目标对企业的作用，删减掉不重要的渠道目标，以保证渠道目标不偏离总体目标；最后将上述保留的目标进行整合，确定出 2~3 个渠道设计的目标。

（2）影响渠道设计目标的因素：

1）目标市场消费者：渠道设计者需要考虑怎样的渠道设计可以保持较高的消费者满意度。一般来说，企业针对消费者满意的渠道设计目标可以有以下选择：

为使得新药品实现终端迅速铺货是否要投入较多的渠道资源？

企业是否需要给中间商更多的渠道激励政策以保证新产品的渠道表现力？

企业要选择哪种渠道推广模式可以保证终端用户购买到企业的产品？

现有渠道组合的分销效率是否需要提高？

企业渠道分销的成本是否需要降低？分销成本降低是否会影响分销效率？分销效率在降低分销成本的情况下是否会对企业产生影响？

企业是否需要调整渠道为更广泛的分销渠道模式，使现有产品可以面向更多的顾客？

怎样的渠道组合模式可以提高渠道分销商的销售积极性而保证高的消费者满意度？

目标消费者满意度的提高是否需要通过提升渠道服务水平来实现？

2）分销渠道成员：医药企业与渠道分销商之间的渠道合作现状关系到渠道分销商的满意度。当渠道成员对医药企业不满意时，企业在现有渠道推广新产品，以及加大现有产品的终端推广进行得就不会很顺利。为使渠道成员对生产企业保持较高的满意度，企业的渠道设计目标可以有以下选择：

企业是否需要提供更优惠的渠道合作政策，与渠道成员加强合作关系？

企业是否要加强终端广告的宣传以保证渠道成员的药品在终端可以顺利推广？

渠道成员是否对企业的培训感兴趣？

企业是否应该鼓励渠道成员的整合来保证产品分销的低成本和高效率？

企业是否应给予某个渠道成员地区专营权？

企业是否应分散某个渠道成员的独家代理权并寻找更多的中间商共同分销产品？

企业是否需要进一步提高渠道成员的满意度？

3）企业自身：每个企业在不同的发展阶段都有一个总体发展战略和经营目标，渠道目标要充分参考企业自身情况。影响渠道目标的原因主要有以下方面：

企业是否以实现利润增长为主要分销目标？

企业是否需要提高分销效率，以缩短产品到达消费者的时间？

企业是否要降低分销成本以应对医疗体制改革带来的影响？

企业是否应缩短新药品推出的时间？

企业是否需要实现终端的全面铺货？

企业产品的主要定位是否需要体现在渠道方面？

渠道设计怎样配合企业的市场定位？

渠道管理是否需要系统化？

企业是否要建立一个渠道管理系统？

2. 药品分销渠道设计的限制因素

（1）药品销售批量的大小：药品销售批量是指医药企业在药品分销过程中提供给目标消费者的单位数量，即消费者的一次性购买量。批量越小，消费者每次购买量越少，消费者的购买频率越高，对企业的渠道覆盖率和渠道效率的要求就越高，耗费的企业渠道资源就越多。具备这种特征的渠道，企业提供的服务产出水平越高，越能获得消费者的满意。

（2）分销渠道内的顾客等待时间：顾客等待时间是指渠道内顾客等待收到药品的平均时间。顾客等待时间短，表示顾客喜欢快速的交货渠道，需要企业提供简捷、便利的渠道模式，而药品分销渠道提供快速服务要求企业具有高的服务产出水平，耗费较多的渠道资源。

（3）分销渠道提供的方便程度：如果顾客要求可以较方便地购买某类药品，不希望耗费较大的精力、体力和时间，企业则需要建立较广泛、较全面的渠道网点，以方便顾客随时购买，但这加大了企业的药品流通成本。例如，某家医药企业生产的是普药，则应该投放到多个地区、多个药店中，以方便居住在各个地方的消费者购买，实现空间上较高的便利性。

（4）分销渠道提供的产品宽度特征：产品宽度是指药品剂型、品种等方面的类型。类型越多，说明药品的宽度越大。一般来说，顾客喜欢较大的产品宽度，这样可以在更多种类的药品中选择适合的产品，可以产生更高的满意感，但产品宽度较大，则需要生产商耗费较多的企业资源。

（5）售后服务水平：售后服务是指在渠道分销过程中，为顾客提供的附加服务，包括消费信贷、延期付款方式、付货、安装、修理、咨询等。顾客一般都希望获取较多的售后服务，而售后服务水平越高，需要的服务产出水平就越高。例如，顾客希望获取较多的医疗咨询服务，无论医药企业提供的售后服务是现场咨询、电话咨询还是网络咨询，都会加大其运营成本。

案例讨论

除了上述所列出的分销渠道的五个限制因素，是否还有其他限制因素？请列举出来，并分析它们是如何影响企业分销目标的。

3. 企业自身因素 渠道设计者在确定渠道过程中，需要考虑医药企业自身的因素，结合企业战略、企业资源、企业主营业务、企业渠道现状等因素综合考虑。

长渠道和宽渠道需要耗费企业较多的资源，企业资金实力雄厚时可以考虑设计长渠道和宽渠道，以实现药品的终端全面覆盖。当企业希望利用现有渠道推广新药品，且希望获取较快的推广速度和较广泛的终端覆盖时，适合采取“医药生产商→各区域医药经销商（或批发商）→医药零售商”的渠道模式，即将药品首先分销给全国各区域的经销商，再由经销商分销给零售商，这种模式通过中间商分销产品，可以提高生产商的渠道效率和渠道控制力。

当企业未来的战略规划是发展为全国或全世界的大型医药企业，在设计渠道时就要重视对渠道终端的把控和布局。例如，某企业的发展愿景是未来 2~3 年，建成超过 25 家省级子公司、50 家地级分公司和地区配送中心、300 多家终端配送站，将集团打造成现代化的医药分销企业。企业实现这一愿景的渠道设计思路，就是通过企业自建终端渠道来完成药品的终端全覆盖，即形成“多级批发→连锁配送→零售终端”的一条龙分销渠道模式。显然，这种医药渠道模式的设计方案是：渠道长度为二级渠道模式；渠道宽度为广泛性分销模式；渠道成员选择以医院、连锁药店等为主的医药零售商。

4. 企业产品因素 药品的特征、剂型、功能、有效期等均可能不同，医药生产商需要根据药品的价值、重量、体积、数量、技术特性、售后服务、保存条件、有效期、创新程度和产品生命周期等因素设计不同的渠道。

（1）药品的价值：价值高的药品，如进口药品、易碎药品、麻醉药品等，比较适合选择短的渠道模式，以减少渠道中间环节来降低药品的附加价格；价值低的药品，如普药，比较适合设计长而宽的渠道，实现药品的终端覆盖。由于国家对基本药物的终端零售价格有严格的管制，以及医院药品采购招标政策的变化等客观原因，大多数医药企业仍然采用短渠道分销药品。

（2）药品的重量和体积：重量大和体积大的药品在运输中需要耗费较多的人力、物力、财力，适合采用短渠道；重量小和体积小的药品比较适合搬运，适合选择长渠道。

（3）药品的数量：药品数量多，适合采用长渠道和广泛性分销渠道，使药品的分销效率提高，使药品在零售终端具有较高的市场覆盖率；药品数量少，适合采用短渠道和窄渠道，这种渠道设计能够减少渠道分销费用，且可以保证较高的渠道管理水平和分销效率。

（4）药品的技术特性和售后服务：产品科技含量高时，适合采用短渠道，因为企业需要提供较高水平的技术支持和售后服务；也应该采用窄渠道，因为广泛性渠道模式下，企业需要培训较多的中间商，中间商管理的成本提高、难度增加，且一项技术若被较多的企业和人员学习，就无法保证企业的技术服务水平，同时面临着产品技术机密外泄的风险，消费者在使用产品时，其质量也会因为长的渠道模式受到影响。

（5）药品的保存条件：有些药品需要特殊的环境和条件（如治疗糖尿病的胰岛素），产品分销、运输要在一定温度下进行，以保证药品的质量和疗效，适合采用短渠道。

（6）药品的有效期：药品的有效期较短或季节性强，适合采用短渠道和广泛性渠道，以快速地将药品分销到终端；药品有效期相对长时，适合采用长渠道和窄渠道，以提高渠道管理效率。但是，较多的分销环节和分销企业参与到药品的分销中，对药品质量产生影响的风险就会较大，企业要尽可能降低渠道的复杂性以保证药品有效期、保证药品质量。

（7）药品的创新程度：非专利药品的创新程度低，可以被很多制药企业生产时，需要快速分销药品，加快药品的流通速度，应采用短渠道和宽渠道模式。而新药通常都会申请专利，在专利期内，竞争企业是不可以生产这类药品的，所以专利新药的上市流通中，可以采用长渠道和窄渠道模式。

（8）药品所处的生命周期阶段：药品处于不同的产品生命周期阶段，渠道的设计有所不同。导入期时，企业在研发新药品方面已经耗费了较多的资金，适合采取短渠道和窄渠道，以降低分销费用和渠道管理的难度，而这一阶段的中间商也不愿意为新药品的分销付出太多；成长期时，企业面临提高销售量和提高利润等问题，药品需要全面分销，适合采取短渠道和宽渠道，使更多的消费者可以更便利地购买到药品，为企业赢得更多的市场份额；成熟期时，企业的核心问题是面对白热化的竞争，渠道设计要以竞争为主要因素，所以企业应该拓展渠道网络，实行广泛性的渠道模式；衰退期时，企业的销售量和利润下滑，应缩减渠道开支，收缩渠道网络，适合采用短而窄的渠道模式。

（二）企业外部因素

1. 法律法规因素 医药产品相关法规中影响渠道设计的主要法规有新版 GMP、新版 GSP、《医疗器械监督管理条例》《药品广告审查发布标准》《药品流通监督管理办法》等。

2. 医药市场因素 消费者数量多时，对企业产品的分销效率要求较高，企业仅依靠自身资源和能力难以满足高效率分销，应借助中间商的渠道网络和力量分销产品，适合采用长渠道和广泛性分销渠道。相反，消费者较少时，对企业分销产品的效率的要求相对较低，企业可以考虑短渠道和窄渠道的分销模式。

消费者集中度高时，市场比较利于突破，企业可以采用直销等短而窄的渠道模式，如第一终端医药市场和第二终端医药市场，消费者从地理区域角度看分布密度较高。消费者集中度低时，企业可以采用长而宽的渠道模式，如以农村市场为代表的第三终端医药市场。

消费者购买频率高时，适合采用短渠道和广泛性分销的渠道模式，提高分销覆盖率和分销效率，以避免消费者到零售终端购买药品而出现缺货的情况。

3. 医药中间商因素

（1）中间商与企业合作的可能性：医药企业在渠道设计时，要对现有的中间商进行考察，要思考现有中间商中有多少可以与企业合作，这些可以合作的中间商有多少同时经营竞争者药品，企业采取其他渠道合作方式（如独家经销）是否会被中间商接受，可以合作的中间商是否能够有效地分销企业药品，中间商与企业合作是否有一定的积极性。

（2）中间商的分销成本：不同的中间商在分销药品时会产生不同的分销成本；而同一个中间商分销不同药品时也会产生不同的分销成本。在选择中间商时，医药生产商要考虑中间商是否会因为企业的药品而需要特别调整分销渠道。如果需要修改渠道，中间商必然会增加分销成本，中间商的积极性因此降低，产品分销会因为中间商的低积极性产生不理想的效果。但有时中间商为了拓展业务范围，希望取得某种药品的经销权或代理权；或者因为竞争原因，不希望竞争对手抢占了优秀医药生产商的药品，中间商也会付出一定代价争取医药企业药品的分销权。但是医药生产商则需要三思而行，因为中间商的上述行为属于短期行为，中间商的渠道合作热情和渠道投入水平均不会持久，不利于生产商产品的长期渠道布局和终端市场表现。

（3）中间商能提供的渠道服务水平：在终端医药市场中，消费者主要通过渠道中间商接受医药产品和医药服务，中间商的医药服务能力决定消费者的满意度水平和生产商产品的市场形象。例如，医药零售商对消费者关于药品用药知识等的告知；家用医疗器械的使用培训、器件安装、售后服务等；药品有效期的销售保证，即在离药品有效期还有几个月的时候就对药品进行下架管理，以保证消费者使用药品时不会出现过期现象。综上，较高的渠道服务水平需要耗费中间商较多的渠道管理成本和资源。

4. 医药竞争者因素　竞争作为市场营销的“导向”之一，医药企业的渠道设计必然需要考虑竞争因素。处于不同市场竞争地位的市场领导者、市场挑战者、市场追随者和市场补缺者，其渠道设计思路会不同，采取的竞争策略也会随之不同。例如，市场挑战者为争夺市场领导者地位，采取正面竞争的对抗竞争策略时，渠道设计应与竞争对手相似；市场追随者以追随市场领导者为主，采取非正面竞争的共生型竞争策略，渠道设计尽可能规避市场领导者的渠道模式；市场补缺者的主要策略是弥补行业市场中的空白细分市场，渠道设计应与其他竞争者的渠道模式实现互补。

二、分销渠道选择的基本策略

企业对分销渠道的选择，不仅要保证产品能够及时到达目标市场，而且还要考虑能否提供最好的服务质量、最少的流通费用和最大限度的目标市场覆盖率。因此，企业要在考虑其战略目标、营销组合策略及其他影响分销渠道选择的基础上决定具体的渠道策略。

（一）分销渠道长度的选择

一般来说，分销渠道越短，所经过的渠道层次越少，制造商承担的销售工作就越多，越容易控制渠道，这有利于及时传递信息，提高营销效率；分销渠道越长，制造商使用中间商的数量就越多，这样虽然可以起到优势互补的作用，但是企业对渠道的控制比较弱，会使信息传递慢，产品流通时间长。因此，制造商在选择分销渠道的长短时，应综合考虑各种因素后再确定。

（二）分销渠道宽度的选择

分销渠道的宽度是指每个渠道层次使用中间商的数量。制造商可以根据产品本身的特点、市场需求量的大小和需求面的宽窄做出决策。一般有以下三种常用策略供企业选择。

1. 广泛分销策略　也称为密集分销策略，是指在某一市场范围内，制造商选择尽可能多的中间商来销售自己的产品。这种策略的特点是产品能够快速进入目标市场和扩大产品的市场覆盖率，通常用于日用消费品和工业品中标准化、通用化程度较高的产品的分销。因为这类产品的消费者在购物时，考虑的是快速和方便，对制造商不太注重，制造商通过广泛分销，既满足了消费者的需求，又增加了产品的销量。

2. 选择性分销策略　指制造商在一定区域内从愿意合作的中间商中精心选择一些条件较好的中间商来销售其产品。这种策略的特点是制造商与精心选择的中间商之间的配合较为密切。对制造商来说，由于中间商的数量不多，因而便于对渠道的控制，同时也有利于降低营销成本，提高营销效率；对中间商而言，每个中间商可获得较大的销售量，利润有一定的保障，在一定程度上可激发中间商的销售热情，提高渠道的运转效率。有些制造商在新产品上市时，可能采用广泛分销的方式，以使产品能够快速进入市场；等到产品进入市场后，往往改为选择性分销，淘汰不理想的中间商，以减少费用，保持产品声誉。

3. 独家分销策略 指制造商在一定的市场区域内、在一定的时间内只选择一家中间商销售其产品。企业和中间商双方通过协商签订独家销售合同，来规定双方的责任和权限，规定中间商不得销售其他企业生产的同类产品。这种策略的优点是可以较好地提高中间商的销售积极性，使之更好地服务于市场；产销双方在广告宣传、产品促销、货物发送、货款结算等方面能够互相支持与合作；产品的市场价格易于控制。缺点是在市场区域过于依赖中间商，容易受中间商支配；如果该中间商的销售力量不足会失去部分潜在顾客。这种策略主要适用于消费品中的特殊品或需要提供售后服务的产品，以及需要进行现场操作表演、介绍使用方法的产品。

第四节　分销渠道的管理

一、分销渠道的设计与决策

（一）确定渠道的目标与途径

渠道目标是指企业预期达到的顾客服务水平，以及中间商应执行的职能等。设计渠道的中心问题是确定到达目标市场的最佳途径，每一个企业都必须在顾客、产品、中间商、竞争对手、企业效果和环境等因素的限制下确定其渠道目标。

（二）确定各主要渠道选择方案

1. 确定中间商的类型与数量 企业必须识别、明确适合自己产品分销的中间商类型，通常可以选择企业销售人员，即企业扩大自己的直接销售人员，利用自己的销售代表来联系顾客，销售产品；生产商的代理机构，即企业通过经销来自不同企业的相关产品的独立公司销售产品；行业销售商，即企业通过在相关行业或地区寻找愿意销售企业产品的销售商来销售产品。在确定了中间商类型之后，企业还必须确定每一层次渠道上的成员，即中间商的数量。企业通常可以有密集型分销、选择型分销和独家分销三种选择。其中密集型分销是指企业的产品在尽可能多的零售商店销售，独家分销是指企业选择有限的几家经销商销售自己的产品，选择型分销使用中间商的数量介于上述两者之间。

2. 确定渠道成员的责任 生产商与中间商要在相关的渠道成员的权利、责任、利益方面达成协议，协议要规定好分销产品的价格政策、销售条件、区域权利及具体服务安排。在未来的渠道运作中各渠道成员要严格按照达成的协议，在承担相应责任的前提下，拥有相应的权利，并能够获得应有的利益。

（三）评估主要渠道方案

主要从经济性、控制性、适应性三个方面进行主要渠道方案的评估。

1. 经济性 经济标准最为重要，判别一个渠道方案好坏，不仅要看其能否产生较高的销售额和较低的成本费用，还要看其能否确保最大利润。

2. 控制性 使用代理商无疑会增加控制上的问题，因为代理商是一个独立的企业，代理商所关心的是自己如何取得最大利润。

3. 适应性 这是指生产者是否具有适应环境变化的能力，即应变力如何。

二、分销渠道的管理

（一）渠道成员之间的关系

1. 合作 同一个渠道往往是不同企业之间的结合，这些企业是为了谋取共同的利益。在渠道中，生产者、批发商、零售商互相合作并互相补充，得利更多。合作的目的是更好地了解目标市场的需求，并且竭尽全力予以满足。

2. 冲突 横向冲突，指在同一个渠道系统内部的同一级别中，不同企业之间的矛盾。纵向冲突，指同一个渠道中不同级别企业之间的矛盾。

3. 竞争 竞争指为同一目标市场服务的几个企业或系统之间的竞争。这种竞争是有益的，它能使消费者对产品价格、服务、质量等方面感到满意。

（二）渠道管理

1. 选择中间商 选择中间商应主要考虑这些因素：中间商的历史长短、声誉好坏、经营范围、销售和获利能力、收现能力、协作精神、业务人员的素质、开设地点、未来的销售增长潜力、顾客类型、购买力大小和需求特点等。

2. 激励渠道成员 激励的首要原则是站在别人的立场上，设身处地地为别人着想，不应只从自己的立场出发看待问题。避免激励过分与激励不足。与经销商的关系可以有合作、合伙、分销规划等。

（1）合作：合作中可以采用积极的激励手段，也可以采用消极的惩罚手段。

（2）合伙：是指比较成熟的企业与它们的经销商建立一种合伙关系，并达成一种协议，企业明确自己应该为经销商做些什么，经销商明确其责任、市场覆盖面和市场潜力，以及应提供的咨询服务和市场信息，企业根据协议执行情况向经销商支付报酬。

（3）分销规划：分销规划是一种比较先进的办法，是一种把制造商和经销商的需要融为一体的、有计划的、有专门管理的纵向营销系统。制造商在其市场营销部门中设立一个分部，专门负责同经销商关系的规划，其任务主要是了解经销商的需要和问题，并做出经营规划，以帮助经销商实现最佳经营。双方可共同规划营销工作，如共同确定销售目标、存货水平、陈列计划、培训计划，以及广告和营业推广方案等。

3. 评估渠道成员 可通过契约约束与销售配额、测量中间商的绩效来评估渠道成员。

（1）评估的依据：销售定额完成情况及平均存货水平；服务质量、顾客反应、付款情况；与生产者的合作及今后的发展规划。

（2）评估的方法：现销量与前期销量相比较；把经销商完成的实绩与定额指标相比较。

4. 调整销售渠道 调整销售渠道的方法有增减渠道成员、增减销售渠道及调整整个渠道。

（1）增减渠道成员：依据是增加或减少某个/些渠道成员对企业的盈利有何影响，调整后对其他渠道成员会不会有影响。例如，一家电器制造商在某地区另设特许代理商，不仅要考虑该代理商的能力，还要考虑对其他代理商可能造成的销售损失或利益。

（2）增减销售渠道：因为原有渠道已不适应客观情况，如某企业原来通过一家商店销售其产品，其中某一种规格型号的产品销路不好而未受到该店重视，为了打开这种产品的销路，企业决定另辟渠道或增加一条渠道来销售这种产品。

（3）调整整个渠道：这是企业调整渠道的"大手术"，因为调整整个渠道就是要改变企业营销组合的许多因素及企业诸多方面的政策。例如，密集型分销改为独家分销渠道；独家分销渠道改为企业直销。

2008年下半年，曾创造了健胃消食片单品销售神话的某制药企业，突然出现了多家合作十几年的商业客户解约的情况。究其原因，该企业产品一直采取现款现货策略，但由于渠道混乱、窜货乱价现象严重，利润被消弭殆尽，经销8 000万元的产品，利润竟然不到80万元，甚至更低。不仅如此，终端药店也存在低价销售等诸多问题，产品在二、三级市场的覆盖率下降了5%~15%，直接造成企业业绩停滞不前，甚至下降。

企业对问题的本质进行分析后发现，企业给各经销、分销商签订的高额任务目标才是他们违规的动机，而且市场又缺乏规则，无人维护。

企业变革的第一步是梳理渠道：将之前的400多家渠道商缩减为23家，并取消了给各经销、分销商签订的高额任务目标。接下来，针对问题对渠道进行整顿规范就成为工作重点。为了加强对客户流向的管理，企业允许客户跨区域销售，但是规定经销商只能向指定的省外分销商发货，严格控制省内发货量，禁止分销商向外省发货。企业还实行了防止市场窜货的产品代码制度，在每一外箱盒上都打上定位码，产品出库就扫码，系统将自动识别定位码，出现问题自动报警。加强对客户出入库的管理也是防止窜货的途径之一。签约经销商和分销商的仓库管理员都要做好每一天、每一箱货物、发往每一家分销商或下游客户及终端的流向登记。

变革不但使窜货、倒票、低价等问题迎刃而解，而且成效直接显现在企业和客户的销售额上：变革3年，企业的销量增长了10.2亿元，年均增幅25%；客户业绩成倍增长，利润由原来的0~1%增长至5%~8%，从而使客户满意度大幅提高。而企业2010年广告投放则大大减少。

讨论：上述制药企业对问题本质的分析，对你有什么启发？

三、窜货及其整治

（一）窜货及其原因

窜货是指经销商置经销协议和生产者长期利益于不顾而进行的产品跨地区降价销售行为。产生这种现象的原因主要有以下几点：①某些地区市场供应饱和。②广告拉力过大而渠道建设没有跟上。③企业在资金、人力等方面的不足，造成不同区域之间渠道发展的不平衡。④企业给予渠道的优惠政策各不相同，分销商利用地区之间的差价进行窜货。⑤由于运输成本不同而引起窜货，一些经销商自己到厂家去提货，其费用低于厂家送货的费用，从而使得经销商可以窜货。

（二）窜货的整治

整治窜货的方法主要有以下四种。

1. 签订不窜货乱价协议　企业内部业务员与企业之间、客户与企业之间签订不窜货乱价协议。从博弈论的纳什均衡看，该协议是没有意义的，却为处罚违约者提供了法律依据。该协议是一种合同，一旦签订，就等于双方达成契约，如有违反，就可以追究责任。实际上，除了个别情况，厂方业务人员对自己所负责的客户是否存在窜货行为是非常清楚的。但是，有相当多的企业对业务人员的奖励政策是按量提成的，只要业务人员所负责地区的经销商的销量增加，其提成就增加，这种制度往往导致厂方业务人员对自己负责地区客户的窜货行为不认真监督防治。为此，企业可以采取以下惩罚措施：可将所窜货物价值累计到被侵入地区的经销商的销售额中，作为奖励基数；同时，从窜货地区的业务人员和客户已完成的销售额中扣减等值销售额。

2. 外包装区域差异化　厂方对相同的产品，采取不同地区不同外包装的方式，可以在一定程度上控制窜货乱价。其主要措施有以下三种：一是通过文字标识，在每种产品的外包装上印刷“专供 ×× 地区销售”，可以在产品外包装箱上印刷，也可以在产品商标上加印。这种方法要求这种产品在该地区的销售额达到一定数量，并且外包装必须无法再次回收利用才有效果。二是商标颜色差异化，即在保持其他标识不变的情况下，将同种产品的商标在不同地区采用不同的色彩加以区分。该方法也要求产品在某地区的销量达到足够大。三是外包装印刷条形码，即不同地区印刷不同的条形码，这样一来，厂方必须给不同地区配备条形码识别器。这些措施，都只能在一定程度上解决不同地区之间的窜货乱价问题，而无法解决本地区内不同经销商之间的价格竞争。

3. 统一发车　发货车统一备案，统一签发控制运货单。在运货单上，标明发货时间、到达地点、接收客户、行走路线、签发负责人、公司负责业务人员等，并及时将该车的信息通知沿途不同地区业务人员或经销商，以便进行监督。

4. 分区管理　建立科学的地区内部分区业务管理制度。可以采取“七定”的措施。

（1）定区：依据所在地区的行政地图，根据道路、人口、经济水平、业务人员数量，将所在地区划分成若干个分区。

（2）定人：每个分区必须有具体负责的业务员。

（3）定客户：业务员必须尽快建立起客户档案，一是职能部门与新闻部门顾问档案；二是零售商与批发商档案。

（4）定价格：作为内部业务管理制度，所有分区必须实行统一价格。

（5）定占店率：分区业务员必须将所在分区的零售商准确地标记在分区图上，并在规定时间内，占领一定比例的零售店。

（6）定激励：从单一的折扣、返利转变为综合奖励，主要是为了更公平、更公开地奖励客户的努力。

（7）定监督：这主要是监督窜货与价格，一是企业内部必须成立市场监督部门，直接对销售总经理负责；二是设分区业务员，监督客户。

重点小结

本章主要讲述了医药产品分销渠道的建立和管理，包括药品分销渠道的概述、分销渠道的中间商、分销渠道的选择及管理。其中，重点介绍了药品分销渠道的含义、特点和类型，中间商的类型和功能；详细讲述了影响药品分销渠道选择的因素和分销渠道选择的基本策略，以及分销渠道的设计与决策、分销渠道的管理，并介绍了窜货的原因及其整治办法。

寄语青年

无论过去、现在还是未来，中国青年始终是实现中华民族伟大复兴的先锋力量！民族有所呼，党和人民有所唤，青年必有所应；青年行，民族复兴必定行。

目标检测

一、选择题

（一）单项选择题

1. 医药企业经过两个或两个以上类型的中间环节销售其产品，这种渠道类型属于（　　）。

A. 长渠道　　B. 短渠道　　C. 宽渠道　　D. 广泛性分销渠道

2. 同一个层级的中间商数量较多的渠道属于（　　）。

A. 长渠道　　B. 直接渠道　　C. 宽渠道　　D. 窄渠道

3. 医药生产商在某一地区市场选择少数几家中间商来销售其产品，这种渠道类型属于（　　）。

A. 广泛性分销　　B. 选择型分销　　C. 独家分销　　D. 代理商

4. 拥有产品所有权的中间商属于（　　）。

A. 经销商　　B. 代理商　　C. 上述二者都不是　　D. 无法确定

（二）多项选择题

1. 医药分销渠道结构包括（　　）。

A. 实体流　　B. 所有权流　　C. 信息流　　D. 付款流　　E. 促销流

2. 葡萄糖针剂处方药适合的渠道是（　　）。

A. 直接渠道　B. 长渠道　C. 宽渠道　D. 窄渠道　E. 短渠道

3. 代理商包括（　　）。

A. 医药企业代理商　B. 医药销售代理商　C. 医药经纪商

D. 医药寄售商　E. 医药采购代理商

二、简答题

1. 影响医药分销渠道设计的因素有哪些？

2. 简述窜货的原因及窜货的整治方法。

三、案例分析

1. 某医药公司针对医药批发零售企业“多小散乱”的现象，凭借自己的成本优势、规模优势、服务优势和总经销的品种优势，以及全省范围内48小时送货上门的承诺，迅速占领了终端市场，基本形成了商业调拨、新药推广等分工明确、相互协作和密切配合的营销体系。公司现已开发终端客户26 000多家，形成了覆盖全省的终端渠道网络，吸引了更多的药品供应商与该公司合作。

思考：

（1）案例中的渠道模式属于哪种渠道类型？

（2）该公司是否属于渠道中间商？如果是，其属于中间商的哪种类型？

2. 某医药公司投资数千万元人民币、历经8年时间研发出一款国药准字号止血药，但是终端销路并不好。通过对市场的调研分析，发现原有产品渠道非常单一，即全国代理商加单纯医院渠道的营销模式。公司对该止血产品导入了立体渠道盈利模式。具体如下：县市级代理商；潜力市场设立公司办事处；药品销往国外。

思考：

（1）该药品原有的渠道属于哪些渠道类型？原有的渠道成员属于哪种类型的中间商？

（2）该药品新的渠道属于哪种渠道类型？新的渠道成员属于哪种类型的中间商？

参考答案

实训九　分析某OTC药品在第三终端渠道设计的影响因素

【实训目的】

（1）通过对第三终端市场，即农村市场、个体诊所等的走访，了解某OTC药品现有的渠道存在哪些问题。

（2）分析某OTC药品的第三终端渠道设计受哪些因素的影响。

【考核标准】

（1）制定走访记录单（合理、可用）。

（2）搜集该产品终端渠道的市场表现等信息（实时、准确）。

（3）根据背景资料提供的企业情况，分析该产品渠道的影响因素（科学、合理）。

【实训内容】

对某一医药企业的某个 OTC 药品渠道影响因素的分析。

【实训过程与方法】

（1）学生以实训小组为单位，商议选择每个实训小组的实训药品，老师对学生选择的实训药品进行指导和分析。

（2）老师安排实训任务，提出实训目标和实训要求；学生小组分工，提交走访记录单和渠道影响因素的分析步骤。

（3）学生进行第三终端市场的实际走访工作，做好每次走访记录，老师指导并监控整个走访过程。

（4）学生整理、分析走访记录单，老师以实训小组成员的身份参与到实训小组的分析讨论中，每个实训小组形成分析结论。

（5）撰写渠道影响因素分析报告。

【考核内容】

药品分销渠道影响因素分析报告。

（刘　徽）

第十章

策划与实施医药产品的促销组合

学习目标

知识目标

1. 掌握医药产品人员推销、医药广告、医药公共关系、医药营业推广等促销手段的组合策略。

2. 熟悉各种促销组合的优、缺点及应用范围。

能力目标

学会不同促销手段的应用（核心技能）。

素养目标

1. 培养市场竞争意识和劳动意识。

2. 培养勤奋、诚实、坚韧、进取的工作作风。

3. 具备在促销活动策划和实施过程中的法治意识和诚信意识。

第一节　医药产品促销组合

案例导入

一、医药产品促销的含义与作用

所谓医药产品促销，是指医药企业通过人员推销和非人员推销方式将医药产品或所提供的服务及医药企业的信息与潜在顾客进行信息沟通，引发并刺激对医药企业及医药产品或所提供的服务产生兴趣、好感与信任，进而做出购买决策的一系列活动的总称。医药产品促销的作用主要有以下几个方面。

1. 缩短产品入市的进程　使用促销手段，旨在向消费者或经销商提供短程激励，在一段时间内调动消费者的购买热情，培养消费者的兴趣和使用爱好，使消费者尽快地了解产品。

2. 激励消费者初次购买　消费者一般对新产品具有抗拒心理。由于使用新产品的初次消费成本比使用老产品高，因此消费者不愿冒风险尝试新产品。然而，促销可以让消费者降低这种风险意识，降低初次消费成本，接受新产品。

3. 激励消费者再次购买　当消费者试用了产品以后，如果基本满意，可能会产生重复使用的意愿，但这种消费意愿在初期一定是不强烈、不可靠的，促销却可以帮助他实现这种意愿。如果有一个持续的促销计划，就可以使消费群基本固定下来。

4. 提高销售业绩 毫无疑问，促销是一种竞争，它可以改变一些消费者的使用习惯及品牌忠诚度。因受利益驱动，经销商可能大量进货，消费者也可能大量购买。因此，在促销阶段，销售量常常会提高。

5. 侵略与反侵略竞争 无论是企业发动市场侵略，还是市场的先入者发动反侵略，促销都是有效的应用手段。市场的侵略者可以运用促销强化市场渗透，加速市场占有。市场的反侵略者也可以运用促销针锋相对，来达到阻击竞争者的目的。

二、医药产品促销组合的方式及特点

医药企业的促销方式有很多，如广告、活动赞助、公共关系、个人拜访、电子商务、营业推广等，如图 10-1 所示。

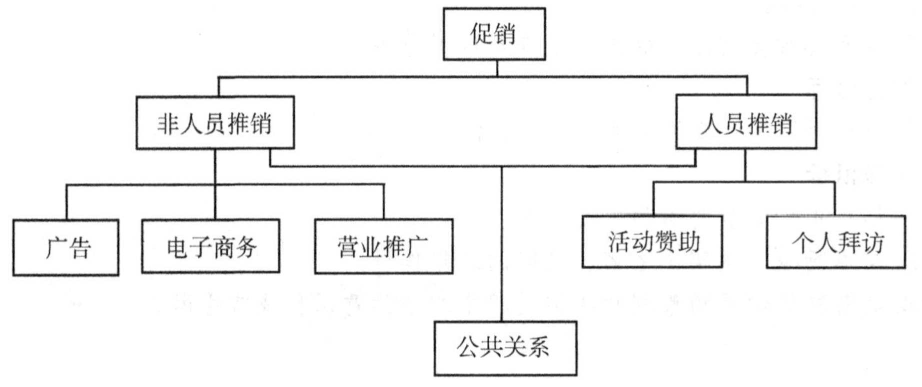

图 10-1 医药产品促销方式

不同的方式有着不同的作用和特点，它们可以和一定的销售目标相联系，也有着自身的优、缺点。在市场实际操作中，运用最多、最传统的促销方式有人员推销、广告、公共关系和营业推广四种。各种促销方式的优、缺点如表 10-1 所示。

表 10-1 各种促销方式的优、缺点

促销方式	优点	缺点
人员推销	直接沟通信息，反馈及时，可当面促成交易	招用人员多，费用高，接触面窄
广告	传播面宽，形象生动，节省人力	只针对一般消费者，难以立即成交
公共关系	影响面广，信任度高，可提高企业知名度和声誉	花费力量较大，效果难以控制
营业推广	吸引力大，激发消费者购买欲望，可促成消费者即时冲动购买行动	接触面窄，有局限性，有时会降低商品价格

三、医药产品促销组合设计

所谓促销组合，是一种组织促销活动的策略思路，主张企业运用广告、人员推销、公共关系、营业推广四种基本促销方式组合成一个策略系统，使企业的全部促销活动互相配合、协调一致，最大限度地发挥整体效果，从而顺利实现企业目标。而促销组合设计则是恰当地运用以上四种方式的组合，在合适的时机结合企业的营销策略达到企业销售产品和服务的最终目标。

企业对促销组合的选择、编配和运用，受产品性质、市场性质、产品生命周期、促销费用等多种因素的影响。

1. 产品性质 对于不同性质的产品，促销方式应有所不同。一般来说，非处方药消费者数量众多，地理区域分散，产品售价较低，最适宜的促销方式首先是广告，其次分别为营业推广、人员推销和公共关系中的宣传报道。相比之下，处方药和大部分医疗器械由于国家法律法规的限制，人员推销则是其主要的促销方式。医药企业相关从业人员可以与医疗服务提供者面对面直接对话，介绍产品性能、特点，进行现场示范，解答客户问题。在这种情况下，通常在专业医药报纸杂志上发布广告作为配合人员推销的一种促销辅助方式。

2. 市场性质 企业要根据市场的性质来设计销售促进策略，即应按照市场的类型、规模及地区分布情况等，有侧重地选用不同的销售促进手段。一般来说，对于家庭或个人等分布广泛、潜在数量很大的消费者，应当以广告、营业推广为主要销售促进形式。而对于消费者是企业、经销商等相对集中、数量有限的目标市场，则应以人员推销为主要销售促进手段，同时，辅以广告、营业推广等形式促销。公共关系对各种市场都适用，尤其是在购买者比较集中、数量有限的情况下，作用更加显著。

3. 产品生命周期 企业对处在生命周期不同阶段的产品，促销活动的目标与侧重点往往不同，促销方式的组合也不一样。一般来说，在产品处于导入期时，企业的促销目标主要是提高产品的知名度，因而，促销方式以广告为主。为了鼓励消费者试用产品，可在销售地点进行适度的营业推广活动。当产品进入成长期后，促销目标是要增加消费者的兴趣，促使他们购买企业产品。因此，广告仍是企业促销活动的主要手段，但在内容与形式上应有所改变，比如以说服型广告为主。在产品的成熟期阶段，促销目标是培养消费者对企业品牌的偏好，增加产品的使用量，广告促销作用有所下降，营业推广作用逐步增强。当产品处于衰退期时，促销目标是要维持市场销量，因此营业推广是促销活动的主要方式，广告促销作为辅助手段起到提醒消费者购买的作用。

4. 促销费用 销售促进费用预算的多少，直接影响销售促进方式的选择，不同的销售促进方式在不同时期的促销效果也是不同的。一般来说，人员推销费用最高，广告次之，公共关系、营业推广因具体方式不同，其费用也有高有低。企业应在促销费用总额既定的情况下，选用适当的促销手段，把有限的财力用好，达到最佳组合效果。

通过对以上几种因素的分析，说明企业在促销方式的选择上必须通盘考虑，根据具体情况确定促销策略。

一般来说，在下列情况下应以人员推销为主：企业规模小，或无足够的资金推行完善的广告计划；目标市场比较集中，渠道短，销售力量强；产品单位价值很高，如特殊品、选购品；企业与目标市场顾客的关系亟待改进；产品使用方法及性能需要示范；商品不常被购买和常有退换；等等。

下列情况则适合广告等非人员推销形式：如非处方药市场范围很大，产品须以最快速度被告知给广大消费者；对产品的原始需求已显出有利趋向，市场的需求逐渐升高；产品具有相应差异化的机会，富有特色；产品具有隐藏品质，可透过广告告知广大消费者；产品能够引起情感上的购买动机，经过号召的刺激，顾客会迅速采取购买行为；企业拥有充足的资金，有力量支持广告活动计划；等等。

案例讨论

如果你是某医药企业的产品经理，现在要对该公司的小儿七星茶做促销设计，你会选择什么样的促销组合呢？为什么？

第二节　医药产品人员推销策略

一、人员推销的概念

人员推销，又称为直接推销，是指企业派出营销代表直接与中间商、现实或潜在顾客进行面对面接触、商洽，通过双向的信息沟通和交流，促进商品和服务的销售，并且通过信息的反馈来发现和满足顾客需求的促销方式。

人员推销在促销领域发挥着重要的作用。其优点为双向信息交流，针对性强，有助于营销人员及时掌握顾客的需要，随时调整自己的推销方案，在争取顾客偏爱、建立顾客购买信心和促成当面迅速成交等方面效果显著。不足之处在于推销费用高、推销范围有限、优秀的营销人员不易寻找等。

二、人员推销的特点和形式

1. 人员推销的特点　人员推销作为一种市场中常见的促销形式，其有以下五大特点。

（1）人员推销可满足推销员和潜在顾客的特定需要，针对不同类型的顾客，销售人员可采取不同的、有针对性的推销手段和策略。

（2）人员推销往往可在推销后立即成交。人员推销可在推销现场使顾客进行购买决策，完成购买行动。

（3）销售人员可直接从顾客处得到信息反馈，诸如顾客对销售人员的态度、对产品和企业的看法和要求等。

（4）人员推销可提供售后服务和追踪，及时发现并解决产品在售后和使用及消费时出现的问题。

（5）人员推销成本高，所需人力、物力、财力和时间量大。

2. 人员推销的形式　对于医药企业来说，使用人员推销的基本形式主要包括以下两种类型。

（1）企业建立自己的销售队伍，使用本企业的推销人员来推销产品，如药店店员、销售代表、业务经理、销售工程师等。

（2）企业使用专业合同推销员，如制造商、销售代理商、经纪人等，按照期待销售额付给对方佣金。

三、人员推销的基本要求

医药产品是关系到人的生命安全与健康的特殊产品，所以，医药销售人员必须接受充分培训、具备足够的医药及专业知识，从而能按照医德规范准确、负责地提供本公司的药品信息。医药销售人员有责任向公司汇报从医药专业相关人员及有关专业人员处搜集到的有关药品引发的不良反应的信息。严禁向医药相关人员提供现金、不正当礼品或招待以影响医师的正当处方。除此之外，一名合格的医药销售人员应当具备以下能力。

1. 产品知识运用能力　应该具备基础的医药和器械知识，还有基本的市场学知识，能够熟练运用与产品相关的知识，争取成为一名顾问型销售人员。

2. 计划和组织能力　应能够独立完成客户管理计划、产品拜访计划、组织促销活动计划。

3. 时间管理能力　应能够合理运用最新和最理想的时间管理原则，在每月的拜访计划制订、每日平均拜访数量的分配中，根据客户的潜力决定优先和主次。

4. 客户管理能力　应掌握专业的客户管理技巧，运用有效的沟通技巧，加强客户关系，深挖客户潜力。

5. 区域管理能力　能够通过二八定律，选择合适的客户，确定区域客户拜访和管理的频率，采取有效的活动在负责区域进行客户开发与维护。

6. 分析能力　会分析销售结果，反思问题与失败原因，发现不足，找到新的销售机会，解决关键问题。

7. 竞争性销售能力　要知道每天都有很多对手公司的业务员在争自己的潜在客户，掌握他们产品的优、缺点，灵活运用手中的资源和关系，主动进攻和积极防御。

8. 群体销售能力　能够独立完成推广活动、演讲销售，组织学术会议、客户经验交流会、产品使用交流会等。

9. 领导力　能把不同背景的客户组织起来，让他们在经验的交流和分享中产生对自己所在企业和自己的一致认可。

四、医药推销队伍的管理

（一）医药销售人员的组织管理

一般制药企业营销部门的组织结构如图 10-2 所示。

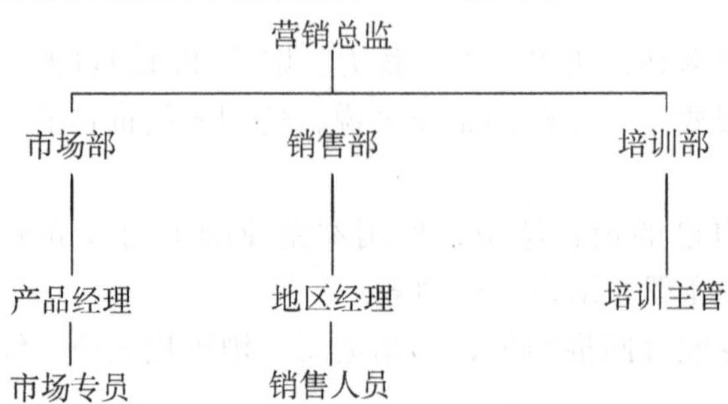

图 10-2　制药企业营销部门的组织结构

部分医药销售人员职位职责描述如下。

1. 销售人员基本职责　负责所在区域的学术工作，提高学术传播与交流水平，用诚信的方式向医生传递企业产品的相关内容和使用准则。

2. 地区经理基本职责　负责所在区域的团队管理，完成下达的计划任务，更新所负责的产品领域的知识，为提高医药代表竞争能力提供支持。

3. 地区市场专员基本职责　在公司制定的战略框架之内，提高公司的品牌产品的认知度，为提高公司产品在所在区域的营业额和医药信息的质量负责；与地区有影响力的专家或学术带头人保持密切联系，掌握区域内的最新学术现状；密切关注竞争产品状况，给总部提供无价的竞争信息和可在全国范围内推广的策略；全面掌握产品情况及学术环境的变化，对获取的信息进行评价，用来提高所在团队专业水平；指导和监控临床研究。

4. 产品经理基本职责　依据战略分析确定产品定位；制订产品市场营销计划，为所促销的产品提供必要的支持；帮助医药代表执行销售策略；与国内外伙伴保持密切、持久的联系；协助增加销售额。

（二）医药销售人员的培训管理

1. 产品知识的培训　医药销售人员向客户推介的一般是处方药中的新药或大型的医疗器械，而要对这些产品进行更好的描述及与客户交流沟通，就必须要了解产品自身的特性、优势。因此，需要对医药销售人员进行相关医学知识培训。

以药品为例，培训内容包括：该产品相关临床领域的理论基础和发展背景；该药品的药学知识；该药品所有的临床试验和临床应用中的实际情况；该药品与竞争品的比较优势；该药品能带给医生、患者的利益等。

2. 各种沟通技巧培训

（1）交流沟通技巧培训：包括有效倾听技巧、使用文献技巧、引证技巧、缔结技巧、处理反对意见技巧等。

（2）演讲技巧培训：包括演讲的流程、会议的主持、与听者的互动、游戏互动、演讲的讨论组织等。

（3）组织学术会议培训：包括会场选择、资料准备、时间安排、讲课人联系、会议突发事件处理等。

（三）医药销售人员的绩效考核管理

绩效考核是指按照一定的标准，采用科学的方法，检查和评定企业员工对职务所规定的职责的履行程度，以确定其工作成绩的一种有效管理的方法。绩效考核作为一种衡量、评价、影响员工工作表现的正式系统，可起到检查和控制的作用，并以此来揭示员工工作的有效性及其未来工作的潜能，从而使员工自身、企业和社会都受益。

一般医药销售人员的绩效考核的指标有以下几个。

（1）销售量：销售量主要包括在规定的时间内完成的公司下发的指标任务。销售量可分为实际销售量和入库量，从产品角度来讲，又可分为总销售量和各单产品销售量。

（2）总金额：指所有产品核算为公司结算价的金额。各产品单价不相同，但可以以此确认各单产品完成情况及总的销售额大小。

（3）增长率：公司除了要求完成下达的指标，还要求与上年同期、上一季度比较所表现出的增长速度。

（4）费用额：公司除了考虑进行市场推广以完成公司下达的指标，还对完成指标的成本费用进行一定核算。

（5）新市场开发速度：只有新的市场不断开发，才可能有新的客户，销售才能有新的增长点，所以医药促销代表需不断开发新的市场。

（6）工作态度：医药销售人员在日常工作中，有许多表格需要填报，同时客户管理系统对每天的拜访客户人数及效果都有严格要求，这些作为工作态度进行考核。

（四）医药销售人员的激励

（1）晋升：当医药销售人员在销售的产品领域内具有很高的专业水平，在与客户的沟通交流中也承担了信息搜集的功能，对市场和产品的把握均十分到位，而公司的发展也正需要此种类型的人才，医药销售人员就可能有较为广阔的晋升空间。

晋升一般途径为：医药销售人员→地区经理→大区经理。

医药销售人员→市场专员→产品经理。

（2）精神鼓励。

拓展阅读

医药代表由具备医药知识背景的专业人士来担任，医药代表的工作性质就像是一条纽带，连接医生、医院和药厂。他们把药厂的最新研发动态带入医院，再把医生用药的临床状况反映给药厂，例如药物的不良反应信息和治疗范围的变化等。在美国，临床医生的新药知识73%来源于医药厂家，来源于医药代表的讲解。在我国最新的医药代表从业指导中，医药代表不是推销员，而是信息传递者，是产品专家。

第三节　医药产品广告促销策略

一、医药产品广告概述

广告是促销组合中的重要组成部分，也是现代企业进行促销的最有用的方法和手段。它在提升医药企业的形象、促进销售等方面具有无可替代的作用。

广告是企业按照一定的预算方式，支付一定数额的费用，通过不同的媒体（如广播、电视、报纸、杂志、告示等）对产品进行广泛宣传的一种促销方式。医药产品广告，就是以医药产品为载体的广告传播形式，其主要有以下特点。

1. 公众性　广告是一种高度大众化的信息传播方式，通常适用于大众化、标准化产品的宣传推广。在药品市场上主要适用于OTC药品的营销信息的传播。

2. 表现性　广告是一种富有表现力的信息传播方式，它通过对文字、音响及色彩的艺术化运用，将企业及其产品的信息传播给社会公众。形象化、艺术化的信息传播，使公众更易于接受，所以广告是最有效的信息传播工具。

3. 渗透性　广告可多次重复同一信息，是一种渗透性较强的信息传递方式。

世界上最早的广告是通过声音进行的，叫口头广告，又称叫卖广告，这是最原始、最简单的广告形式。早在奴隶社会初期的古希腊，人们就通过叫卖贩卖奴隶、牲畜，公开宣传并吆喝出有节奏的广告。我国古代继音响广告之后出现的则是“悬帜”广告。《韩非子·外储说》中说道“宋人有酤酒者，升概甚平，遇客甚谨，为酒甚美，悬帜甚高著”。这是我国关于酒家和酒旗目前所知最早的记录。在医药行业，《费长房》中说“市有老翁卖药，悬壶于肆头”，就是用葫芦作为药铺的象征性标志，悬挂于街头或药铺的门前。这里的“悬帜”“悬壶”给人以非常醒目的视觉效果，用现代话说，就是“招牌广告”。

二、广告促销方案的制订

（一）广告媒体的种类

广告运用的媒体多种多样，大致有报纸、杂志、广播、电视、电影、幻灯片、户外招贴、广告牌、霓虹灯、交通广告、传单、包装纸、商品陈列、现场POP广告、网络广告等。其中最常用的是四大传统广告媒体：报纸、杂志、电视、广播。它们各有优、缺点（表 10-2）。

表 10-2　四大传统广告媒体的优、缺点

类型	报纸	杂志	电视	广播
优点	信息传播较迅速及时、成本较低、传播面广、影响力大、时效性强、制作简单、灵活度高等	针对性强、持续时间长、易于保存、表现力较强、印刷精美	表现力强、形象直观生动、娱乐性强、宣传效果好、传播广泛	信息传播迅速及时、传播面广、费用较低、听众多、不受时空控制
缺点	表现能力差、持续时间短、要求读者有一定的文化、不易保存、感染力差	定期发行、灵活性差、信息传递不及时、覆盖面小、成本较高	时间短、费用高、选择性差、目标不具体	表现力差、时间短、不易记忆

（二）医药广告促销方案的制订

医药企业要想获得良好的广告效果必须综合考虑以下因素。

1. 医药商品的特征　不同的商品要选择不同的广告媒体。对于 OTC 产品、保健品、家用医疗器械宜选择影响面大的普通杂志、报纸、电视、广播等。对于处方药、化学试剂、中药材、大型医疗器械则宜采用专业性报纸、杂志等。

2. 媒体的特征和费用　不同的广告媒体有不同的特征，其费用的差异也很大。在选择媒体时一定要考虑媒体传播的范围与对象、媒体被收听（看）的情况、媒体的费用、媒体的信用、媒体的影响力等因素。

3. 目标消费者的特性　要想广告起到应有的作用，就必须考虑目标消费者的特性。特别是要了解消费者的消费习惯、购买力、偏好、对媒体的信赖程度等。如老年人爱听广播、小朋友爱看动画片等。

4. 市场的竞争情况　当竞争激烈时，医药企业应选择影响力大且影响面广的广告媒体；当竞争不激烈的时候，对于广告媒体的选择则相对自由些。

当然，对于广告促销方案的选择往往是综合性的，几种媒体一起使用，从而提高广告的总体效果。

拓展阅读

广告促销方案的主要步骤包括以下七步：①确认促销对象。②确定促销目标。③促销信息设计。④选择沟通渠道。⑤确定促销的具体组合。⑥确定促销预算。⑦通过不同媒体对产品进行广泛的宣传，促进传播。

三、药品广告的管理

我国的药品广告，主要是依据《药品广告审查办法》和《中华人民共和国广告

法》来实行。药品广告的内容必须真实、合法，以国务院药品监督管理部门批准的说明书为准，不得含有虚假的内容。药品广告不得含有不科学的表示功效的断言或保证；不得利用国家机关、医学科研单位、学术机构或者专家、学者、医师、患者的名义和形象做证明。非药品广告不得有涉及药品的宣传。

广告是非处方药销售的重要手段。医药产品是一种特殊产品，医药产品的质量至关重要，不负责任的广告会误导消费者，令消费者轻则浪费金钱，重则损害生命健康，甚至付出生命的代价。设计与传播医药广告，应遵循以下原则。

（一）真实性原则

真实性原则是医药产品广告的首要原则。这种真实性体现在：所传播的药品必须以《中华人民共和国药典》或省级以上卫生行政主管部门核定的药品说明书为依据；讲究信誉；药品广告的信息内容必须真实；药品广告的形式必须真实。

（二）可及性原则

做广告的目的是促销，即必须让相应的公众收到广告信息。因此，必须根据医药产品目标消费者的不同采用不同的广告设计。例如，针对儿童的药品必须根据儿童的特点去设计，动画的方式应该是首选。

（三）科学性原则

药品广告设计的科学性体现在药品广告的计划完整性和策划创意的科学性，不能违背药学和医学的基本原理与常识，不能违背生物学与生理学的客观事实；广告传播的手段和制作技术要具有先进性与科学性，广告设计的程序要规范化。

（四）艺术性原则

药品广告本身是一门实用性很强的艺术。要简明、准确、经济、全面，以适当的力度、高效率地达到预期的宣传效果，必须具有很强的艺术感染力。这种艺术性必须做到通俗性、魅力性、真实性、新颖性并举。

（五）合法性原则

法律对药品广告的要求比一般产品广告高得多，在做药品广告时不仅要遵守一般广告的法律法规和从业原则，还必须遵守我国认可的国际性准则和针对药品的特有法律法规。

（六）经济性原则

做广告必须针对医药产品市场的生命周期、不同的消费群体来做。做广告必须有一个经济预算，必须根据自己的财力来选择广告的方式。广告的费用与经济收益的取得必须成正比，收益越高越好。

案例解析

第四节　医药产品营业推广策略

一、医药产品营业推广的概念

营业推广又称销售促进，是指那些不同于人员推销、广告和公共关系的销售活动，它旨在激发消费者购买和促进经销商的效率。

（一）营业推广的作用

1. 吸引消费者购买 这是营业推广的首要目的，尤其是在推出新产品或吸引新顾客方面。营业推广的刺激比较强，较易吸引顾客的注意力，使顾客在了解产品的基础上采取购买行为，也可能使顾客追求某些方面的优惠而使用产品。

2. 奖励品牌忠实者 因为营业推广的很多手段，譬如销售奖励、赠券等通常都附带价格上的让步，其直接受惠者大多是经常使用本品牌产品的顾客，从而使他们更乐于购买和使用本企业产品，以巩固本企业的市场占有率。

3. 实现企业营销目标 这是企业的最终目的。营业推广实际上是企业让利于购买者，它可以使广告宣传的效果得到有力的增强，破坏消费者对其他企业产品的品牌忠实度，从而达到销售本企业产品的目的。

（二）营业推广的缺点

1. 影响面较小 它只是广告和人员推销的一种辅助的促销方式。

2. 刺激强烈，但时效较短 它是企业为创造声势获取快速反应的一种短暂促销方式。

3. 顾客容易产生疑虑 过分渲染或长期频繁使用，容易使顾客对卖者产生疑虑，进而对产品或价格的真实性产生怀疑。

二、医药产品营业推广的特点

相比较其他的促销方式而言，医药营业推广具有以下几个显著特点。

（一）针对性强、销售效果明显

医药营业推广是一种以激励消费者购买和调动经销商经营积极性为主要目标的辅助性、短暂性的促销措施。大都是通过提供某些优惠条件，调动有关人员的积极性，刺激和诱导顾客购买，因而见效快，对一些消费者具有较强的吸引力。

（二）无规则性和非经常性

医药营业推广是一种非人员的促销形式，大多数医药营业推广方式是无规则性的和非经常性的，它只是辅助或协调人员推销及广告活动的补充性措施。大多数公司采用人员推销或广告去推销商品，或采用广告和人员推销相结合的促销方式，几乎没有一家公司单凭医药营业推广去维持经营。

（三）短期效果

医药营业推广往往是企业为了推销积压产品，或尽快地批量推销产品，获得短期经济效益而采取的措施。但这种促销方式的效果往往是短期的，如果运用不当，容易使顾客产生逆反心理或使顾客对产品产生怀疑，这种做法有时会降低产品的身份和地位，甚至给人以产品质量低劣的印象，从而有损产品或企业的形象。因此，选择医药营业推广形式时应慎重。

三、医药产品营业推广的主要方式

（一）针对最终消费者的医药营业推广

（1）赠送样品。

（2）折价券和消费卡。

（3）特价销售（小额折价交易）。

（4）现场发布会或现场交易会。

（5）商品示范和药品陈列。

（6）奖品（竞赛、抽奖、游戏）。

（二）针对中间商的医药营业推广

（1）批发折价。

（2）推广津贴。

（3）销售竞赛。

（4）交易会或博览会。

（三）针对企业内部销售人员的医药营业推广

在医药企业内部进行医药营业推广活动，旨在使销售活动顺利进行，明确销售重点所在，策划最佳医药营业推广活动，提高销售人员对产品特性的认识水平，使其了解医药营业推广计划，促使其有效开展医药营业推广活动。医药企业要想保持长期的激励效果，还需要建立良好的激励制度来促使销售人员努力工作。激励制度一般由药品销售定额和药品销售佣金两方面的内容组成。

总之，医药企业对各种医药营业推广策略的选择，应当根据其营销目标、产品特性、目标市场的顾客类型及当时当地的有利时机灵活加以选用。

四、医药产品营业推广方案的制订

（一）制订营业推广方案要遵守的原则

1. 注重策略性　营业推广是促销中的一个要素，它不可以单独操作，要和其他要素如产品、区域、渠道、品牌、费用、人员、竞争环境等一起服务于销售，所以营业推广活动必须要站在整合营销的角度来考虑。一个有策略性的营业推广方案，要考虑全年的营业推广活动有没有规划、各项活动能不能发挥联动作用、与其他市场活动如何联动、营业推广费用如何计划、营业推广活动能整合哪些营销资源、如何应对竞品的活动，以及营业推广方案是否能吸引消费者参与等。当然，在实际工作中要考虑的问题还远不止这些。

2. 注重可执行性　企业中销售部和市场部往往很难相处，常常会为一个营业推广方案的执行结果互相指责。销售部的人会说市场部的方案是闭门造车，市场部的人会埋怨销售部执行不到位。为什么会出现这种现象呢？

其原因大致有以下几个方面。

（1）活动承载了太多职能。

（2）方案没有考虑到市场的实际情况。

（3）执行环节过于繁杂。

（4）方案本身不完善，如细节考虑不到位。

（5）企业的资源配置跟不上。

（6）执行团队抓不到营业推广方案的关键。

（7）方案损害了执行团队的利益，使执行团队产生抵触情绪。

（8）营业推广方案的制订者不对方案的结果负责。

（二）营业推广方案的内容

一份完整的营业推广方案至少应该包括以下几个方面的内容。

1. 营业推广目的 即为什么要做这次营业推广。在销售受阻时，最先想到的就是向领导要求提供销售支持，促销就是销售支持的一种手段。其实营业推广的目的不仅仅是提高销量，还有如提升终端表现、减少库存、推广新品、打击竞品、客情维护等目的。有时因为竞争对手在做，自己也要做；有时为了讨好采购，也要做。需要注意的是，每一次营业推广不要承载太多的目的，因为所有的方面都要兼顾很难，如果做不好反而影响效果。

2. 营业推广对象 即选择对谁去做营业推广。可以是针对分销商，如可以做联合促销、买赠活动等；也可以针对购买者，如在包装内放刮刮卡等；还可以针对竞争对手的消费者、从未购买过本企业产品的消费者等。资源是有限的，所以资源的投入要集中，否则达不到效果。

3. 营业推广主题 即在面对消费者时，为营业推广找一个合理的理由，掩饰赚钱的真实意图，以及降价、变相降价带来的负面影响，如以节庆贺礼、新品上市为名减轻降价促销的负面影响。赋予营业推广活动一个合适的主题对吸引消费者有很大作用。主题有点儿像散文的“神”，有了主题，就能把其他环节如平面广告、产品组合、活动方式等都统一起来；没有了主题，整个营业推广活动就会“魂飞魄散”。

4. 营业推广产品 即用哪些产品来做促销。可以是新品、销得最好的产品、销得最差的产品、知名度最高的产品、店铺主推产品、直接针对竞品的策略性产品等，这与促销目的直接挂钩。例如，要做销量，用销得最好的产品来做活动最有效果；要打击竞品，用策略性产品最好；要加强与消费者的沟通，用店铺主推产品最好；等等。

5. 营业推广时间 即什么时间开始进行营业推广，要进行多长时间。一个档期若跨两个周末可能平均日销量会比只跨一个周末的要高。与分销商合作的买赠、特卖等促销活动，在协议中要明确限时限量，否则一旦在营业推广期间出现赠品、特价产品供货不足，就会面临被罚款、清退的危险。营业推广时间首先考虑节日，还有店铺的整体推广计划及竞争对手促销活动的周期，掌握最佳促销时间，从而有效借势和造势。

6. 营业推广形式 主要是解决优惠形式、执行方式及促销参与条件的问题。可采用的形式有买赠、降价、捆绑销售、派送、特殊陈列、抽奖、现场活动等，每种形式都能做出很多创新的活动，而且各种形式可以在一个活动中组合使用。营业推广形式有创意可以吸引消费者更多地参与，但是执行起来会很麻烦。对于大多数中小企业而言，更适合选择一两种常规性的、便于执行和复制的营业推广活动。

7. 营业推广用品 即营业推广活动需要哪些助销品、赠品、宣传品等。如特殊促销活动需要的道具、各种助销用品和各种宣传用品、礼品、赠品等，这些东西一样都不能少。

8. 营业推广预热与总结 即在营业推广前、营业推广中甚至营业推广后的宣传方案及活动告知。没有这个环节，就没有人气，就得不到目标群体的关注。

9. 营业推广预算 即计算整个营业推广活动需要的费用。首先是对销量进行预测，基于销量计算本次活动的销售费用和市场费用。这不是一件容易的事。做预算大体有两种方法：一种是正推法，即以营业推广活动为中心计算要花多少钱；另一种是逆推法，即准备用多少钱做活动。

五、典型案例

桂龙药业创意终端

（一）背景

咽喉用药是继胃药、感冒药后百姓消费最多的药品种类之一。近年来，各大制药企业纷纷推出咽喉药类产品，后起之秀在进入市场时多采用细分市场的方式瓜分市场。

目前，咽喉药在症状和消费者细分上还不成熟，而消费者对健康消费的选择日益理性，更倾向于选择明确适合自己的产品。大多数利咽类产品仍然缺乏品牌美誉度，消费者忠诚度不高。同时，市场上各个厂家频频出招，桂龙药业面临着巨大的外部压力；全国终端价格不统一、销售渠道混乱等内部难题也使桂龙药业感受到了前所未有的危机。

（二）创意

以桂龙咳喘宁胶囊起家的桂龙药业在进入咽喉用药市场后，定位于慢性咽炎。经过多年市场推广，逐渐形成慢性咽炎第一领导品牌，在相关公众中产生了很高的知名度和美誉度，并以颇具特色的营销模式在医药行业独树一帜。

过去，诸多医药企业是浮在通路的顶端，隔着总经销商、分销商、零售商向消费者叫卖，并不知如何深入通路的终端直接与消费者沟通。在这种情况下，渠道之间时时爆发矛盾。此时，为了追求和实现与合作者的双赢，包括商业与终端，桂龙药业对合力营销内涵的理解再次提升。

（三）定位

强化终端市场建设，做好终端市场销售必将是企业今后销售运作的发展方向。不仅要强调广告的拉动作用，更要重视市场铺货与终端促销；既要让产品广告在电视上天天与消费者见面，更要让消费者在终端市场上能方便地见到产品。

（四）执行

经过近半年坚持执行合力营销，桂龙药业与商业企业的合作实现了从握手到拥抱的质的飞跃。随后，桂龙药业开始考虑连锁终端如何与桂龙药业实现共赢，如何实现合力。

桂龙药业合力营销为实现延伸至连锁终端的目标，有针对性地采取了内部对员工进行宣讲、考核和奖励的举措，对外则动之以情、晓之以理、予之以利，还采取了区域主流连锁战略合作、单店跟进、救火队员等举措充分保障终端维价的有序进行。

龙头连锁客户，比如海王集团、一心堂药业集团等率先站出来以高姿态配合桂龙药业的维价行动，因为他们将成为支持终端维价最直接、最先、最大的受益者。随后，全国省会城市与150个地级城市价格维护基本到位。

在新合力营销理念的指导下，决胜终端成为重中之重，桂龙药业开始重新思考何为OTC销售队伍的核心价值这一关键问题。

为此，桂龙药业首先建立起一套奖惩分明的具有桂龙药业特色的终端考核制度，市场部考核人员不定期对全国28个办事处进行巡视考核，主要考核项目有铺货、陈列位置、陈列面、创意展示等，后十名拿出钱来奖励前十名，前三名公司则给予重奖。这种将团队荣誉融入制度考核的奖惩方式极大地促进了桂龙药业终端工作的良性循环。

（五）效果

桂龙药业合力营销在终端的直接表现为产品销售量的猛增。慢严舒柠牌清喉利咽颗粒销售额及回款实现历史最高水平，好爽糖从狭缝中探寻出一条蓬勃发展之路，当年销售额接近1亿元。

第五节　医药产品公共关系策略

一、公共关系的概念及特点

公共关系（简称“公关”）是指某一组织为改善与社会公众的关系，促进公众对组织的认识、理解及支持，达到树立良好组织形象、促进商品销售目的等而进行的一系列公共活动。

公共关系是一种隐性的促销方式，它是以长期目标为主的间接性促销手段。对于医药企业而言，塑造良好的形象是公共关系意识的核心，同时也是企业能够长远发展的根本保证。医药企业生产的产品不是一般意义上的商品，而是能解痛去疾的药品，药品质量的好坏、疗效的确切与否，都直接关系到人民的健康与生命安全。因此，相对于其他行业而言，人们对医药企业的形象与名声往往更为关注。

医药产品公共关系的特点主要有以下几个方面。

1. 可信度高　对大多数受众而言，各种媒体上有关医药企业的报道更为客观，而医药企业自己推出的广告则属于主观信息，效果不如前者。

2. 传播能力强　很多受众对广告等信息传递方式本能地反感，并有意识地回避。而公共关系报道是以新闻形式出现的，受众一般比较容易接受，所以传播力较强。

3. 成本较低　公共关系主要利用信息沟通的原理和方法进行活动，它比广告成本少得多。对医药企业而言，从投入和产出之比来看，公共关系是所有促销方式中成本最低的。

在市场营销学体系中，公共关系是企业机构唯一一项用来建立公众信任度的工具。由于社会上的分工越来越细，公共关系人员显得越来越重要，许多大专院校纷纷成立公共关系学系，为社会培养不同领域的公共关系人才。公共关系行业的性质使其不可避免地与媒体之间发生密切联系。目前，中国大陆公共关系行业的企业要接近顾客群（对公共关系服务有需求的组织）及媒体，所以主要集中分布在北京、上海、广州三地，成都、武汉等城市也有分布。

二、医药营销公共关系的基本特征

公共关系是社会关系的一种表现形态，科学形态的公共关系与其他任何关系都不同，它有其独特的性质，了解这些特征有助于我们加深对公共关系概念的理解。

（一）医药营销公共关系的情感性

公共关系是一种创造美好形象的艺术，它强调的是成功的人和环境、和谐的人事气氛、最佳的社会舆论，以赢得社会各界的了解、信任、好感与合作。我国古人办事讲究“天时、地利、人和”，把“人和”作为事业成功的重要条件。公共关系就是要追求“人和”的境界，为组织的生存、发展或个人的活动创造最佳的软环境。

（二）医药营销公共关系的双向性

公共关系是以真实为基础的双向沟通，而不是单向的公众传达或对公众舆论进行调查、监控，它是主体与公众之间的双向信息系统。组织一方面要吸取人情民意以调整决策，改善自身；另一方面又要对外传播，使公众认识和了解自己，达成有效的双向意见沟通。

（三）医药营销公共关系的广泛性

公共关系的广泛性包含两层意思：一层意思是公共关系存在于主体的任何行为和过程中，即公共关系无处不在，无时不在，贯穿于主体的整个生存和发展过程中；另一层意思是其公众的广泛性。因为公共关系的对象可以是任何个人、群体和组织，既可以是已经与主体发生关系的任何公众，也可以是将要或有可能发生关系的任何暂时无关的人们。

（四）医药营销公共关系的整体性

公共关系的宗旨是使公众全面地了解自己，从而建立起自己的声誉和知名度。它侧重一个组织机构或个人在社会中的竞争地位和整体形象，以使人们对自己产生整体性的认识。它并不是要单纯地传递信息，宣传自己的地位和社会威望，而是要使人们对自己的各方面都要有所了解。

（五）医药营销公共关系的长期性

公共关系的实践告诉我们，不能把公共关系人员当作“救火队”，而应把他们当作“常备军”。公共关系的管理职能应该是经常性与计划性的，是一种长期性的工作。

随着网络的普及和社会公众对网络的使用越来越频繁，网络对社会的舆论导向、对公共事件的评价都有巨大的影响力。网络已经成为消费者对某一品牌或商品评价的第一来源，而且网络上信息传播迅速，短时间内就能产生巨大的影响力，网络日益成为企业日常公共关系活动的主阵地，起到扩大对外宣传、树立企业品牌的作用。网络宣传成本相对较低，且针对性强、效率高，网络宣传作用日益扩大，对于企业口碑的形成也有重要推动作用。

三、医药营销公共关系的主要类型

医药营销公共关系的类型，按照公共关系活动的主体身份、工作对象、功能体现进行划分，可分为主体或部门公共关系、对象公共关系和功能型公共关系三大类。

（一）主体或部门公共关系

由于主体或部门间各有差异，它们各自的公共关系工作内容和方式也会有所差异。

1. 企业公共关系　所谓企业公共关系，就是以企业为主体的公共关系。企业公共关系活动的核心是在公众中树立起良好的形象。

2. 商业服务业公共关系　商业服务业公共关系就是以商业服务业为主体的公共关系。

商业是向消费者市场提供物资商品，服务业以提供劳力或技艺服务来满足顾客需要，两者都是以工作人员与顾客的直接接触来开展活动。

3. 金融业公共关系　金融业公共关系就是以金融业为主体的公共关系。

金融业，即经营货币资金融通的行业，具体包括与货币的发行、流通、回笼业务有关的银行及与其关系密切的证券公司、信托投资公司、信用社等。

4. 政府公共关系　政府公共关系是以各级政府为主体、以广大内外公众为客体的一种特殊的公共关系类型。政府公共关系活动是指政府为了更好地管理社会事务、争取公众对政府工作的理解和支持、塑造良好的形象，运用传播手段与社会公众建立、协调、改善关系的政府行为。

5. 事业、团体公共关系　事业组织是指为适应社会需要而由国家或地方政府提供资金设立的专门性机构，如学校、研究所、图书馆等。

团体组织是指具有共同利益或背景的人们为实现某种社会理想而自愿结合形成的

非营利性组织，如专业学术团体、少数民族团体、宗教团体、残疾人团体、妇女团体等。

6. 社会公众人物公共关系 社会公众人物有较高的社会知名度，是广受公众关注的人物。

社会公众人物多为社会明星或社会热点人物，不少高级政客及社会活动家也属此列。

（二）对象公共关系

对象公共关系主要是按照公众的横向关系划分的。

1. 员工关系 每个组织都有自己的员工，员工关系的好坏直接影响企业组织架构的稳定性和向心力。

2. 消费者关系 一般来说，组织自身目标最终能否实现直接取决于它如何处理与消费者的关系。

3. 政府关系 政府不仅是公共关系的主体，也是公共关系的对象。政府含有不同层次，从纵向说有中央政府与各级地方政府，就横向看有承担不同职能的政府部门，有立法部门、司法部门和执法部门，还有工商管理、税务管理、土地管理、司法管理部门等。

4. 媒体关系 媒体一般指社会上的新闻、传播机构或工具，包括报纸、杂志、图书、广播、电视、通讯社、互联网站等。

5. 社区关系 社区是具有社会功能的一定地理区域，如乡镇、街道和居住小区或小区群等，是人们共同拥有的生存空间。任何一个组织的存在都离不开一个具体的社区。

6. 股东关系 股东关系就是组织与投资者的关系，多存在于营利性组织（如股份公司、合资企业等），事业团体组织（如博物馆、科技工作者协会等）与赞助者、基金会的关系也可归入这一类。

7. 竞争对手关系 竞争对手关系常常又是同行关系。

（三）功能型公共关系

所谓功能型公共关系，是以公共关系在组织运行中所发挥的功能性作用为标准而加以划分的。

1. 日常事务型公共关系 这类公共关系是指在组织的日常运行中始终如一地贯彻公共关系工作目标，努力树立形象、争取公众、扩大影响。

2. 宣传型公共关系 这类公共关系主要是指组织以各种新闻、传播媒介为工具，围绕某个特定主题向公众有意识地传送有关信息，从而创造于己有利的社会舆论环境。

3. 征询型公共关系 征询型公共关系主要是向组织的决策高层和管理职能部门提供征询或咨询。

4. 矫正型公共关系 矫正型公共关系也可以称为补救型公共关系，它指的是在组织形象受到损害时，为挽回声誉、重建形象而开展的各种公共关系活动。

四、营销危机公关处理

（一）危机公关的概念

危机公关是指应对危机的有关机制，它具有意外性、聚焦性、破坏性和紧迫性。根据爱德华·伯尼斯（Edward Bernays）的定义，公共关系是一项管理功能，制定政策及程序来获得公众的谅解和接纳。危机公关具体是指机构或企业为避免或者减轻危机所带来的严重损害和威胁，从而有组织、有计划地学习、制定和实施一系列管理措施和应对策略，包括危机的规避、控制、解决，以及危机解决后的复兴等不断学习和适应的动态过程。危机公关对于国家、企业、个人等都具有重要的作用。

（二）危机的特点

1. 意外性　危机爆发的具体时间、实际规模、具体态势和影响深度是始料未及的。

2. 聚焦性　进入信息时代后，危机的信息传播比危机本身的发展要快得多。

3. 破坏性　由于危机常具有“出其不意，攻其不备”的特点，不论什么性质和规模的危机，都必然不同程度地给企业造成破坏，带来混乱和恐慌，而且由于决策的时间及信息有限，往往会导致决策失误，从而带来不可估量的损失。

4. 紧迫性　对企业来说，危机一旦爆发，其破坏性的能量就会被迅速释放，并呈快速蔓延之势，如果不能及时控制，危机会急剧恶化，使企业遭受更大损失。

（三）发生危机后的公共关系策略

1. 准备阶段

（1）根据危机影响程度，迅速建立危机管理小组，组成人员包括决策负责人、公共关系部经理、人事部经理、保卫部经理等。如果事件非常严重，企业一把手应亲自掌阵。

（2）危机小组首先要明确问题，要通过各种方法挖掘危机爆发的缘由。企业不仅应找出危机出现的原因，还应找出为什么会有这种现象的产生，深层次地挖掘事件的原因。

（3）危机小组要安排调查人员深入现场，了解事实，并尽快做出初步报告。企业也要迅速开展调查，弄清真相并形成报告。

（4）危机小组要制订或审核危机处理方案和方针及工作程序，尽快遏制危机的扩散；企业要制订详尽合理的处理方案，应对当前危机。

（5）危机小组要统一口径发布信息，指定新闻发言人，一个声音对外；企业要确保公司对外发布的事故原因的一致性，对深层次问题探究也要保持口径一致。

（6）危机小组还要决定是否请外部专业公共关系人员来协助处理危机公关事件。针对企业出现的危机，必须考虑是否有必要聘请外部公共关系专家和其他有关专家协助指导，必须考虑事件的发展会受一些不可控因素的影响。

2. 危机处理阶段

（1）危机发生后，从组织内部的各层管理人员一直到监工都应尽快得到组织危机应对事件的材料，并进行相应的学习。通过前段的准备后，此时企业可将整理出的应变报告传达给各层人员。

（2）在处理事件的过程中要就事论事，实事求是。企业的公共关系部门要实事求是地向社会公布事故的缘由。

（3）妥善做好善后处理，此阶段企业的工作相当繁多，如安抚受难人员及其家属并对其进行相应的赔偿、召回有问题的产品、向社会大众致歉等。

（4）开放现场或组织专门参观，运用参观活动来协助危机解决。比如在产品的生产阶段，可邀请消费者参观，让消费者亲身体会产品确实可以放心安全地使用。

3. 重塑企业组织形象阶段

（1）一般而言，在危机公关过后，企业一般会采用低价促销的策略，先确保销量，即使有利润的损失。

（2）根据社会发展的不同情况，多参加社会公益活动，如捐建希望小学、向灾区捐款捐物等，树立良好的企业形象。

危机公关处理准则

准则一，承担责任。
准则二，真诚沟通。
准则三，速度第一。
准则四，系统运行。
准则五，权威证实。

五、典型案例

金赛药业爱心营销

童话是美好的，但是童话般的人物在现实生活中往往遭遇的是误解，承受的是尴尬，面对的是孤独。“成长”的药物需要被发现，“成长”的力量需要被鼓励，“成长”的环境需要被创造。爱，是只有起点没有终点的出发。

（一）背景

尽管在中国，矮小症患者多达800多万人，且每年还在以16万余人的速度增长，但是整个市场仍处于“睡眠期”。主要原因在于中国人一般不把矮小症当成是一种疾病，不知道如果早检查、早发现，其实可以获得很好的治疗。患有矮小症的孩子遍布各个地方，这增加了治疗目标患者的难度。并且根据中国法律，制药公司和非OTC产品不允许在营销和信息沟通中提及名字，这极大地限制了传统营销的有效性。在医生层面，诊断技术和治疗手段也未被广泛普及。

此外，90%以上的矮小症患者有心理问题。于是，一场旨在唤起全社会对矮小症儿童的重视和关心，并积极帮助矮小症患者重塑健康身心的活动由金赛药业拉开了序幕。

（二）定位

金赛药业关注改善矮小人的身高问题，更关心他们的身心健康活动。真正把“服务矮小人”作为企业长期持续发展的目标，与患者共同成长。

（三）创意

与中国红十字基金会形成战略合作伙伴关系，开展了“红十字天使计划——金赛矮小症儿童医疗救助活动”。通过“红十字天使计划”赢得营销和信息沟通的合法性和可信赖感。

在全国各主要地区建立“矮小人俱乐部”，克服患者分布广泛的障碍，并且提供矮小人之间交流的平台。

启动在线调查问卷，调查关于中国网民判断儿童平均身高和对科学方法治疗矮小症的认识。结论是 70% 的网民不知道如何科学长高，甚至 3% 的人相信保健品增高广告。

塑造矮小人的健康代言人形象，为矮小人群建立自信。

通过矮小人的聚会活动，吸引媒体关注和报道，在大众层面扩大对矮小症知识的普及，营造关爱矮小人的社会环境。

（四）执行

每年向中国红十字会捐赠 100 万元的药品，用于资助矮小人群的治疗。已有超过百人接受治疗，每人每个月平均长高 1.2cm，一年长高 12~15cm。

出资协助成立全国公益性社团“南京矮小人俱乐部”“上海矮小人联谊会”“重庆矮小人俱乐部”“长春矮小人联谊会”等，帮助矮小人建立自信、改善身高，参与社交、走出自卑，身心快乐地成长。俱乐部不仅为矮小症患者提供交流思想的平台，还成功地为 10 余名矮小人士找到了工作。

发挥明星袖珍人的影响力。袖珍才女逯家蕊现在为生长发育网编辑，上海、吉林、重庆等 6 个矮小人联谊会会长，就职金赛药业公关部。

与世界上最著名的残疾人足球运动发展计划携手，与英国著名埃弗顿慈善基金会合作，成功举办了上海首家矮小人联谊会活动和吉林长春矮小人联谊会活动，主题是“足球与健康”。

2009 年，发布科普教育文章和新闻 300 余篇，同时各省市电视台拍摄了专题片 27 部。

（五）效果

最终将赛增打造成中国基因重组人生长激素的第一品牌，占有超过 40% 的市场份额。金赛药业销售收入 2009 年较 2008 年增长 50%。

重点小结

本章主要包括医药产品促销与医药产品促销组合、医药产品人员推销、医药产品广告、医药产品公共关系、医药产品营业推广等内容。

医药产品促销，就是医药企业通过各种沟通方式将所经营的医药商品或所提供的服务及企业信息传递给目标市场，使客户、消费者对企业及其商品（服务）产生兴趣、好感与信任，进而做出购买决策的一系列活动的总称。医药产品促销的根本作用在于沟通买卖双方，传递各自的信息，使买方得到称心的商品，卖方生产出符合市场需求的产品，并实现目标利润。企业促销方式是多种多样的，但传统的促销方式有四种，即人员推销、广告、营业推广和公共关系。

寄语青年

奋斗是青春最亮丽的底色，行动是青年最有效的磨砺。

目标检测

一、单项选择题

1. 直接沟通信息，反馈及时，可当面促成交易，符合这些特点的促销方式是（　　）。

A. 人员推销　　B. 广告销售　　C. 公共关系　　D. 营业推广

2. 人员推销具有较大的（　　）的特点。

A. 推广性　　B. 灵活性　　C. 广泛性　　D. 普及性

3. 某医药企业赞助地方政府组织了一场大型的公益晚会，这个行为属于（　　）。

A. 人员推销　　B. 广告销售　　C. 公共关系　　D. 营业推广

4. 处方药品可以选择哪一种广告形式？（　　）

A. 电视节目　　B. 专业杂志　　C. 广播　　D. 门户网站

5. 以下属于营业推广的是（　　）。

A. 打折促销　　B. 捐赠药品　　C. 电视台做宣传　　D. 面对面销售沟通

二、简答题

1. 分析医药企业促销方式的优、缺点。
2. 医药促销人员如何做好个人拜访？
3. 医药企业应如何利用广告进行促销？
4. 医药企业医药产品营业推广的种类和特点有哪些？
5. 简述医药企业进行危机公关的策略。

三、案例分析

兰美抒：挑战者的成功

一、市场分析

中国属于脚气高发地区，全国平均发病率近30%，在一些高发地区如南方和东部沿海地区，发病率甚至高达60%。脚气的发病率较高，治疗率也较高，约90%的患者会主动治疗脚气，其中，75%的患者会将西药作为首选产品。

从市场竞争方面看，脚气药市场上不仅存在着有近十年历史和信誉度的全国性领导品牌，即来自西安杨森的达克宁，它占有整个市场60%以上的份额；而且潜在的市场容量也吸引着大量有相当影响力的地方品牌，如环利、孚琪、美克等，它们也在不同程度地瓜分着市场。

兰美抒作为中美史克公司的一个全新的产品，具有快速止痒、防止复发和疗程短三大特点，是全球抗真菌药领域的重大突破。因此，在拥有一个好的产品的前提下，兰美抒面临的挑战是：如何迅速有效地在目标对象中建立品牌知名度，在竞争激烈的市场上成功上市，占有一定的市场份额。

二、推广策略

兰美抒作为一个全新的产品，在市场上存在着绝对领先品牌的情况下，必须采用大胆而全面的推广策略，迅速建立品牌知名度，并通过有效的手段鼓励消费者试用，对产品疗效产生信心，从而拥有相对早期的使用者，他们将成为品牌逐渐扩展的基础。

兰美抒的产品特点为：疗效更好，快速杀灭真菌，止痒；减少复发，持久抑制真菌再生；更短治疗期，一天两次，通常疗程为一周。所以，兰美抒的产品核心诉求点被定位为“治疗脚气的更佳选择”。因为与竞争品牌“抑菌”相比，兰美抒独特的成分可以达到杀灭和抑制真菌的双重作用。而品牌个性被定义为高效的、理解人的、现代感的。

兰美抒乳膏以盐酸特比萘芬为主要成分，该成分在国际上也属于新一代的药品成分，因此价格较高。兰美抒以 5 克包装上市，售价 15 元，属于市场上的较高档产品，针对受众是对价格较不敏感的人群。市场上多数产品的价格为 1~2 元 / 克，而兰美抒为 3 元 / 克。产品推广对上市成功与否起着决定性的作用。

在药店零售方面，根据销售队伍的力量将市场划分为不同级别，在 200 多个中心城市及通路城市分别划定不同的入店要求，基本覆盖所有的零售网点。为配合启动市场，中美史克也开展了一系列的渠道活动，在中心城市召开隆重的上市会，使经销商增强信心；并分阶段在不同级别城市进行药店店员教育，帮助他们了解产品特性，加强在消费者购买环节最后一环的推荐作用。在入药方面，医院是不可忽视的渠道，在通路铺货的同时，也逐渐加大在医院的推广力度，加强专业人士对兰美抒的认可，并最终实现目标市场要求的入药率。除正常的入药推广活动外，在 20 个城市内的医院渠道针对医生和患者进行“挑战脚气”的义诊活动，获得了专业人士的认可。除从医生和患者方面得到大量的肯定和认可外，医院销售也呈现大幅度的增长。宣传对于新产品上市扮演了不可缺少的角色，也是帮助达成品牌知名度最有效的手段。根据上市前的消费者使用和态度研究，以及产品试用测试，我们获得了对消费者的更深入的理解并总结出了进行广告创意的消费者洞察，即多数患者一心希望摆脱脚气和脚气复发的困扰，重新拥有健康的双脚的心态。

在该发现的基础上，兰美抒从消费者角度出发，以消费者的语言巧妙地沟通品牌承诺，区别于传统的药品广告由厂商到消费者的沟通方向，大胆地发展了广告的诉求点和 15 秒电视广告创意。具体如下：

简单明了的品牌主张——战胜脚气，以大胆而直接的方式承诺消费者，并突出兰美抒的优势；拟人化的执行手段：以“脚”的形象代表长年忍受脚气困扰的患者，通过“脚”来讲述患病的困扰和重获健康的用药体验；同时考虑到脚气类别的独特性，也根据性别区分不同的消费者需求。男性患者的忧虑往往是：觉得脚气是一块心病，时好时坏、频繁复发是主要的烦恼。而女性患者往往希望摆脱脚气困扰，拥有一双健康漂亮、细腻润滑的脚。

兰美抒在传播过程中大量运用了符号化的传播：以“V姿势的脚”作为兰美抒的代表符号，统一运用到各类媒体上，最大限度地扩大“脚”的影响力，并加强兰美抒带来“健康的脚”的信息。

兰美抒充分调动了各类媒体和渠道，根据不同特点与不同人群有针对性地沟通：广告活动主要以电视为主要载体，传播品牌的知名度和主要产品信息；使用全国性健康类杂志，长期投放形象广告，详细传播产品功能信息；同时在健康类杂志上投放软文，从消费者的角度介绍产品的功能；大规模启用户外广告，通过公交车和地铁接触大众人群；阶段性地使用互联网，开展“5 000人挑战脚气大行动”，与年轻受众沟通产品功能并招募消费者试用，对大众媒体形成有效的补充。

市场推广在短时间内为兰美抒打开一定的知名度，由于广告创意的独特性，也在一段时间内形成人们谈论的话题。同时，除电视广告外，户外媒体及药店宣传品也使用了统一的视觉符号，互相之间形成了提醒和加深印象的作用，为兰美抒的上市提供了有力的支持。

中美史克提供的广告片上市前定量测试结果显示，兰美抒广告片在目标消费者中间赢得了极大的共鸣：整体喜好程度达到90％，购买意向达到64％，证明是一个有效的广告片。广告上市后，中美史克在北京、广州和南京进行的广告及品牌追踪调研显示，兰美抒知名度明显上升。

2002年第四季度兰美抒市场占有率在广州、南京和成都为第二位，在北京为第三位。致联市场研究（URC）提供的8个城市（北京、上海、广州、成都、南京、杭州、武汉及沈阳）零售监测数据显示，兰美抒市场占有率为7.2％，是除达克宁以外的整体市场占有率第二位的品牌。

思考：

1. 兰美抒作为OTC药品，在促销推广过程中，是如何进行医院推广的？好处有哪些？

2. 兰美抒有哪些新颖的广告创意和宣传方式？试进行分析。

参考答案

实训十　制订一份完善的产品促销方案

【实训目的】

能够根据给定的医药商品开展促销，并形成结构完整、内容翔实、严谨的促销方案。

【考核标准】

（1）促销方案结构完整、书写工整，包括主题、目的、时间、方式和内容、宣传方式、促销预算、其他等。

（2）根据医药商品，明确促销主题、目的，促销主题和目的与目标市场特点相符合。

（3）根据医药商品，明确促销方式和内容，促销方式和内容可行性强。

（4）根据促销方式和内容，撰写促销策划书，策划书内容应翔实、严谨。

【实训内容】

为某一医药商品撰写一份完善、可行的产品促销方案。

【实训过程与方法】

老师准备 6 种不同的医药商品，分小组对不同医药商品进行促销策划方案的分析、撰写，开展老师及组间评价。

【考核内容】

产品促销策划书。

（张　平）

第十一章

认识新媒体营销

学习目标

知识目标

1. 了解新媒体的概念、特点，能在思维层面上形成基本的新媒体类型框架体系。

2. 熟悉新媒体营销的特点和主要方式。

3. 掌握常见的新媒体营销形式。

能力目标

能有效运用各种新媒体营销方式进行医药产品的销售（核心技能）。

素养目标

1. 厚植国家情怀，培养世界眼光和国际视野。

2. 以行求知，以知促行，真正做到知行合一、刚健有为、自强不息。

第一节　认识新媒体

一、新媒体的概念

案例导入

不同领域的专家、学者对新媒体的定义不尽相同。新媒体业内相关人士认为，新媒体是以数字信息技术为基础，以互动传播为特点，具有创新形态的媒体；公司管理者认为新媒体是非线性传播的媒体；杂志从业者则认为新媒体是所有人对所有人的传播；联合国教科文组织认为新媒体是以数字技术为基础，以网络为载体进行信息传播的媒介。从各界对新媒体的定义中，可以总结出如下几个方面的内容。

（1）新媒体是一个相对的概念，是相对于传统媒体而言的，是指在报刊、广播、电视等传统媒体以后发展起来的各种新型的媒体形态，包括网络媒体、手机媒体、数字电视等。

（2）新媒体也是一个时间概念，在不同的时间段有着不同的内涵。在互联网普及初期，主要以互联网为媒介，网络新媒体为主流。随着大数据、人工智能、云计算、虚拟现实技术（VR）、增强现实技术（AR）、物联网、移动终端等新技术和新手段的不断应用和演变，进入“万物互联”的新环境阶段。当前新媒体涵盖了所有数字化的媒体形式，包括所有数字化的传统媒体、网络媒体、移动端媒体等。

（3）新媒体还是一个发展的概念，它不会停留在某一个现成的平台上。当前，新媒体主要是指利用数字化、网络化技术，通过局域网、互联网、无线通信网、卫星等渠道，以及电脑、手机、数字电视机等终端，向用户提供信息和娱乐服务的传播形态。

因此，就现阶段而言，新媒体是以信息技术为支撑、具有高度互动性和非线性传播特质、能够传输多元复合信息的大众传播媒体，是在新的技术支撑下出现的媒体新形态。

格言名句

君子博学而日参省乎己，则知明而行无过矣。——荀子

现实意义：一是要吸收所学的知识，并用以对照省察自己的言行，不断加以修正，养成良好的行为习惯和人生观，时常保持头脑清醒，智慧明达，卓识远见，在为人处世时能吸取别人的经验教训；二是要广泛接受新事物，博采众长，勤于自省，对待学习和工作保持严谨思考的态度。

二、新媒体的特征

1. 双向化　在信息传播方式上，新媒体打破了传统媒体自上而下、以点对面的单向传播，改变了传统媒体传播者单向发布、受众被动接受的状态，形成了一种每一位新媒体用户既是信息的接收者，又是信息的创造者和传播者的双向传播体系，使信息的互动与传播变得更加方便、快捷。通过新媒体，用户与用户之间、媒体与用户之间、媒体与媒体之间形成了无门槛互动。

2. 移动化　在信息接收方式上，传统媒体需要用户在固定的时间和地点被动地接收信息；新媒体则使用户彻底从传统媒体的桎梏中解放出来，用户可以自由地通过随身携带的手机和其他移动设备，实现随时随地获取、接收信息，并且这种行为习惯带有移动性、碎片化的特点，即用户可以在移动终端利用零碎的时间来搜索信息、阅读文章或收看节目。

3. 个性化　在信息传播行为上，传统的报纸、杂志、广播、电视等媒体主要针对的是一群用户的需求，而新媒体的传播行为更为精准，使每一个用户都可以定制自己喜欢的内容或节目，充分满足不同用户的喜好。通过新媒体平台，每一个人不管是作为信息的传播者还是接收者，都可以自由发布观点、传播信息，为新媒体使用者提供个性化平台。

4. 实时化　在信息传播速度上，传统媒体发布内容都需要通过记者及时发现新闻、撰写文稿，并对文稿进行编辑、排版和审查，在相对固定时段发行或播出。而在互联网技术的支持下，新媒体的信息传播比传统媒体更加迅速，受众甚至可以实时接收信息并立刻做出相应的反馈。每个新媒体用户都可以成为“记者”，在第一时间发布现场的所见、所感，信息的接收者也可以随时查看、阅读第一手信息并发表自己的观点。

5. 多元化 在信息传播内容上，传统媒体中的广播以声音为主要传播方式，报纸主要以文字、图片的形式传播，电视则以影像为主要传播方式。新媒体在进行传播时，可以做到将文字、图片、视频等同时传播，呈现出多元化的特点。随着技术的发展，可穿戴设备等移动智能终端也会普及起来，用户接收信息的方式也会更加多样化。借助互联网，新媒体用户可以随时了解世界其他地方的信息，实现了空间的拓展，丰富了信息的来源。

6. 便捷性 新媒体的便捷性既体现在内容的生产和制作上，又体现在内容接收者的使用方便程度上。传统媒体需要大量的人力和财力来维系，其成立媒体机构也要经过国家有关部门层层审批，而新媒体用户自己就可以是一个媒体平台，手机等移动终端的普及使用户可以轻松接触到信息资源。很多信息都是免费的，传播速度快且容易储存，新媒体用户可以随时随地获取自己需要的信息。

新媒体呈现出泛化、碎片化的特点，进一步导致流量多端、客户泛化，零售药店或医药企业以往只投放某一个或者某一类媒体的方式难以为继，必须增加媒体投放的范围。在互联网技术的支持下，能够精准营销、提升效率的新媒体渠道慢慢引起了各家企业的关注。

在“互联网＋”生活及社区电商的浪潮下，用户逐渐向新媒体集中，曾经以线下业务为主、思维传统、没有新媒体营销团队的医药企业纷纷开始学习、模仿，着手尝试新媒体营销。

三、新媒体的类别

当前媒体可分为五类：纸质平面媒体为第一媒体，广播为第二媒体，电视为第三媒体，互联网为第四媒体，移动网络为第五媒体。在这五类媒体中，新媒体主要是指互联网和移动网络两类媒体，重点是指两者的增值服务。但这并不是说第一媒体、第二媒体和第三媒体就被排除在新媒体之外，这三类媒体经过改良与发展，也延伸出很多具有新媒体特性的新形式。因此，当前的新媒体可以划分为以下三种类别，具体如图 11-1 所示。

1. 数字新媒体 数字新媒体不是正式发展出来的媒体的新类别，而是指第一媒体、第二媒体、第三媒体应用数字技术以后的新形式。随着信息技术的不断发展，传统的三类媒体——纸质平面媒体、广播、电视已无法再坚守传统的、固有的传播方式，而是加快了数字化转变，并与第四媒体、第五媒体融合发展，经过融合创新后升级换代为数字

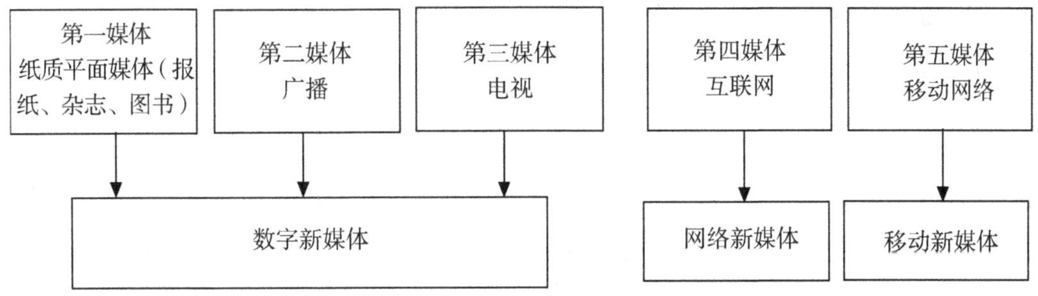

图 11-1　新媒体的类别

新媒体。

2. 网络新媒体　第四媒体发展到互联网阶段成为网络新媒体。它为人类信息交流创造了全新的模式，使信息瞬间便可传播到全世界。在以互联网为标志的网络环境下，传统的信息提供与获取方式被彻底改变。信息的传递与交流消除了时间与空间的限制，信息在更高的程度上实现全社会、全人类的共享。在网络新媒体环境下，信息内容的产出主要来自用户。每一个用户都可以生成自己的内容并将这些内容进行传播、交流与共享。用户主导、用户参与、用户分享、用户创造是网络新媒体的重要特点。

3. 移动新媒体　移动新媒体是指第五媒体的无线增值服务。它是基于无线通信技术，通过以智能手机或平板电脑为代表的各种移动视听终端，传播和展示即时信息内容的个性化媒体。移动新媒体具有不受时间、空间限制的特点，此外，移动新媒体覆盖人群广，使用手机和无线网络的移动终端用户全部是移动新媒体的受众。截至 2021 年 6 月，我国活跃的手机网民数量达 10.07 亿人，占全国网民数量的 99.6%。移动新媒体具有传播范围广、传播及时、可定向传播、传播成本低、影响力大的特点。这些特点促使移动新媒体成为当前社会易普及、快捷、方便并可实现强制性信息推送的主流媒体之一，成为流行文化的代表，具有广阔的应用前景。智能手机是移动新媒体的典型代表。

Z 世代网络用户接近 3.2 亿人，消费者也从以往 25 岁及以上逐渐向 18~24 岁年龄区间发展，且消费份额在不断扩大，正在逐渐成为消费主力军。这些年轻用户更愿意为自己的多元兴趣买单，他们涉猎广泛，更注重自己的即时感受，注重品质感的消费，尤其是一、二线城市的年轻消费群体，在美妆、二次元、汉服、潮玩、宠物等多个领域有着非常强的消费力。

讨论：新媒体的发展对年轻消费群体的消费模式有哪些影响？

四、新媒体的形式

从技术层面看，新媒体的形式是指网站平台、应用软件和系统等；从产业层面看，其还包括新的媒体经营模式。新媒体形式具体有以下几个方面的表现。

1. 其他新媒体向移动新媒体延伸 目前，几乎所有的新媒体形式都有了手机版的应用，各种媒体形式向移动形式发展已经成为一种趋势。例如，数字新媒体发展出手机杂志、手机可视听、手机电视等移动新形式；网络新媒体发展出微门户、手机微博、手机社交 App、音（视）频播客等移动新形式。总之，基于手机的阅读、收听、视频等功能开发出了许多新的典型应用。

2. 社交新媒体成为主流 随着网络新媒体与移动新媒体的深度融合，促进信息创建、协作、共享的社交新媒体应运而生，如手机博客、手机微博、各种社交媒体手机版、移动社交等。这些新媒体形式是基于人的互动关系而形成的“社会网络”，改变了人们以往的信息需求和行为模式，进一步促进了信息的开放、共享和聚合。此外，很多应用已经成为网络新媒体、社交媒体和手机媒体三者之间的交集应用，如 QQ 即时通信、新浪微博、微信、人人网、优酷视频等。

新媒体的形式非常丰富，并且更新很快。截至 2020 年，新媒体的形式如表 11-1 所示。

表 11-1　新媒体的形式

<table>
<tr><td rowspan="13">新媒体</td><td rowspan="8">数字新媒体</td><td rowspan="3">第一媒体形成的数字新媒体</td><td>数字报纸——手机报、网络报纸</td></tr>
<tr><td>数字杂志——手机杂志、网络杂志</td></tr>
<tr><td>电子书——手机可阅读、网络文学类图书、e-book</td></tr>
<tr><td>第二媒体形成的数字新媒体</td><td>数字广播——手机可收听、网络广播</td></tr>
<tr><td rowspan="4">第三媒体形成的数字新媒体</td><td>有线数字电视——视频点播、网购、远程教学等</td></tr>
<tr><td>交互式网络电视（IPTV）——手机电视</td></tr>
<tr><td>地面数字电视</td></tr>
<tr><td>卫星数字电视</td></tr>
<tr><td rowspan="5">网络新媒体</td><td rowspan="5">Web1.0</td><td>门户网站——微门户</td></tr>
<tr><td>搜索引擎——有手机版，如百度、谷歌、搜狗</td></tr>
<tr><td>电子邮件——有手机版</td></tr>
<tr><td>即时通信——有手机版，如 QQ、MSN、淘宝旺旺</td></tr>
<tr><td>网络论坛——有手机版</td></tr>
</table>

续表

<table>
<tr><td rowspan="7"></td><td rowspan="7">网络新媒体</td><td rowspan="7">Web2.0</td><td colspan="2">博客——手机博客，如新浪博客、搜狐博客、网易博客</td></tr>
<tr><td colspan="2">微博——手机微博，如新浪微博、腾讯微博、网易微博、搜狐微博、凤凰网微博、人人网微博、新华网微博、Twitter</td></tr>
<tr><td colspan="2">Rss（聚合内容）——Feedly、Inoreader 和 NewsBlur</td></tr>
<tr><td colspan="2">Wiki（百科全书）——部分有手机版，如 Wikipedia</td></tr>
<tr><td colspan="2">SNS（社交网站）——部分有手机版，如 Facebook、Twitter</td></tr>
<tr><td colspan="2">图片社交网站——部分有手机版，如 Q 拍、美图秀秀</td></tr>
<tr><td colspan="2">音（视）频博客——部分有手机版，如 YouTube、优酷网</td></tr>
<tr><td rowspan="10"></td><td rowspan="10">移动新媒体</td><td rowspan="10">Web3.0</td><td>微信平台</td><td>微信公众号、微信个人号、微信群、微信广告资源</td></tr>
<tr><td>微博平台</td><td>企业官博、微博广告资源</td></tr>
<tr><td>问答平台</td><td>知乎、分答、果壳、百度问答、360 问答</td></tr>
<tr><td>百科平台</td><td>百度百科、360 百科、互动百科</td></tr>
<tr><td>直播平台</td><td>映客、花椒直播、哔哩哔哩、YY 直播、来疯直播、小米直播、斗鱼 TV、虎牙直播</td></tr>
<tr><td>视频平台</td><td>抖音、快手、微视、西瓜视频、美拍、秒拍、优酷、小咖秀、小影</td></tr>
<tr><td>音频平台</td><td>喜马拉雅、一说 FM、荔枝 FM</td></tr>
<tr><td>自媒体平台</td><td>头条号、百家号、大鱼号、一点号、网易号、简书、搜狐自媒体</td></tr>
<tr><td>论坛平台</td><td>豆瓣、百度贴吧、天涯论坛</td></tr>
</table>

拓展阅读

新媒体发展的同时，消费市场环境和消费场景亦发生了变化。比如聚合社交、电商等属性的短视频平台，对用户生活的影响越来越广泛，且用户规模增长势头明显，普及率不断提升。短视频平台集交易与推广为一体，既是创新性新媒体营销平台，又是直播带货的热门平台，它们更倾向于通过关键意见领袖（KOL）种草产品，从而催生出“直播经济”“KOL 经济”，消费场景也比线下更为简单。

第二节　新媒体营销

一、新媒体营销的含义

新媒体营销是指企业基于特定的营销目标，开展充分的市场调研，对企业营销环境进行充分分析，对消费者进行针对性的引导，利用新媒体技术或平台开展系列营销活动，以最终实现营销目标的一种营销模式。从本质上来说，新媒体营销是企业的营销策略在新媒体形式上的实现，通常借助新媒体表达与舆论传播使消费者认同某种概念、观点和分析思路，从而达到企业品牌宣传、产品销售等营销目的。

新媒体营销并不是单一地通过新媒体渠道这一种方式进行营销，而是需要多种渠道整合营销，也可以与传统媒体营销相结合，形成全方位立体式营销。

二、新媒体营销的特点

1. 成本低

（1）经济成本低：由于新媒体营销是借助大平台进行的，如微博、微信等，所以不需要自己创建营销平台，从而减少了资金投入。

（2）流动成本低：在营销过程中可以借助先进的多媒体技术手段，以文字、图片、视频等表现形式对产品服务进行描述。

（3）技术成本低：例如，微博营销对技术性支持的要求相对较弱，具体表现为企业微博的注册、认证、信息发布和回复功能，已经接近“傻瓜化”的使用程度。

（4）时间成本低：新媒体的信息传播无须经过相关部门的审批，简化了传播的程序，信息传播的互动性使营销信息能够获得“一传十、十传百”的效果，且在很多情况下传播过程都是自发的，这种传播的便捷性降低了新媒体的营销时间成本。

有效利用免费渠道

在抖音、快手、视频号、公众号、小红书、微博、知乎、微信朋友圈等新媒体平台，药店纷纷以各种形式进行着免费宣传和推广，有些效果还不错。比如，在微博平台，老百姓大药房进行健康药房加盟的宣传，大参林医药集团在周年庆时亦在微博上同步宣传；在短视频平台，燕喜堂在视频号、小红书、抖音等平台进行内容输出，要求员工转发，播放量常常过万；在公众号营销方面，怀仁大药房通过药事服务团队一半原创、一半借鉴内容的方式，进行医药知识普及，赢得了消费者的广泛关注。

2. 交互性强，具有自传播性，提升了广告推广效果　与传统媒体单向发送、“等鱼上钩”的模式相比，新媒体使用的是按需要推送，受众可以通过各种渠道来主动获取所需的信息，如通过引擎搜索来搜寻、通过专卖店网站来检索等；与消费者的互动性增强，有利于企业取得更有效的传播效果，掌握主动权。此外，通过新媒体方式发布的广告或进行的品牌维护等，能够被受众自发传播，达到更广的受众面，实现让消费者来推动营销的效果。让目标用户参与，让品牌融入消费者的互动活动和口碑当中，形成另一种传播源，并不断扩散，使得营销活动事半功倍。

3. 应用广泛　随着新技术和新思维的层出不穷，新媒体营销的传播渠道也在逐渐增多并不断变化，如博客、网络视频、网络社区、移动电视、自媒体等渠道。新媒体广告无处不在，可以在手机、电脑、街头的 LED 大屏幕、地铁、电梯、电视中看到。新媒体营销随处可见，这种营销模式已经渗透到人们生活的方方面面。

4. 模式健全　新媒体营销模式健全，各种不同的模式或各自发挥各自的作用，或协同发挥作用，如微博营销、社群营销、网站营销、视频营销、搜索营销等。

5. 满足个性化需求，实现精准营销　新媒体营销更具有针对性。新媒体营销可以应用大数据技术，一切都基于人、账户及关系网，一切需求和潜在消费欲望都可以被记录、被计算和被推理。如今，消费者的消费越来越强调个性化。在大数据时代，各种技术工具能让企业清楚地知道消费者的需求，完全有能力根据消费者的基础信息和实时交流内容，通过对语境和语义的分析，计算出消费者在哪方面有需求或有消费潜力，从而实现更精准的营销，这样在实现盈利的同时还能更有针对性地为各类消费群体和消费个体提供服务。

6. 使广告的效果付费更加合理化　新媒体使品牌传播和品牌构建更加精准有效。这样就为“按效果”收取广告费用提供了准确的客观依据，这在传统媒体的品牌传播中几乎不可能。越来越多的企业使用新媒体广告，也是因为传统媒体的广告效果实在难以评估。传统媒体在线上、线下结合进行品牌传播上远远落后于新媒体。因为无论是按点击、展现、粉丝数、电话，还是按销售，在新媒体方式下广告的一切数据都可以被记录，也都可以验证。效果付费成了新媒体广告形式的核心卖点。

积极尝试付费渠道

新零售的思维与线下完全不同，它争夺的是流量、入口、曝光度等。新媒体渠道的投入，会让获得更多流量的药店、企业更值钱，从而赢得资本的青睐，进一步促进企业的发展。目前在新媒体付费渠道投入的医药零售企业可以分为两类：一类是“专业选手”，如康爱多、德开大药房，它们在线上的广告投放量较大，对各种资源和渠道较为了解，包括百度搜索、今日头条及电商平台等，对新媒体的营销应用得心应手；另一类是“非专业选手”，或者是重视线下营销的传统药店，或者是在早期医药电商“烧钱战”中失败过的企业，或者是顺应私域流量建设的需要，正在尝试新媒体营销的企业。

三、新媒体营销的方式

常用的新媒体营销方式主要包括口碑营销、饥饿营销、知识营销、情感营销、软文营销、事件营销、互动营销、会员营销。

1. 口碑营销 这是把传统的口碑营销与新媒体有机结合起来的新的营销方式，是应用新媒体互动和便利的特点，通过消费者或企业销售人员以文字、图片、视频等口碑信息与目标客户之间进行互动沟通，对企业的品牌、产品、服务等相关信息进行讨论，从而加深目标客户的印象，最终达到新媒体营销的目的。

2. 饥饿营销 饥饿营销是指商品提供者利用买卖双方的信息不对称有意降低产量，以期达到调控供求关系、制造供不应求假象的目的，进而维护产品形象并维持较高售价和利润率的营销策略。在网络环境中，买卖双方的信息虽然在很大程度上实现了透明化，但买卖双方仍处于信息不对称的状态，这就为企业利用新媒体平台开展饥饿营销活动奠定了基础。

3. 知识营销 知识营销是指通过有效的知识传播方法和途径，将企业所拥有的、对用户有价值的知识（包括产品知识、专业研究成果、经营理念、管理思想及优秀的企业文化等）传递给潜在用户，并逐渐形成对企业品牌和产品的认知，最终将潜在用户转化为用户的过程和各种营销行为。

4. 情感营销 情感营销是指从消费者的情感需要出发，唤起或激起消费者的情感需求，使消费者产生心灵上的共鸣，寓情感于营销之中，让有情的营销赢得无情的竞争。在情感消费时代，消费者购买商品所看重的已不仅是商品数量的多少、质量好坏及价钱的高低，还看重情感上的满足、心理上的认同。通过在微博、微信（朋友圈、微信公众号）等新媒体平台上发表情感类软文，引起目标受众的共鸣，在满足目标受众情感需求的同时，也可以为企业带来利益。

5. 软文营销 软文是基于特定产品的概念诉求与问题分析，对消费者进行针对性心理引导的一种文字模式。软文营销是指通过特定的概念诉求，以摆事实、讲道理的方式使消费者走进企业设定的“思维圈”，以强有力的针对性心理攻击迅速实现产品销售的文字模式和口头传播。如新闻、第三方评论、访谈、采访、口碑等。

6. 事件营销 事件营销是指通过策划、组织和利用具有新闻价值、社会影响，以及名人效应的人物或事件，吸引媒体、社会团体和消费者的兴趣与关注，以求提高企业或产品的知名度、美誉度，树立良好的品牌形象，并最终促成产品或服务销售的手段和方式。

7. 互动营销 在互动营销中，互动的双方一方是消费者，一方是企业。只有抓住互动双方的共同利益点，找到巧妙的沟通时机和方法才能将双方紧密结合起来。互动营销尤其强调双方都要采取一种共同的行为。

互动的方式有两种：一种方式是企业的公共关系事件或由此引发的话题得到了广大目标受众的共鸣，使目标受众积极响应，和企业共同把公共关系事件制造出轰动效应。这种方式是公共关系事件成功的主要方式。另一种方式是通过一个与人们传统价值观念或习惯对立的活动或话题，引起人们的批判与讨论，从而将公共关系事件效果扩大化。

互动营销可以带来四大好处：促进客户的重复购买、有效支撑关联销售、建立长期的客户忠诚、实现客户利益的最大化。

8. 会员营销 会员营销是一种基于会员管理的营销方法。企业通过将普通客户变为会员，分析会员消费信息，挖掘客户的后续消费力以汲取终身消费价值，并通过客户转介绍等方式，将一个客户的价值实现最大化。通过会员积分、等级制度等多种管理办法，增加客户的黏性和活跃度，使客户生命周期持续延伸。

随着信息技术（IT）的发展，尤其是互联网的普及，会员营销正在成为企业的必然选择。谁先建立会员营销体系，谁将在激烈的竞争中处于优势。

案例解析

四、新媒体营销的主要形式

1. 微信营销 微信是腾讯公司推出的一个为智能终端提供即时通信服务的免费应用程序。微信支持跨通信运营商、跨操作系统平台，通过网络快速发送免费的语音、视频、图片和文字等，同时提供公众平台、朋友圈消息推送等功能。

微信是一种快速的即时通信工具，具有零资费、跨平台沟通、私密性、显示实时输入状态等特点，与传统的短信沟通方式相比，更灵活、更智能，且节省资费。目前来看，微信营销包括四种模式，即微信公众号模式、微信朋友圈模式、微店模式、微信广告模式。

2. 微博营销 微博是一种基于用户关系的信息分享、传播及获取平台，通过关注机制分享简短、实时信息的广播式的社交媒体、网络平台。用户可以通过个人计算机或手机等多种移动终端接入，以文字、图片、视频等多媒体形式，实现信息的即时分享、传播互动。

微博营销就是借助微博平台进行的包括品牌推广、活动策划、个人形象包装、产品宣传等一系列的营销活动。由于其具有信息发布简单、信息传播快且范围广、营销成本低等特点，微博营销已成为企业广泛使用的新媒体营销方式之一。微博营销的价值主要包括品牌传播、市场调研、危机公关和客户管理。

3. 视频营销 视频营销是指企业或个人以内容为核心，以创意为导向，利用精心策划的视频内容，实现产品销售与品牌传播的营销活动。视频营销兼具视频和互联网的优点，不但感染力强、形式内容多样、创意新颖，而且互动性强、传播速度快、成本低廉。当前，视频营销的呈现越来越多样化。

视频营销能用完美的视听讲解配合极富说明的生动画面，能在最短的时间内将信息完整、准确地传达给消费者，快速赢得消费者的好感，同时还可将企业的宣传视频以多种形式推送给客户或潜在客户，让客户在深入了解企业或产品的基础上增加对本企业的认知度和信任度。视频营销能简单明了地阐释清楚产品功能等信息，非常适合新产品的宣传。

4. 自媒体营销 自媒体营销就是利用社会化网络、短视频、微博、微信、今日头条、百度、搜狐等平台或者其他互联网协作平台与媒体来传播和发布资讯，从而形成营销、销售、公共关系处理和客户关系服务维护及开拓的一种方式。

随着互联网的飞速发展，自媒体平台正在发挥着越来越大的影响力。自媒体有别于由专业媒体机构主导的信息传播，它是由普通大众主导的信息传播活动，由传统的“点到面”的传播转化为“点到点”的对等的传播。同时，它也是指为个体提供信息生产、积累、共享、传播内容兼具私密性和公开性的信息传播方式。个人作为自媒体内容创造的主体，能独立获得粉丝。自媒体营销的优势主要体现在三个方面：自媒体的用户群体非常庞大；自媒体的营销性价比较高；自媒体极大地增强了企业与消费者的互动性。自媒体的兴盛对企业营销来说既是一种挑战，又是一个很好的机会。

5. App营销　App营销是指通过手机、社区、SNS等平台上运行的应用程序，实现产品或服务的个性化定制营销活动。随着智能手机的普及，移动互联网迅速发展，越来越多的互联网企业、电商平台将App作为营销的主战场之一。

通过App营销，可以精准地向客户传递信息，能够黏住客户。App营销不受时间、地点的限制，也不只是信息单向流通。从接触客户、吸引客户、黏住客户，到管理客户、发起促销，再到最终的达成销售，整个营销过程都可以只在App这一个小小的端口内发生。App营销为企业的创收和未来的发展起到了关键性的作用，是新媒体营销的重要方式之一。

6. 小程序营销　小程序是一种不需要下载安装即可使用的应用。它实现了应用“触手可及”的梦想，用户扫一扫或者搜一下即可打开应用。同时，它也体现了“用完即走”的理念，用户不用担心安装太多应用的问题。

由于小程序营销的效率和转化率很高，当广告主或企业直接在微信平台上部署小程序应用时，其实等于把产品的一部分内容植入了微信，从而有可能借助微信平台构建一个完整的产品价值闭环，免去了用户在不同页面来回跳转的麻烦，实现了更快的消费转化。企业或品牌可以通过小程序共享微信的海量大数据资源，从而大幅提高用户分析的精准度，更好地实现品牌营销目标。相对于原生App高昂的开发、推广和维护成本，小程序这种轻应用的门槛和成本更低，有助于企业实现“小步快跑”。对实力较弱的中小型企业来说，可以借助H5这类开发成本低、周期短的轻应用进行试错并获取用户反馈，从而不断优化产品、提高营销效能。

拓展阅读

> 大部分连锁药店认为，新媒体付费营销获客成本太高、代价太大，不是药店的最佳选择。即使资金充足，大多数传统企业也不会在这方面投入太多。连锁药店大多选择跟随、效仿同行，推广私域小程序商城，选择公众号、朋友圈、视频号等免费的线上宣传渠道，付费推广则会优先选择具有确定性产出的分众媒体，如当地的楼宇广告、公交站牌广告等。

7. 游戏营销　游戏营销是指通过将产品营销内容完全融入游戏情节，使消费者在娱乐中不自觉地记住品牌形象，最终达到品牌宣传的效果。游戏营销属于隐性营销的一种形式，与传统营销方式相比，隐性营销讲求“功夫在诗外，润物细无声”的效果。消费者在娱乐中和品牌不停地互动，游戏里的广告却经常被游戏玩家“主动地”看很多次，因而消费者和品牌联系更为紧密。例如，很多汽车企业把品牌标志放到赛车游戏中，使游戏玩家可以虚拟地开着这些品牌的车。

企业可以利用游戏营销让用户持续不断地加强对企业信息的记忆，可以通过游戏营销培养用户对品牌的认知意识，还可以通过游戏营销进行销售类活动，促进产品销售。在新媒体时代，游戏营销已成为新媒体营销的方式之一，可以帮助企业开展各种营销活动，实现营销目标。

8. 社群营销　社群，简单来说就是一群人的集合。他们因为有着共同的社交属性，如相同的兴趣爱好、价值观等聚集在一起，成为一个群体。如今的社群，更多的是指互联网社群，是一群被商业产品满足需求的消费者，以兴趣和相同价值观集结起来的固定群组。

社群营销，就是利用某种载体来聚集人气，通过产品和服务满足具有共同兴趣爱好群体的需求而产生的商业形态。社群营销具有弱中心化、多项互动性、情感优势、自行运转、呈现碎片化的特点。

重点小结

随着信息技术的不断发展，新媒体更加广泛地渗入人类社会生活。移动化、交互化、体验化、定制化、线下线上一体化、全终端大融合的技术，正在让新媒体的创意与内容瞬息万变。新媒体营销人员需要帮助企业通过新媒体多资源、多渠道来实现企业的营销目标。学习本章，应在清楚新媒体营销的含义及其特点的基础上，着重掌握新媒体营销的方式和主要形式，并初步学会这些营销方式在实际中的应用。

寄语青年

新时代中国青年要树立对马克思主义的信仰、对中国特色社会主义的信念、对中华民族伟大复兴的信心，到人民群众中去，到新时代、新天地中去，让理想信念在创业奋斗中升华，让青春在创新创造中闪光！

目标检测

一、选择题

（一）单项选择题

1. 以下不属于新媒体类别的是（　　）。

A. 移动新媒体　　B. 第一媒体中的数字媒体

C. 第二媒体　　D. 网络新媒体

2. 微信与微博的区别是（　　）。

A. 微信是一个封闭社区，微博是一个公共空间

B. 使用微博的人更年轻

C. 微信可以用来卖产品，微博不能

D. 微信传播更重要

3. 以下关于新媒体营销特点的说法，不正确的是（　　）。

A. 开展新媒体营销成本高，但提升了广告推广效果

B. 新媒体营销为实现企业与用户的双赢提供了更多的机会

C. 满足个性化需求，实现精准营销

D. 使得广告效果付费更加合理化

4. 视频营销是指主要基于视频网站为核心的网络平台，以内容为核心、（　　）为导向，利用精心策划的视频内容实现产品营销与品牌传播的目的。

A. 成本　　B. 产品　　C. 创意　　D. 品牌

（二）多项选择题

1. 以下关于新媒体的说法正确的有（　　）。

A. 新媒体是一个相对的概念　　B. 新媒体是一个时间的概念

C. 新媒体是一个发展的概念　　D. 新媒体是不会改变的概念

2. 新媒体营销的方式包括（　　）。

A. 软文营销　　B. 互动营销　　C. 事件营销　　D. 口碑营销

3. 下列属于传统媒体的是（　　）。

A. 报纸　　B. 广播　　C. 楼宇广告　　D. 数字电视

4. 微博营销的价值主要包括（　　）。

A. 品牌传播　　B. 市场调研　　C. 危机公关　　D. 客户管理

5. 新媒体营销的特点有（　　）。

A. 成本低　　B. 应用广泛　　C. 交互性强　　D. 模式健全

6. 微信营销模式包括（　　）。

A. 朋友圈　　B. 微信群　　C. 微信广告　　D. 公众号

二、简答题

1. 简述新媒体的三种类型。

2. 请列举三条在微博营销中可以提升微博用户阅读体验的做法。

3. 简述社群营销的特点。

三、案例分析

朴道水汇是一家净水设备公司。2012年2月，某地发生儿童血铅超标事件后，原计划于3月22日世界水日开始公益营销的朴道水汇，启动应急计划，立即开始公益营销活动，在微博上发起“你转发1次，我们就捐赠1元，为孩子安装净水设备”的活动。

活动非常成功，短短8小时，就被转发30万次。品牌在被大量传播的同时，美誉度也迅速提高，众多明星及企业名人也纷纷支持，他们表示：公益慈善从来不排斥企业行为，参与的企业越多越好。只要朴道水汇不是虚假公益，那么更多的关注好评都是它应得的回报。

之后，朴道水汇开始第二波公益营销：您转发微博，我们就免费上门为您检测水质。表面上看朴道水汇的成本会很高，但是考虑到要求上门检测的用户，对净水设

备都有强烈需求，销售转化率非常高，其实是很合算的。短短一个晚上，微博被转发 1 700 多次，私信要求检测的有 100 多个，而且在后续中仍不断增加。

参考答案

思考：

1. 朴道水汇在公益营销中采取了什么样的营销方式？

2. 朴道水汇达到了怎样的宣传效果，为什么会成功？

实训十一　基于微信平台的新媒体营销

【实训目的】

使学生对微信营销过程和内容有一定的了解，能够执行微信营销内容的产出。

【考核标准】

（1）了解微信平台的特点及其开展市场营销的注意事项。

（2）根据任务要求，对微信公众号完成设置、发布推文。

【实训内容】

下载、注册并登录微信，通过实际操作，掌握微信公众号创建、设置到发布内容的过程。

【实训过程与方法】

（1）将学生分为若干组，每组 3~5 人。

（2）以小组为单位，申请一个个人公众号，并对公众号进行设置。设置内容包括但不限于头像、名称、功能介绍（要描述清楚公众号所提供的服务）、自定义菜单等，在完成设置后截图并说明，同时生成二维码。

（3）在公众号上发布一篇推文，介绍自己的学校、专业等，同时生成推文链接。

【考核内容】

微信公众号的创建和推文的发布。

（梁春贤）

第十二章

药品终端市场营销

学习目标

知识目标

1. 掌握药品终端市场营销模式的选择，以及医院终端的营销技巧和药店终端的营销策略。

2. 熟悉医院客户的类型、销售的特点、医药代表的岗位职责、药店终端的管理，以及药品第三终端市场的营销模式。

3. 了解药店店员的教育培训、药店终端的发展趋势和药品第三终端的概念。

能力目标

1. 能根据不同药品和企业的特点，进行终端营销模式的选择和判断。

2. 学会运用营销策略在医院和药店终端开展营销活动，进行营销策划（核心技能）。

素养目标

1. 培养吃苦耐劳、严守纪律、踏实肯干的职业素养。

2. 培养时间、法治意识。

3. 培养扎根乡镇基层的基层药学服务意识，以及为乡村振兴贡献力量的社会责任意识。

第一节　医院终端市场营销

药品从安全性和流通管理角度分为处方药和非处方药，处方药必须在医生指导下使用，因此医生对处方药的使用起着至关重要的作用。因为我国当今医疗卫生体制的特点，每年药品市场销售绝大多数产生于医院，而销售药品最难的是进医院，最重要的是临床促销。

案例导入

一、医院客户类型分析

医院客户的类型主要有药剂科人员、临床科室人员和医务科人员。

（一）药剂科人员

药剂科在医院的主要职能是临床用药的选购、储存、调配，以及临床药学研究和药品咨询。医药代表在药剂科的主要客户包括药剂科主任、采购员、库房保管员和药师。

1. 药剂科主任　药剂科主任负责药剂科的日常管理工作，比如人员的任务安排、药品评审、药品不良反应监测和上报等，因此药剂科主任监控着医院药品销售流通等主要环节，是药品生产企业药品推广人员的关键客户之一，药剂科主任对医药代表的专业素质要求相当严格。

2. 采购员　采购员根据每个月进药的品种、数量、金额、时间等制订医院药品的采购计划，负责药品的进货渠道，其工作繁杂，但是医药代表能够从该类客户中获得大量的药品进货信息。

3. 库房保管员　库房保管员的主要工作是药品仓库的日常管理，包括统计每个月的用药情况，掌握药品的科室和部门流向、数量及时间。

4. 药师　医院药师参与药品的采购、管理、调配、检验及临床药学研究等日常业务工作。目前临床药师的职能和作用越来越重要，已经延伸到为医生和患者提供药学信息，参与临床急危重症患者的医疗救治和住院患者的药物调配等各种药学服务。

（二）临床科室人员

1. 科室主任　科室主任为本科室日常工作的领导者，负责本科室医疗、科研、教学等工作，对临床用药有直接的指导作用，一般是由有丰富临床经验、工作业绩突出的主任医师或副主任医师担任。科室主任一般根据多年的临床经验，有自己的用药习惯和对不同公司药品的看法，一般都主持有科研课题，所以会比较重视新药、药品临床使用的研究方向。

2. 主治医生　主治医生是住院患者的直接负责者，在科室中承担着具体的工作，为科室的技术骨干，主治医生一般行医 5~10 年，处于医生临床工作生涯中的发展阶段，有很强的进取心，他们一边学习前辈的经验，一边慢慢形成个人的治疗观念和用药习惯。

3. 住院医生　住院医生主要执行上级医生的诊疗方案，对药物的疗效、不良反应进行随时评估，一般住院医生的经验尚浅，需要在完成日常诊疗工作的同时，积极参加各种继续教育课程，不断地提高自己的医疗诊治水平。

（三）医务科人员

医务科人员的主要工作是对全院的医疗工作进行监督和管理，负责安排全院的临床诊治工作，管理临床各科室人员的编制及人员变动情况，是医药企业与医院的各项合作的统一协调和安排部门。

二、医院药品销售的特点

1. 医院药品销售的基本特点

（1）医院集中了绝大多数的处方药品种，占处方药销售市场的 50% 左右。

（2）医院的西药用量较大，而且是新产品上市的主要目标市场。

（3）中国的医院药品销售比重大，是大多数药品企业市场竞争的主要战场。

（4）跨国制药企业产品在主流治疗领域占绝对优势。

（5）市场细分程度高，集中度也高，基本由几家大型药品生产企业垄断。

（6）医院医生对药品需求期望值高于药店和诊所等其他单位。

（7）医院是新特药药品信息的集中地，也是药品相关信息的集散地。

2. 医院药品销售的新特点

（1）跨国制药企业通过产品差异化优势进行的产品营销、竞争营销等将更多独特的新产品和新的治疗概念传递给医生，使得国内制药企业的产品受到更加严峻的挑战，国内制药企业处方药主流领域的市场地位受到动摇。

（2）中华医学会及各地分会的成立和发展将不断推动医生职业技能和医药职业道德水平的提高，使得原有的通过行贿受贿获得的销售份额越来越少。

（3）服务营销和关系营销的理念在医院的药品销售中逐渐盛行，为医生提供差异化服务及保持长久的友谊合作关系是医院药品营销的关注焦点。

（4）由于医生学历层次的提高，对药品营销人员的系统的、全面的职业技能要求也越来越高，营销技能与咨询行业将发挥重要作用。

拓展阅读

医药代表的群体销售形式

医药市场的专业化发展程度不断提升，医药行业群体销售的形式也越来越多样。目前，医药企业经常运用的群体销售方式主要有院内科室产品推广会、临床试验协调会、学术研讨会、医师药师学术沙龙、患者健康教育活动、专家义诊咨询活动、产品上市会等。

三、医药代表的岗位职责及应该具备的素质

1. 医药代表的岗位职责

医药代表的基本岗位职责是负责在本区域内科学推广制药企业的药品，确保在实现销售目标的同时，建立药品在医生和患者心目中的地位。医药代表的岗位职责如下：

（1）医药代表必须熟悉每一种药品知识，甚至相关疾病知识，保证准确无误地向客户传达药品信息，树立专业、负责任的良好形象。

（2）医药代表必须掌握每一种药品的有效销售技巧，通过对医生进行专业化的面对面的拜访，说服其接受本企业的药品。

（3）医药代表必须亲自制订并实施所辖区域的销售计划，积极组织医院内各种推广活动。

（4）医药代表必须积极建立客户档案并与医院保持良好的合作关系。

某医药代表的工作描述

（1）职位：医药代表。

（2）上级主管：销售经理或地区主管。

（3）工作区域：株洲市。

（4）工作目的：

1）建立并维护公司的良好形象。

2）指导客户正确应用公司的产品。

3）帮助应用我们产品的客户取得最佳的效果。

4）逐渐扩大产品的应用。

5）鼓励客户不断应用我们的产品。

6）为应用我们产品的客户提供帮助、解决问题、清除障碍。

7）搜集提供市场综合信息。

讨论：通过案例中某医药代表的工作描述，你认为医药代表有哪些工作职责？

2. 医药代表应该具备的素质　1982年，福伦公司提出顶级销售员应该具备的素质：勤、诚、韧、进。然而这仅仅只是心理素质，除此之外还应该具备以下三个方面的素质。

（1）基本素质：基本素质主要表现为医药职业道德，重视从业人员的职业素质应首先从职业道德抓起。尤其药品是关系到人体生命健康的商品，对药品营销人员的职业道德提出了更高的要求，主要表现在敬业精神和职业道德规范两个方面。医药代表在营销竞争中，要客观地对待竞争对手，以及客观描述自己的产品与竞争者产品的关系，让消费者自己做出选择与决定，态度必须坦诚、负责，避免因不道德的竞争行为而产生负面后果。

案例解析

（2）业务素质：医药代表应具备的业务素质是指掌握相关的业务知识，具备相应的实践与操作能力。丰富的专业知识及良好的自我表达能力等是医药代表实施营销的基本保证，因此药品营销人员必须储备多方面的知识和应有的能力，主要包括医药基础理论知识、商品知识、消费者知识、市场知识、法律知识，以及其他如艺术、科技知识等。除此之外，医药代表还应该具有一定的礼仪素养，其基本要求是：贵在尊重，注意细节，有始有终，禁忌疏忽。

（3）身体素质：医药代表工作的性质决定了营销工作的辛苦和不稳定性，也许会起早贪黑、东奔西走、经常出差，还要涉及各种推销业务、商务谈判、应酬客户、进货送货等。如果没有良好的健康状况作为保障，完成工作是很困难的。如果不能保持良好的健康和精神状况，很难让客户产生对产品的信任，也很难保证与客户的正常交往，更不可能让客户产生良好的印象。因此，药品营销人员应坚持身体锻炼，合理饮食，保持良好的心态，养成好的生活习惯，以健康的体魄、清醒的头脑、旺盛的精力，饱满的工作热情完成任务。

张某是一家大型制药企业新招聘的医药代表。张某为人风趣幽默，善于交际，不拘小节，很多人都愿意和他交朋友。最近，张某根据公司的要求去拜访一位德高望重的老医生。该医生医术水平高，为人谦和，因为职业是医生的缘故，特别注意卫生，对自己及周围的人要求较高。第一次拜访，成效不错，张某运用自己的口才和专业知识很快赢得了这位医生的好感。时值中午，张某提出希望与该医生共进午餐，以便进一步地沟通交流。该医生欣然答应，张某非常高兴。在从医院去餐厅的路上，两人交谈甚欢，这时，张某无意中清了一下嗓子，随后往路边草丛吐了一口痰，没想到该医生脸一沉，马上借口说有急事，便不欢而散。

张某回去后认真思考事情的经过，百思不得其解，经过向上级汇报，主管说了一句："你那口痰吐得可真是时候啊！"

讨论：通过本案例，你认为在医院销售中哪一项素质比较重要，应该注意哪些细节？

四、医院销售的模式

将医药商品销售给医院（或医疗机构）主要有代理销售和直接销售两种模式。

1. 医药商品代理销售进入医院 医药生产企业委托医药经销商，使得本企业的产品进入医院，分为全面代理和半代理模式。

（1）全面代理模式：由医药经销商全权负责销售业务，包括医药商品进入医院的商务洽谈、促销及收款的全部过程。制药企业将合适的出厂价即底价开给代理商并签好合同，以足够的利润空间刺激其经销的积极性。当制药企业的营销队伍不够健全、营销渠道不够成熟时可以采用该种代理模式。

（2）半代理模式：医药代理商完成医药商品到医院的进入和收款工作，医药商品在医院的促销工作由制药企业人员完成。这有利于企业直接掌握药品在医院的销售动态，把握各种市场信息，了解医生和患者的需求，对销量的提升及产品的改进都有很大的帮助，但是需要大量的营销人员和完善的营销队伍。

2. 医药商品直接销售进入医院 制药企业不依靠相关的医药经销或代理商，直接派出医药代表去做医院市场的开发工作，完成医药商品的进入、入库、促销、收款全过程。

（1）制药企业注册有药品经营企业，并以经营企业的名义将医药商品直接销售给医院。直接销售进入医院的以此种方式为主，医药行业前向整合的可能性很大，也相对比较容易，一般大中型制药企业都有自己的药品经营企业。

（2）制药企业完成医院终端市场开发的全过程，包括医药商品的进入、促销、收款等，然后通过经营企业来完成医药商品流通环节的其他事宜。

第二节 药店终端市场

非处方药的重要零售点为药店，药店在药品销售过程中承担着重要的流通角色，也是药品的重要终端市场之一。

一、OTC销售终端概述

1. OTC销售终端主体 OTC销售终端的主体是各类型的零售药店。各类型的零售药店是指各类由药品监督管理部门批准，获得药品经营许可证、专门从事药品经营的各类型药品商店，主要包括连锁药店、单体药店、挂靠药店、药品超市或卖场、仓储式药店等。零售药店的经营开放、自主的进货渠道、医疗保险定点药店的增加、国家全民医疗保险的推进、平价药房的出现、降价风波的浪潮等说明OTC销售终端市场的竞争已达到白热化。

2. OTC销售终端的特征 现代市场营销是根据消费者的购买行为来制定相应的营销战略。OTC市场可以把消费者的自我药疗、自我保健行为和OTC市场的自身特征联系起来。

硬终端与软终端

药店终端依据其功能分为硬终端与软终端。硬终端主要指在药店布置后的一段时间内不会改变的设施设备，包括信息传播物件等，其具体形式有横幅、招牌、灯箱、海报、台卡、插卡、POP、包装袋、音响设备、导购牌、价签、遮阳篷、宣传资料、展板、装潢等。软终端主要指药品零售场所从业人员针对消费者进行的各项服务，其对象主要有药师、店经理、店老板、柜组长、坐堂大夫、营业员和目标消费者等。

二、OTC终端建设

（一）OTC商业渠道的建立

OTC的销售注重药品铺货的广度和深度，即铺货的药店渠道的吸引力，只有通过对经销商进行选择，并很好地完成铺货工作，才能建立好OTC商业渠道。

1. 经销商的选择 选择经销商通常是根据一个地区经销商的市场覆盖能力选择一

家或多家经销商。经销商过多，容易引起经销商之间的恶性竞争，扰乱市场的价格。具体的选择条件如下：

（1）良好的资信：资信主要指经销商给客户的回款情况、本身的利润情况。具有良好盈利状况和信用状况的经销商有利于企业药品销售的长期发展。

（2）健全的网络：主要指经销商有一定的下游药店终端，能够保证药品在目前及今后一定时间内的销售规模。

（3）美誉度：主要指经销商在药店终端的工作、服务优良，受到药店终端的信赖，优良的服务对药品的推广有极大的价值。

（4）对本企业药品的认同度：对本企业药品认同度高的经销商，会信心十足、不遗余力地推销本企业的产品；反之，则会在药品的推广中相当地被动。经销商对本企业药品的认同度在将来的工作中也需要持续地巩固和加强。

2. 铺货 选择经销商后可根据企业和市场的需要协同经销商进行药品的铺货，在进行铺货时按以下步骤选择药店终端。

（1）重点药店：重点药店主要包括覆盖面广的连锁药店、知名的老字号药店、销售额排前的药店、在特定小区及一定区域内最大的药店，为 A 类药店，占全部药店总数的 15%~20%。

（2）推广普及：在重点药店铺货达到一定的销量以后，可以推广普及药品，增加药店的数量。可以增加那些经营状况良好、门面较大的药店，这些药店数量可以从原来的 20% 左右增加到 50%。

（3）细化市场：为了进一步提高药品的市场占有率，使得购买者更能广泛地接触本企业的药品，可以使药店的铺货率达到 80% 以上，对于常用药品可以考虑 100% 的铺货率，但是对于价格较高或病情特殊的药品则没有必要。

在 OTC 商业渠道开发过程中，要结合本企业的产品情况，企业的人力、财力、物力、信息确立市场规模，切忌贪大求全而顾此失彼，注意二八原理的运用，分清主次。

（二）OTC 商业渠道的完善

市场是不断发展变化的，企业建立了一套 OTC 商业渠道体系后，在新的营销环境下需要不断地更新和完善，主要包括以下两个方面。

1. 完善商业渠道的信息 通过商业调查和商业分析，获得经销商管理的基础信息、经销商及药店终端的营业额、利润率、人员素质、信用、工作程序等信息，这是完善 OTC 商业渠道的基础。

2. 完善企业内部对商业渠道的管理 在企业总部建立相应的商业渠道管理部门，由专人管理，不断保持与这些部门间的沟通，作为职能辅助部门，为他们提供全面、优质、经常化的服务，保持关系的稳定，并努力建立相互信任、相互合作的关系，形成战略联盟伙伴关系。

三、药店终端的管理

（一）药店终端的分类管理

OTC 代表在进行药店终端的管理时，首先要对自己辖区范围内的药店终端进行分类，这样才有利于更好地管理，找准自己工作的重点。

1. 药店终端的分类　药店终端可以根据其营业额、营业面积、营业员人数、客流量、地理位置等综合因素将区域内的药店终端划分为以下三类。

（1）A 类药店：该类药店客流量大、营业额高、营业卖场面积大、地理位置优越，是本企业的药品销售量大、库存量大、促销活动频繁的重点药店，一般占本企业药店终端数量的 20% 左右。

（2）B 类药店：该类药店可能为一些连锁店，有一定的影响力，但是因为竞争激烈，本企业药品在药店的销售量不是很大，但却是本药店不可或缺的品种，有一定的销售量，是次重点的药店终端，一般占本企业药店终端数量的 30% 左右。

（3）C 类药店：该类药店有所铺货，但是药店本身影响力极小，本企业药品在该类药店中的销量欠佳，甚至一个月内都不动销，是药店的边缘品种，一般占本企业药店终端数量的 50% 左右。

2. 药店终端的分类管理　OTC 代表在进行药店终端的分类管理时有一个重要的工作即拜访药店，俗称“跑街”。跑街是 OTC 代表专有的名词，指 OTC 代表需要每天沿街拜访各个药店。对药店终端的分类管理是跑街的基础工作，其分类管理的要求主要在拜访的时间和次数上。对 A 类药店 OTC 代表要求每周至少拜访两次，每次拜访的时间为 20~30 分钟；B 类药店每周至少拜访一次，每次拜访的时间为 10~20 分钟；C 类每两周至少拜访一次，每次拜访的时间较短，控制在 5~10 分钟。所有区域内的药店一个月至少拜访两次，这样可以使得药店终端拜访时有主次、有重点。

（二）药店终端的药品管理

1. 药品陈列的管理　药品陈列的管理是 OTC 代表的核心任务之一，陈列药品的目的是将药品在合适的位置卖出去，一切陈列的出发点都是为了销售药品。

（1）药品陈列的原则：

1）符合 GSP 原则：GSP 要求药品与非药品分开；处方药与非处方药分开陈列，处方药不得开架自选销售；特殊管理药品和专管药品必须按照国家有关规定存放；危险品不得陈列，如必须陈列，必须用陈列代用品或空包装陈列；拆零药品要集中存放于拆零专柜，保留原包装标签，中药饮片与其他药品分开陈列等。

2）易见易取原则：指药品正面面向顾客，不被其他商品挡住视线；货架最底层不易看到的商品要倾斜陈列或前进陈列；货架最上层不应陈列得过高、过重，不应陈列易碎商品；整箱商品不要上货架，中包装商品上架前必须全部打码，否则不能上架等。

3）丰满陈列原则：丰满陈列就是把商品在货架上陈列得丰满些，要有量感。

4）先进先出原则：商品都有有效期和保质期，要求每次将上架商品放在原有商品的后排或把临近有效期的商品放在前排便于销售。

5）关联性陈列原则：药品仓储式超市的陈列，尤其是自选区非常强调商品之间的关联性。

6）同一品牌垂直陈列原则：垂直陈列与横式陈列相对而言，指将同一品牌的商品，沿上下垂直方向陈列在不同高度的货架层位上。

7）主辅结合原则：大型零售药品商品种类很多，根据周转率和毛利率的高低，进行主辅陈列，使高周转率的商品带动低周转率的商品销售。

8）季节性陈列原则：在不同的季节将当季商品陈列在醒目的位置，其商品陈列面、量较大，并悬挂POP，吸引顾客，促进销售。

（2）药品陈列的检查要点：OTC代表到药店去检查药品的陈列主要检查药品的价格标签是否正面面对消费者；药品是否受到遮拦；药品上是否有灰尘和杂质；价格标签是否脱落，药品价格是否明显；药品是否容易拿取，并容易放回；药品的类别区分是否明确；是否向消费者提供了药品分布图，药品分布图是否明显、是否及时修正；货架的货品是否堆积过高；货架上是否有空闲区；药品陈列是否遵循先进先出的原则，近效期药品放在最易拿取的地方；同类别但不同品种的药品是否做到了垂直陈列；药品包装是否与陈列面相协调，是否有足够的陈列面；药品陈列是否与上隔板保持了一定的间距。

（3）药品陈列的方法：药品陈列的方法多种多样，主要有集中陈列和特殊陈列。抓住消费者眼球的陈列，将产品放置在容易拿到和看到的位置。OTC代表必须清楚地知道好的陈列位是药品销售的关键。首先是最佳购买层，应在消费者肩膀高度，建议高度为80~120 cm。然而好的陈列位有面向消费者入店的路线方向；后柜，应在视线与肩膀之间的高度；前柜，应在小腿以上的高度；柜面上，即最贴近玻璃的位置，不宜被其他摆设物遮挡；在同类产品同层摆放的中间位置；在消费者店内路线中央的“特装”。其次是第二陈列位，有柜台上、陈列架、收银柜旁、货架头/尾转弯处专柜、走道边落地陈列位、相关产品旁简便可行的位置、顾客流路线中“特装”展销台。

1）集中陈列：是将某种药品集中陈列于某个地方，对于销售量比较大的药品常常采用这种方法。在药店中，好的陈列位在“上段”，即与消费者视线高度相平的地方，是货架的最上层，高度在85~160 cm，通常陈列一些推荐药品，其中高度85~120 cm处被称为黄金陈列线，是消费者最容易看到、手最易于拿取药品的陈列位置。该位置一般陈列高利润、自有品牌药品、独家代理或经销的药品。其次是“中段”，一般在货架的第三层，高度在50~85 cm，该位置主要陈列一些利润低的药品，或者为了保证药品的齐全度和顾客需要不得不出售的药品，或者已经进入衰退期的药品。最差的是“下段”，一般为货架的最下层，高度在离地面10~50 cm，常陈列一些体积较大、较重、易碎、毛利较低但周转相对较快的药品，也可以陈列一些消费者认可的品牌或消费弹性低的药品。

2）特殊陈列：是在集中陈列的基础上，做出变化性的陈列方法，这是OTC代表在A类药店经常要进行的活动，具体的方法有：将药品整齐地堆积起来的整齐陈列法；将特价药品随机陈列于货架的随机陈列法；特别推荐某种药品，做特别促销的岛式陈列法；在货架中间抽去隔板，形成一个狭长的陈列空间，向消费者推荐新药品或利润高的药品，称为窄缝陈列；将药品放置在一个延伸出的板上的突出陈列；还有如悬挂式陈列、量感陈列等。这些陈列方法都具有一定的吸引力，对消费者起到刺激购买的作用。

2. 药品周转的管理 不管是药店还是OTC代表，对药品的周转都是密切关注的，虽然OTC代表对药品没有所有权，但是效期越好、周转越快的药品，越能够增加药店的销售信心，进而扩大本企业药品的销售。销售量大的药品，周转也快，因此药品的周转主要与药品的销售相关，OTC代表对药品周转的管理即促进药品销售的管理。

（三）药店终端的客户管理

药店终端的客户主要包括两大类：一类是购买药品的目标消费者，另一类是药店终端的软终端即药店的工作人员，因此对药店终端的客户管理主要包括以下两个方面。

1. 目标消费者的管理 确定目标消费者的方法主要有问卷调查、座谈会、观察法等。当顾客走进药店时，通过观察顾客的言谈举止、动作表情判断目标消费者的类型，从顾客的购买行为来分析，主要分为经济实惠型、主动咨询型、有备而来型、难以启齿型、随意浏览型、盲目就新型、比较分析型和谨慎多疑型。

药店零售工作要诀

对主动咨询者，须热情周到。
对有备而来者，须业务熟练。
对盲目就新者，应认真负责。
对小心谨慎者，要不厌其烦。
对随意浏览者，应顺其自然。
对难以启齿者，应避免尴尬。

2. 门店内客户的管理 门店内的客户主要为药店的工作人员，主要有以下几类。

（1）店经理（店长）：店经理是药店的主要责任人，负责药店的日常管理工作，是药店的现场指挥者。其主要负责制定药店内各项费用的用途、上缴利税，落实年度计划，采取相应措施，调配好劳动和合理安排各项工作岗位人员，以保证各项计划任务的完成；制定店规、岗位责任制度、文明经商条约和服务公约等规章制度，并督促执行；根据有关规定确定职工的奖金分配，批准费用开支和权限范围内的商品报损，审核药品采购计划，处理经营、管理和服务上出现的特殊问题；组织职工学习国家有关政策法规，学习专业技术知识，提高人员素质。

（2）药师：药师代表了整个药店的专业水平，是药店的专业形象，药店终端的药师主要负责处方的审核及监督调配，提供用药咨询与信息，指导合理用药，开展治疗药物的监测及药品疗效的评价，保证药品质量合格，指导患者安全用药。同时作为药店的专业形象，药师还参加培训和继续教育，参与社区卫生保健活动。因此，关于专业方面的问题，OTC代表主要与药师探讨。

（3）柜组长：柜组长是仅次于店经理的一类基层管理人员，对销售额和利润负责，该类人员对所在货架组的药品的陈列权利比较大，主要负责所在区域的药品日常管理工作，有时店经理不在岗时，以值班经理的身份负责全店的日常管理工作，负责当班责任区及营业现场的管理，督促、指导当班责任区员工理货、上架及对价格牌、POP、卫生、促销、缺断货等级等的管理，配合药师做好所在货架组的GSP表格的填写及近效期药品的促销工作。

（4）营业员：营业员是与消费者直接接触的一线人员，对顾客购买的决定有相当强的影响，因此营业员是OTC代表不能忽视的一类客户。营业员的本职工作是热情接待顾客，诚实向顾客介绍药品，做好医药商品零售工作。营业员的具体工作有：调剂处方，严格执行审方、划价、计算、收款、配药、复核、包装及发药工作；熟悉本区域内药品信息，做好本区域内药品的清洁、陈列、导购、促销、点货、补货和防盗等管理工作并反馈消费者的需求信息。

（5）收银员：收银员是与消费者最后接触的人，OTC代表可以从收银员处了解本企业产品的具体销售信息。

（6）质量管理员：OTC代表的药品只有通过药店质量管理员的认可，才能在药店进行销售并大幅度地提高销量。质量管理员的主要职责是对购入的药品进行验收和质量把关，凡不符合质量规定的药品，质量管理员有权并有责任拒绝收货。

找合适的人做合适的事

产品铺货——柜组长、店经理
产品陈列——柜组长、店员
POP宣传——店经理、柜组长
店内广告——店经理
提高销量——店员、柜组长、药师
催收货款——店经理、收银员
产品问题——店经理、质量管理员
促销活动——柜组长，但和店经理打招呼
竞品信息——店员
了解进货——柜组长、店经理
产品库存——库管

四、药店终端的促销

广告宣传能够拉动市场，但是终端促销同样能够创造消费者需求。药店终端的促销体现在卖场的促销，其主要包括卖场的营业推广促销、POP广告促销，以及企业和药店间的联合个性化促销。

（一）营业推广促销

卖场的营业推广促销主要是利用药品配置、药品陈列、药品定价、药品指示牌促销，其中指示牌促销是营业推广促销的一个重要形式。当药品配置发生变化时，要及时修改药品指示牌，经过修改的指示牌应放在醒目的位置上，在较小的药店一般不需要专门设立指示牌，但是必须在货架上标示清楚。除此之外，还有样品促销、礼品促销、折价促销、药学服务、招徕促销、咨询等，这些方式都可大大增加药店的销售额。

（二）POP广告促销

POP广告是“Point of Purchase Advertising”的英文缩写。可以解释为店面广告。在药店POP的种类很多，不同的POP的陈列有不同的要求和注意事项。

1. 店头POP 置于店头的POP广告，如展板、药盒模型、灯箱等，摆放于药店门口两侧或店内合适位置。

2. 天花板垂吊POP 如广告旗帜、吊牌广告物等，悬挂于进店高正面柜台或者收银台，要特别注意这些POP的大小是否遮住了光线。

3. 地面POP广告 从店头到店内的地面上放置和粘贴的POP广告，具有商品展示与销售功能，室内药盒堆头、立地灯箱等摆放于醒目位置，地板粘贴的耐磨性、清晰度要好。

4. 货架POP广告 放在柜台或货架上，如用药小常识、台卡、陈列架等。要注意货架上的POP要整齐、美观。

5. 壁面POP广告 贴在墙壁上的POP广告，如海报、装饰等，选择店外两侧、店堂玻璃门、橱窗或店内，粘贴要牢固。要特别注意检查这些POP广告是否褪色，若褪色，要及时更换。

由POP广告可看出药店经营者的态度。通过展示、陈列POP广告，及时传递商品信息，吸引顾客注意，引发兴趣，使得药店充满吸引人的魅力；POP具有推动销售、建立品牌知名度、增加利润、使顾客认识药品及助长购买欲望等功能。总之，POP陈列要注意整体协调性；应固定放置（贴）于显眼处，不可被其他物品遮挡，有抢眼效果，海报与贴纸的位置应接近顾客的水平视线，不可过高或过低（悬挂在天花板的活动气氛的装饰除外），张贴要稳固，保持洁净，要及时检查、更换受损、褪色和过时的广告品。

（三）联合促销

药店终端联合OTC代表所在的企业一起搞一些个性化的促销，能够促使大量潜在的消费者向现实消费者转变。比如，药店终端联合制药企业在电视上进行广告宣传。

五、药店店员的教育培训

药店店员教育培训是OTC代表的又一核心任务。药店店员的教育培训是指将药品的相关信息传递给店员，使店员熟悉药品的知识，以期在柜台销售中增加对该药品推荐率的一种药店促销手段。

（一）培训内容

OTC代表组织店员教育培训活动，最大的目的是希望店员把本企业产品及时推荐给顾客，而让店员对公司和产品有一个初步的了解，有利于店员组织推荐词。

1. 公司介绍 重点在于公司的资历。

2. 相关医药学知识 一些常用的数据指标，如体温正常值范围等。

3. 产品优势卖点 本企业产品最适合治疗的疾病领域范围，在哪些范围、方面可以推荐，以及正确使用方法等。

4. 其他知识 比如与药品有关的法律法规，店员的服务技巧、销售技巧等内容。

（二）培训方式

对店员进行教育培训的目的是融洽公司与药店终端的关系，因此可以采取的培训方式也是灵活多样的，具体的方式有以下两种。

1. 小型店员教育 小型店员教育包括“一对一”的店员教育和小型店员教育会议，是OTC代表拜访工作之一。适时并成功地开展小型店员教育是OTC代表的基本技能。“一对一”的店员教育要注意避开营业的高峰时间而选择比较空闲的时间进行，地点可以选择药店的一角或柜台前。

将药品知识介绍完后，应留下书面资料并请对方在有空时阅读，最后送上礼品并致谢，给对方留下良好的第一印象。当发现本企业的药品在某一药店的销量与该药店所处的环境、规模、实力明显不符，或该药品在此药店中销量明显低于竞争药品，而药品无论在品牌、陈列、宣传力度和价格体系等方面都不比竞争药品逊色时，往往可以从店员推荐率上找答案，此时及时召开小型店员教育会是解决该问题的正确途径。召开小型店员教育会需事先征得店经理或柜组长的同意，并与之商定会议的时间、地点、参加的人员和数量等。

2. 店员集中教育 在新药品上市的初期，为了配合新药品打开市场，争取在最短的时间内让同一城市中绝大多数店员了解某一药品，通常采取电影招待会、店员联谊会或店员答谢会等形式对店员进行教育。主要是以电影和纪念品吸引店员在同一时间到电影院，利用电影放映之前的时间开展店员教育，或者在岁末年初和节假喜庆之日邀请店员参加联谊会，活动中将药品知识巧妙地穿插于节目之中，从而达到店员教育的目的，如关于药品知识的有奖竞猜、专家现场答疑等。开展店员集中教育活动前，应拟订店员集中教育方案。方案的主要内容有店员集中教育的目的、形式、时间、场地、参加对象、会议程序、费用预算和考评方法等。

（三）教育培训的注意事项

1. 产品知识必须与销售技巧结合 进行店员培训时，不是以产品知识培训为主题，而是以店员销售技巧培训为主，因为根据趋利避害的原则，人们抽出时间参加任何一种活动都是因为对自己有利来驱动的，同理，如果以产品知识为培训主题，整个店员教育活动的利益是以厂家为主的，而店员成了配角，在店员工作时间紧张时，往往会放弃。

因此，在培训内容上，以产品内容作为范例，培训店员如何给顾客讲解推荐药品示范时，产品内容很自然地就会被店员记忆和认知；在示范药品陈列时，产品外包装特点也会让店员反复记忆。

2. 氛围轻松愉悦 店员教育最好不要搞成医院科室会氛围，毕竟店员的教育资历相对较浅，对专业性的知识接受起来有很大难度，所以要做到寓教于乐。例如，可以在店员教育中表演一个与店员工作有关的小品活跃氛围；也可以穿插店员抢答，奖励小礼品；还可以把以往店员教育活动照片做成音乐幻灯片给店员播放。

3. 内容通俗易懂 店员的教育资历相对较浅，专业性特别强的知识接受起来比较困难，所以在店员教育培训中要把专业性比较强的内容转换成通俗简单的内容，要多用比喻、举例子。例如，消费者心理学的相关内容，需要用店员身边的顾客的一些行为特点来举例。

4. 店员教育也是推销自己 OTC 销售代表在组织店员教育活动时，也是推销自己能力的机遇，因此 OTC 代表在需要提升自己的产品专业知识的同时，还要提高自身言谈举止的修养和演讲能力。避免使用容易产生分歧的观点和一些庸俗的话语，不能在演讲举例中出现地域歧视、性别歧视。

六、药店终端的发展趋势

（一）药店终端的整体实力越来越强

随着新版 GSP 的推行，零售药店的洗牌也随之开始，一些小的单体药店由于难以满足 GSP 的要求，或者满足后成本提高，慢慢倒闭甚至被收购。大型的零售连锁药店抓住契机，注重对外扩张，通过上市融资等加快扩张的步伐，如老百姓大药房、益丰大药房，在上市后加快了收购和重组的步伐。因此，现存的药店整体实力越来越强，竞争力也越来越强。

（二）自有品牌商品会阻碍企业的药店终端营销

由于大型的医药零售连锁的实力越来越强，其依靠自身品牌实力建立起来的自有品牌药品越来越多，这些自有品牌药品是药店利润的主要来源，势必成为药店终端的优势产品。然而，对于 OTC 代表而言，这些药店的自有品牌商品会影响本企业产品在药店及药店人员心目中的地位，不管是在主推方面还是在陈列方面都对本企业产品构成一定的威胁，因此药店自己经营的自有品牌商品会阻碍 OTC 代表负责的药品的销售和市场的推广。

（三）医药分家为药店终端营销带来机遇和挑战

医药分家和“双通道”等政策使得医院的药品销售减少，这样势必会增加药店终端的药品销售，这是国家政策给药店终端带来的机遇。有机遇就有挑战，如何在竞争如此激烈的医药零售市场占得一席之地，是医药分家之后零售药店终端面临的严峻考验。

（四）多元化和专业化并举的药店终端营销模式

当今药店终端的处方难求，所以产品和服务多元化成为药店发展的不二法门，药品的销售在药店销售的比重在不断地下降。但是仍有很大一部分药店在专业化经营方面做出了自己的特色，仍然坚持以卖药为主，特别是那些注重药师队伍建设，并准备加大药学服务力度的药店，专业化将成为其坚守的底线。药店也在向消费者提供专业的医学和药学服务，站在消费者治病的角度科学地推荐产品和关联销售组合，让消费者既能少花钱又能选择到有效的药品。

第三节　药品第三终端市场

一、药品第三终端市场概述

（一）概念

药品第三终端市场是除大型医院和城市主流连锁药店之外直接面向消费者开展医药商品销售的所有零售终端，其包括城市、城乡接合部及农村地区的卫生服务站、社区门诊、民营小医院、防疫站、乡镇卫生院（所、中心医院）、诊所、乡村个体药店等。其主要特点是点多面广、需求量大、风险小、配送困难、利润低。

（二）特点

1. 第三终端市场的特点

（1）第三终端营销的医药产品以普药为主。

（2）以中低价位品牌药为主，竞争小。如感冒药，城市平价药店有不下60个品种，偏远地区的一些农村诊所中，可能只有2~3个品种。

（3）客户对象主要是诊所、卫生室、药店，数量多，医药产品的需求量大，其销量大于医院。

（4）药品采购多不参加招标。药品使用基本不受医疗保险目录的限制。

（5）具有“点多、面广、分散配送成本高、开发被动（主要依靠县级医药公司）”的特点。

2. 第三终端消费者的特点

（1）消费者对药品品牌反应比较迟钝，但消费者对品牌的忠诚度较高，持续购买一种产品的时间长，不易转换品牌。

（2）广告对药品购买行动有很大影响力，尤其是本地卫视和中央电视台的广告。

（3）在购买药品过程中自主选择意识不是很强，因此，乡村医生和药店店员的推荐成为其选购药品的重要因素。

（4）对药品价格和疗效双重敏感，希望能够用最便宜的价格购买到疗效很好的药品。

（5）随着经济的快速发展，虽然第三终端市场属于中低端市场，但是消费水平正在上移，一些价格高、疗效好的品种也开始进入该市场。

（6）第三终端消费者对“中药”的信任度大于“西药”。

3. 第三终端的渠道特点

（1）网络复杂，终端进货渠道混乱，假药、劣药时有出现。县级公司、一些地级公司及民营快批配送型公司成为开拓农村第三终端的主体力量。

（2）尽管第三终端每次采购量比较小，但消化迅速，现款交易，结算快捷。

（3）第三终端医药商品销售工作大于市场工作，执行性大于策略性，容易启动，相对可控。

（4）渠道订货很大程度上取决于礼品的好坏，尤其是乡镇卫生院。

（5）第三终端大多既是经当地卫生行政部门培训、审核和批准的卫生服务机构，也是经当地药监部门批准的药品销售网点。

（6）渠道不仅完成基础的物流职能，在销售功能上也要发挥更大的作用，因为第三终端代替消费者进行采购与消费，因此在一定意义上，占领了渠道就是占领了市场。

（7）没有任何一个省的一家商业公司能够全面覆盖第三终端，因此企业在开拓第三终端时注定要和多家商业公司合作。覆盖第三终端的商业公司一般都是行商，因此覆盖半径较大，甚至有跨区域覆盖现象。

4. 第三终端市场的优势

（1）竞争小、知名企业比较少。

（2）品牌要求低，营销门槛较低。

（3）进药环节少，市场化程度相对较高。

（4）渠道控制相对容易。

（5）消费潮流滞后、消费需求功能性强。

（6）政策优势。随着国家政策向农村倾斜，与农村建设有关的“两网”建设、“城乡居民基本医疗保险”“社区卫生建设”等都对第三终端市场的发展有利。

（三）发展趋势

（1）药品第三终端市场发展潜力巨大。新医改背景下第三终端将迅速崛起，理由是医疗补助标准的提高将极大地推动老百姓有病就医的积极性，为第三终端市场提供了巨大的市场空间。因此，介入企业将越来越多，竞争白热化，外企、国企、民营企业均看中此市场。

（2）政府起主导作用的第三终端市场中医药公司的营销职能将逐渐削弱，从批发商到配送商，工业企业传统的二级分销模式已不再适应。商业盈利从赚取批零差价到赚取配送费，已转变为厂家选商业。基药制度的彻底实施将使工业和商业集中度大幅度提升。之前自由竞争的第三终端将逐步变成政府买单的行政垄断的第三终端，基药将成为政府办基层医疗机构的唯一选择。乡镇一体化的逐步实施将使第三终端的村级市场行政化。

（3）针对第三终端的订货会、推广会将越来越多，第三终端会议营销的边际效益必将递减。开订货会议的企业越来越多，其形式多种多样，包括大篷车、小篷车、乡镇订货会议等。由于订货会议大量增加，每次会议上第三终端客户的订货量必将越来越少，不同工商企业订货会竞争就成为必然，会议拦截将愈演愈烈。

（4）第三终端的营销竞争将体现在细节和执行环节上，细节还体现在所有的营销活动有没有一个标准、规范的SOP手册。

（5）第三终端营销人员的管理会成为一大难题。由于第三终端市场的特点，对于营销人员的管控相对会薄弱一些，同时由于工作环境的艰辛，怎样留住高素质的营销人员也是第三终端营销管理中不容忽视的一个问题。

华润双鹤的“鹤鸣行动”进行时

基于精准的基层医疗市场定位，准确的国家政策走向把握，巧妙的服务推广切入模式，华润双鹤以公益活动为主体，项目实施步步深入，让“0号”降压药在市场中鹤立鸡群，成为“中国人的0号”。“鹤鸣行动”自2012年开始运行，联合“中国社区医生项目组”“中国农村卫生协会”等单位，共同推广高血压防治知识。至2014年11月底，已经在全国11个省200多个市、县、区开展宣传活动，共有4万余名基层医生参与其中。

（本案例来源于中国医药联盟“2015年中国医药十大营销案例”）

讨论：通过本案例，你认为处方药在第三终端市场该如何开展营销？

二、药品第三终端市场的营销模式

1. 开拓第三终端的主要模式 药品第三终端市场的开发是一个很重要的问题，决定了本企业产品销售的广度，目前开发第三终端市场的三大主流模式是县级市场订货会、工商联合开展各两网定点医药公司配送、大物流快批等。而常见的创新型开发模式有：县级、地级公司开拓模式，各地大篷车会议模式，大流通公司开拓模式，各地配送公司开拓模式，县级医院开拓模式，个体代理商开拓模式，给商业分销单位开票员奖励开拓模式，自派人员维护开发模式等八种开拓模式。

2. 第三终端的主要营销手段 药品第三终端的营销手段多种多样，主要的营销手段有推广会、订货会，人员拜访关系营销与积分订货有奖营销，大流通公司和两网定点医药公司直接配送到终端客户，医药公司网上排名营销等。

3. 目前开拓第三终端的常见模式

（1）自建队伍型：主要依靠自己的人员队伍来做各种覆盖第三终端的推广工作。主要是一些品种结构齐全且适合第三终端销售，销售量大且主要在农村市场的品种。

（2）借力渠道型：主要依靠医药商业来覆盖第三终端。自己的队伍主要是协助、服务好商业公司，并与商业公司联合开展第三终端市场开拓工作。

（3）依靠渠道型：主要是一些普药，企业依靠大流通公司、快批公司来开拓，基本没有自己的队伍，产品靠价格取胜。

（4）借力个体代理商型：各地都有一些长期和各地医药公司与乡镇卫生院合作

的个体代理商，他们有一些网络和资金资源可以利用，企业就利用他们来开拓第三终端。

4. 国内医药企业在第三终端成功的要素

（1）产品结构：第三终端市场往往地广人稀，交通不便，销售人员的人均投入产出比很低。企业应该具有大规模生产的成本和质量优势，如普药产品数量众多、常见病和多发病药物齐全，从而形成组合优势，通过分摊降低营销成本。

（2）品牌传播：第三终端市场的患者往往购买力较低，但同样具备品牌的初步意识，喜欢购买知名企业或者品牌的二线品种。知名医药企业的企业品牌和产品品牌往往有助于赢得招标、招募代理商、组建自营团队和带动普药产品的销售。

（3）渠道协同：借助主流商业渠道和众多二级分销通过广覆盖实现规模化销售，科学的客户管理和厂商助销可以提高药品分销效率，规避市场风险。

（4）终端推广：第三终端市场的客户分布分散，单产较低，维护难度大，于是点对面的宣传促销活动成为主要营销手段。例如，“走下去”（长沙双鹤的大风车活动等）和“请上来”（在县城组织的会议营销等）等方式。这种活动往往需要厂商双方的优势互补和紧密合作。

重点小结

学习本章，应该在学习不同类型终端市场特点的基础上，掌握医院终端市场、药店终端市场的营销模式，并能够运用各种营销策略，很好地开发医院终端市场、药店终端市场及药品第三终端市场，提高本企业药品在市场上的广度和深度，不断扩大药品的销售。

寄语青年

立志做有理想、敢担当、能吃苦、肯奋斗的新时代好青年，让青春在全面建设社会主义现代化国家的火热实践中绽放绚丽之花。

目标检测

一、选择题

（一）单项选择题

1. 以下不是店员教育的注意事项的是（　　）。

A. 店员教育内容通俗易懂　　B. 店员教育不能推销自己

C. 氛围轻松愉悦　　D. 产品知识必须与销售技巧结合

2. 在药店中的货架，按货架上、中、下分段陈列时，上段应该陈列的药品为（　　）。

A. 销售量稳定的　　B. 希望顾客注意的　　C. 周转率高的　　D. 体积大的

3. A类药店OTC代表拜访的次数至少为（　　）。

A. 每周一次　　B. 每周两次　　C. 两周一次　　D. 每周三次

4. 以下单位不属于药品第三终端市场的是（　　）。

A. 社区诊所　　B. 农村药店　　C. 村卫生室　　D. 连锁药店

5. 直接向顾客销售药品的药品经营企业，包括药品零售药店、药品零售连锁企业和仅能销售乙类非处方药的超市、宾馆的药品专柜为（　　）。

A. 医院终端　　B. 药店终端　　C. 第三终端　　D. 第四终端

（二）多项选择题

1. 有效终端市场应该具备的条件有（　　）。

A. 营利性　　B. 宣传性　　C. 促销性　　D. 拦截性

E. 科学性

2. 软终端的具体销售对象包括（　　）。

A. 促销人员　　B. 药店营业员　　C. 医生　　D. 采购人员

E. 仓储人员

3. 医院终端市场的营销模式有（　　）。

A. 产品营销　　B. 竞争营销　　C. 关系营销　　D. 服务营销

E. 科学技术营销

二、简答题

1. 医院终端中的医药代表的工作主要有哪些？

2. 药店终端的促销方式有哪些？

3. 简述药品第三终端市场的特点。

三、案例分析

案例：葫芦娃药业集团新品类、新增量——养胃解酒大单品复方鲜石斛颗粒

复方鲜石斛颗粒是葫芦娃药业集团旗下产品，同类产品在市场上流通较少，仅以低价、普药形式在极少部分连锁销售。通过市场调研和组方分析，葫芦娃药业集团市场部为该产品精准提炼出三大适用人群；总结出“酒前两包，喝酒不易醉；酒后两包，解酒又养胃”这一精简有力的推荐语；提出养胃概念，联合连锁打造“养胃节”活动。随后，成立“葫芦娃亮剑行动突击队”，跨区域集中联动开展炒店与爆店，与门店形成战略同盟，引爆销量。2021年起，纯销每月持续上升，从1月份的3万盒到9月份的8万盒，10月份即将突破10万盒，同比增长率高达4 000%，预计增长还将持续。

（本案例来源于中国医药联盟“2021年中国医药十大营销案例”）

思考：

结合案例，分析葫芦娃药业的复方鲜石斛颗粒是怎样实现新时期营销增长的。

参考答案

实训十二　撰写药店终端产品促销策划书

【实训目的】

随着医药分家的稳步推行，药店终端迎来了巨大的机遇和挑战，作为企业的 OTC 代表，对所负责的产品进行促销策划是药店终端工作中必不可少的。通过实训，学生能够认识药店终端促销的重要性，能够明确药店终端促销的特殊性以及注意事项和侧重点，综合运用前面所学的内容，有效地实施药店的促销活动。

【考核标准】

（1）药店终端的促销策划书内容完整、科学。

（2）策划书紧扣主题。

（3）汇报学生语言流利、仪表大方得体、台风佳。

（4）幻灯片制作清晰、反映特色、条理明晰。

【实训内容】

分组进行药店终端的产品促销策划。

【实训过程与方法】

（1）将学生分为若干组，分别选定促销的药品，每组 4~6 人，接受任务。

（2）以小组为单位讨论选定的药品，写出促销策划书。

（3）各组派代表在实训时用幻灯片的形式讲述产品的促销策划书。

（4）其他小组成员和老师对讲述的策划书进行提问，并评析策划书，提出改进意见。

（5）各组根据意见对策划书进行修改，并以报告形式提交给任课老师。

【考核内容】

药店终端的产品促销策划书。

（张　平）

第四篇

经济核算

第十三章

医药产品经营企业经济核算

学习目标

知识目标

1. 掌握经济核算的内容和经济核算指标。
2. 熟悉经济核算的定义和任务。
3. 了解经济核算的意义。

能力目标

能够运用各种经济核算指标，对医药企业营销过程进行核算（核心技能）。

素养目标

1. 具备在经济核算过程中的财务成本意识和严谨的工作作风。
2. 能够在经济核算过程中，做到认真、细心，具备精益求精的职业态度。

经济核算是指借助一定的计量方法，通过各种核算形式，对生产经营过程的劳动占用、劳动消耗和劳动成果进行记录、计算、分析和对比，追求以较少的劳动占用和劳动消耗，取得较大的生产经营成果。

案例导入

第一节 概 述

一、医药产品经营企业经济核算的意义

企业的经济核算是将企业生产经营过程中各种不同形式的财产物资和劳动耗费核算成统一的价值形式，并通过企业资产价值来描述和评估企业在经营过程中的经营得失，从而促使企业管理阶层提高经营管理效能，降低费用成本，追求以最少的财产物资和劳动耗费获取最大的经济效益。

（一）有利于提高企业的经济效益

经济核算是对企业经济活动的一种价值管理，是企业实现现代化科学管理的重要方面。企业在药品生产和药品交换的经济活动中，通过强化财务会计工作，加强经济核算，合理使用人力、物力和财力，降低费用水平，提高经济效益。

（二）有利于贯彻执行财经法规和财务制度

企业每一项具体的经济业务活动，都会涉及财经法规、财务制度和财经纪律的有关规定，而各项经济业务活动情况及其结果又都要利用财务会计来进行记录和反映。因此，经济核算可以在记录、反映各项经济业务的同时，监督、检查其贯彻、执行和遵守国家的财经法规、财务制度和财经纪律的情况。

（三）有利于对企业资金进行全面的考核和科学的分析

经济核算可以充分利用各种财务会计核算资料，对企业的资金使用效果进行全面的分析、考核，挖掘企业内部潜力，进一步盘活企业资金，加速资金周转，更有效地节约人力、物力、财力，提高企业的经济效益。

（四）有利于保护国家和企业财产物资的安全

利用会计资料和有关会计账簿对企业的资金和财产进行连续、全面、系统的了解和监督，可随时检查企业资金和物资的数量，以及账物相符、账账相符的情况，防止各种财产物资的丢失、毁损、浪费，从而堵塞漏洞，杜绝贪污、浪费、损公肥私等违法乱纪行为的发生，切实地保护国家和企业财产物资的安全，保护所有者权益。

经济核算的特征

（1）以货币（人民币元）为计量单位。

（2）对经济业务活动进行连续、系统和完整的记录与反映。

（3）采用专门的核算方法。

（4）具有核算与监督两大基本职能。

（5）以提高经济效益为目的。

二、医药产品经营企业经济核算的内容

药品经营企业经济核算的内容是由企业资金运动的内容所决定的，其基本内容如下。

（一）资金核算

资金核算包括资金筹集和运用的核算，主要有资金筹集、管理，流动资金管理，固定资金管理和专项资金管理，通过资金核算，合理筹措使用资金，提高资金利用效率。

（二）费用核算

费用核算包括药品流通费的核算和其他开支的核算。费用和开支是企业组织药品流通的耗费。通过费用核算，既要保证组织药品经营的需要，又要节约费用支出，降低成本，提高企业经济效益。

（三）利润核算

利润核算包括税金和利润的核算。企业要正确计算销售收入和利润，依法纳税，

会计六大要素

会计六大会计要素：资产、负债、收入、利润、费用、所有者权益。

按规定合理分配，税后留利，正确处理国家、企业和职工之间的物质利益关系。

三、医药产品经营企业经济核算的任务

药品经营企业经济核算的基本任务是正确处理经营过程中的各种财务关系，保证企业以较少的资金消耗和资金占用，取得较大的销售收入和利润，为实现企业的根本任务服务。具体任务有以下几个方面。

（一）积极筹措和供应资金，保证药品流通的需要

经济核算管理的首要任务是筹集资金，及时组织资金供应，合理、节约使用资金，保障企业经营活动的顺利进行。

（二）降低经营成本，增加企业盈利

经济核算管理要借助资金、成本和各项费用定额，对购、销、运、存等经营活动实行财务监督，以便控制资金占用和费用开支，加速资金周转，促使企业合理地使用人力和物力，以尽可能少的耗费，取得尽可能大的经济效益。

（三）分配企业收入，完成上缴任务

企业财务部门对已实现的销售收入要进行合理分配，正确补偿销售成本，完成国家税收，上缴利润，归还到期贷款，及时清理债权、债务，发放工资和奖金，正确处理有关各方面的利益关系。

（四）实行财务监督，维护财经纪律

财务监督就是利用财务制度对企业经销活动所进行的控制和调节，其目的在于发挥经济核算对经营活动的积极能动作用。财务部门通过它的职能活动，对企业各个环节上的货币收支和各方面发生的经济关系进行监督，以保证财经纪律的执行。

复式记账法

复式记账法是对每一项经济业务，都以相等的金额同时在两个或两个以上的相关账户中进行记录的方法。当发生一项经济业务时，一方面在有关账户中记录其来源，另一方面在另一个有关账户中记录其去向，以反映经济业务的全貌，而且通过账户的平衡关系可以检查账户记录的正确性。借贷记账法是复式记账中应用最广泛的通用记账方法。我国财政部颁布的《企业会计准则》中明确规定了“企业会计记账采用借贷记账法”。借贷记账法以“借”和“贷”作为记账符号，用来表明账户的记账方向。借贷记账法遵循的平衡等式为：

资产 = 负债 + 所有者权益

收入 = 费用 + 利润

记账规则是"有借必有贷，借贷必相等"。

第二节　经济核算指标

在医药商品营销过程中有各种各样的指标可以用于商业计算，不同的指标反映不同的经济成果，主要包括反映经营成果的经济指标、评价经营企业服务质量的指标、满足社会需求程度的经济指标、劳动耗费的经济指标和劳动占用的经济指标。

一、反映经营成果的经济指标

经营成果的经济指标是评价经营效益的综合指标，它反映企业实现的利润水平，是上缴利税的综合指标。

（一）销售毛利

销售毛利是医药企业获得利润的主要来源，是医药企业提高营业利润和企业降本增效的基本存在前提，其为销售净收入（销售收入 - 折扣优惠）减去销售成本的差值。其计算公式为：

销售毛利 = 销售收入 - 销售成本

（二）毛利率

毛利率反映的是每100元商品销售额所能实现的毛利，是销售毛利和销售成本的百分比。其计算公式为：

毛利率 =（销售毛利 ÷ 销售成本）× 100%

然而医药企业在落实企业营业利润指标计划时，财务部门会先根据销售的有关资料给部门核定一个毛利率，这是确定部门目标利润来源的基础。

（三）销售扣率

销售扣率是指实际进价与售价的比值，对于医药批发企业来说则为实际的进价与批发价的比值，对于医药零售和医疗单位来说则为进价与零售价的比值，其能够直观地反映商品的毛利水平。其计算公式为：

销售扣率 =（进价 ÷ 售价）× 100%

（四）经营利润额

经营利润额指药品销售收入扣除进货成本费用和税金后的余额。经营利润额是医药企业利润的主要来源，它是医药企业在销售医药商品、提供劳务等日常经营活动中产生的利润。其为主营业务利润和其他业务利润扣除期间费用后的余额。主营业务利润为主营业务收入减去主营业务成本和主营业务所产生的税金，通常为销售毛利；其他业务利润是其他业务收入减去其他业务成本的差额。其计算公式为：

经营利润额 = 销售额 - 进货成本 - 费用额 - 税金

某药店第一季度的销售额为150万元，进货成本为112.5万元，费用率为10%，税率为5%，计算该药店第一季度的经营利润额。

案例解析：

费用=150×10%=15（万元）；

税金=150×5%=7.5（万元）；

经营利润额=150−112.5−15−7.5=15（万元）。

（五）经营利润率

经营利润率是指经营利润额与销售额的百分比，经营利润率越高，说明经营效果越好。其计算公式为：

经营利润率=（经营利润额 ÷ 销售额）×100%

（六）利润额

利润额指企业营业收入和营业外各项收入之和，是企业的总利润。其计算公式为：

利润额=经营利润额+营业外收入−营业外支出

（七）销售利润率

销售利润率指每销售100元药品获得利润额的百分比，它反映企业销售的盈利程度。其计算公式为：

销售利润率=（利润额 ÷ 销售额）×100%

（八）药品资金利润率

药品资金利润率指利润额与药品资金平均占用额的百分比，反映企业药品资金使用的综合效果。其计算公式为：

药品资金利润率=（利润额 ÷ 药品资金平均占用额）×100%

二、评价经营企业服务质量的指标

评价药品经营企业服务质量的指标是反映药品经营企业服务质量和社会效果的指标。其主要分为以下三种。

（一）顾客满意率

顾客满意率是顾客对企业服务态度、服务质量满意程度的评价，顾客满意率一般设满意、较满意和不满意三个等级。其计算公式为：

顾客满意率=（顾客满意票数 ÷ 回收总票数）×100%

一般满意率以85%为衡量标准。

（二）服务项目便利率

服务项目便利率是企业已设置的服务项目和应设置的服务项目对比，反映企业为顾客服务的便利程度。其计算公式为：

服务项目便利率 =（已设置的服务项目 ÷ 应设置的服务项目）× 100%

每个企业应在经营中尽量使消费者购货便利。服务项目便利率越高，顾客购买越便利，服务质量越高。

（三）药价计量准确率

药价计量准确率是企业在一定时期内准确计量药价的营业笔数与总营业笔数的对比，反映药价计量的准确程度。其计算公式为：

药价计量准确率 =（准确计量药价的营业笔数 ÷ 总营业笔数）× 100%

药价计量的准确程度表明医药企业执行政策、遵守职业道德、公平交易、计量水平、经营管理水平等方面的程度。

拓展阅读

顾客满意是指顾客对其明示的、通常隐含的或必须履行的需求或期望已被满足的程度的感受。满意度是顾客满足情况的反馈，它是对产品或者服务性能，以及产品或者服务本身的评价，给出了（或者正在给出）一个与消费的满足感有关的快乐水平，包括低于或者超过满足感的水平，是一种心理体验。

顾客满意度是一个变动的目标，能够使一个顾客满意的东西，未必会使另外一个顾客满意，能使顾客在一种情况下满意的东西，在另一种情况下未必能使其满意。只有对影响不同顾客群体满意度的因素非常了解，才有可能实现100%的顾客满意。

三、满足社会需求程度的经济指标

医药企业是经济社会发展中的主体之一，其总体的销售额、经营的品种数、药品适销率和市场占有率等经济指标反映了其在满足社会需求中的重要作用。

（一）药品销售额

药品销售额指医药企业在一定时期内销售药品数量的货币表现，是整个经济核算指标体系中最基本的指标，是评价经济效益的基础。因此，同一时期内药品销售得越多，反映企业满足社会需求的程度越大，评价时一般用销售计划完成率来表示。其计算公式为：

销售计划完成率 =（实际完成销售额 ÷ 计划销售额）× 100%

（二）经营品种数

经营品种数指企业经营药品的不同品种、规格、剂型的总数，也是反映企业满足社会需要的指标，在同一时期内，企业经营品种越多，反映社会需要满足程度越大，评价时多用经营品种完成率表示。其计算公式为：

经营品种完成率 =（实际经营品种 ÷ 必备目录品种数）× 100%

（三）药品适销率

药品适销率指库存适销药品总额占库存药品总额的比重，它反映企业药品资金占用是否合理和满足社会需要的程度。其计算公式为：

药品适销率 =（库存适销药品总额 ÷ 库存药品总额）× 100%

（四）药品市场占有率

药品市场占有率指企业经营的某种药品实际销售量（或额）占同类药品市场实际销售总量（或额）的比重。其计算公式为：

药品市场占有率 = [企业某种药品实际销售量（或额）÷ 同类药品市场实际销售总量（或额）] × 100%

四、劳动耗费的经济指标

劳动耗费是指在生产过程中消耗的活劳动和物化劳动。活劳动消耗是指生产过程中具有一定的科学知识和生产经验并掌握一定生产技能的人的脑力和体力的消耗。物化劳动消耗包括两个方面：一方面是指原材料、燃料、动力、辅助材料等在投入生产过程中一次被消耗掉、失去原有形态、改变物理和化学性能、转化为另一种形态和性能的使用价值；另一方面是指厂房、机器设备、技术装备等生产工具，在投入生产过程中定期循环使用，逐渐磨损或失效。其主要指标有药品流通费和劳动效率。

（一）药品流通费

药品流通费是指企业在一定时期内药品流通过程中的全部支出，这个指标常用费用额和费用率表示。费用额是指全部支出的绝对额，包括经营费用、管理费用和财务费用。费用率也称费用水平，是指企业在一定时期内药品流通费用额与药品销售总额的百分比，药品流通费与经济效益成反比。其计算公式为：

费用率 =（药品流通费用 ÷ 药品销售总额）× 100%

（二）劳动效率

劳动效率是指在一定时期内每个职工所完成的工作量指标，它反映药品销售额与劳动消耗之间的对比关系。正常情况下，劳动效率与经济效益成正比。其计算公式为：

劳动效率 = 药品销售额 ÷ 职工平均人数

职工平均人数 =（月初在册人数 + 月末在册人数）÷ 2

五、劳动占用的经济指标

药品经营企业要想提高经济效益，就必须合理地运用药品资金，减少占用，加速周转，从而节约药品资金。

（一）药品资金周转速度

药品资金周转速度是由药品周转次数或周转天数表示的。在一定时期内（一年、一季、一月）所周转的次数或周转一次所需的天数为药品资金周转速度，周转速度越快，药品资金利用率越高，经营就越好。其计算公式为：

药品资金周转次数 = 药品销售额 ÷ 药品资金平均占用额

药品资金周转天数 = 本期天数（年按 360 天、季按 90 天、月按 30 天）÷ 周转次数

（二）营业面积利用率

营业面积利用率指一定时期内药品销售额与营业面积的对比关系，它反映了物质技术设备状况和利用程度，反映了营业人员的配备是否科学合理，是一个间接反映劳动耗费和劳动占用的经济指标。营业面积利用率高，经营效率效益就大，反之则小，两者成正比。其计算公式为：

营业面积利用率 =（药品销售额 ÷ 同期占用的营业面积）× 100%

拓展阅读

其他经济核算指标

每日储存费用 = 每万元每日储存率 × 储存货物数（按进价）

每日利息 = 储存货物数 × 日利率 = 储存货物数 ×（年利率 /360）

保本储存期 =（销售毛利 － 销售费用 － 税金）÷（每日储存费用 + 每日利息）

保利储存期 =（销售毛利 － 销售费用 － 税金 － 计划利润）÷（每日储存费用 + 每日利息）

重点小结

医药产品经营企业经济核算主要包括资金核算、费用核算和利润核算。反映经营成果的经济指标有销售毛利、毛利率、销售扣率、经营利润额、经营利润率、利润额、销售利润率、药品资金利润率等。评价企业服务质量的指标有顾客满意率、服务项目便利率、药价计量准确率。满足社会需求程度的经济指标有药品销售额、经营品种数、药品适销率、药品市场占有率。反映劳动耗费的经济指标有药品流通费和劳动效率。反映劳动占用的经济指标有药品资金周转速度和营业面积利用率。

寄语青年

青年是社会中最有生气、最有闯劲、保守思想最少的群体，蕴含着改造客观世界、推动社会进步的无穷力量。

目标检测

一、选择题

（一）单项选择题

1. 费用率也称费用水平，是指企业在一定时期内药品流通费用额与药品（　　）的百分比，药品流通费用与经济效益成反比。

A. 销售总额　　B. 利润额　　C. 利润率　　D. 药品销售成本

2. 以下关于药品资金周转速度描述不正确的是（　　）。

A. 药品资金周转速度由药品周转次数或周转天数表示

B. 药品资金周转次数是药品销售额与药品资金平均占用额之比

C. 周转速度越慢，药品资金利润率越高，经营就越好
D. 药品资金周转天数是由本期天数比周转次数
3. 药品销售额 − 进货成本 − 费用额 − 税金 =（　　）。
A. 经营利润额　　B. 经营利润率　　C. 销售利润率　　D. 资金利税率
4. 药品市场占有率是指（　　）。
A. 某种药品销售额 / 量占同类药品市场销售总额 / 量的比重
B. 某种药品销售额 / 量与同类药品资金平均占用额的百分比率
C. 药品利润额与药品资金平均占用额的百分比率
D. 药品毛利与药品资金平均占用额的百分比率
5. 商品资金指标核算一般用（　　）来反映。
A. 资金占用率和资金周转天数　　B. 资金占用率和资金周转率
C. 资金周转天数和资金周转速度　　D. 资金周转速度和资金占用率
6. 反映经营企业为社会消费者服务的质量指标是（　　）。
A. 商品销售额　　B. 商品资金　　C. 差错率　　D. 经营品种

（二）多项选择题

1. 以下属于反映企业经营成果的经济指标的有（　　）。
A. 销售毛利　　B. 营业面积利用率
C. 药品资金周转速度　　D. 药品资金利润率
2. 以下属于反映社会需求程度的经济指标的有（　　）。
A. 销售毛利　　B. 药品销售额
C. 药品适销率　　D. 药品市场占有率

二、简答题

1. 简述医药产品经营企业经济核算的主要内容。
2. 简述医药产品经营企业反映经营成果的经济指标。
3. 简述医药产品经营企业满足社会需求程度的经济指标。

三、案例分析

某药品批发企业贷款购进一批商品，已知进价为 90 000 元，销售价为 125 000 元，已知销售这批商品的费用率为 4%，税率为 13%，每天储存费为每万元 5.6 元，贷款年利息率为 14.4%。

请完成以下指标的计算。
1. 计算销售毛利、销售费用、税金、每日储存费用、每日利息。
2. 计算这批商品的保本储存期。
3. 若要取得 5 000 元的计划利润，计算这批商品的保利储存期。

参考答案

（张　平）

参考文献

[1] 林小兰 . 市场营销基础与实务：项目课程教材［M］. 3 版 . 北京：电子工业出版社，2020.

[2] 徐晖，齐洋钰 . 大客户销售：谋攻之道［M］. 北京：中国人民大学出版社，2022.

[3] 冯国忠 . 医药市场营销学［M］. 3 版 . 北京：中国医药科技出版社，2015.

[4] 杨勇，陈建萍 . 市场营销：理论、案例与实训［M］. 5 版 . 北京：中国人民大学出版社，2023.

[5] 菲利普・科特勒，凯文・莱恩・凯勒 . 营销管理：第 15 版［M］. 何佳讯，于洪彦，牛永革，等译 . 上海：格致出版社，2016.